图1.5 轨排基地组装轨排

图1.6 机械铺设轨排

图1.43 线路捣固

图2.1 无缝线路无砟轨道

图2.2 无缝线路铺设

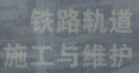
铁路轨道
施工与维护

图2.8 钢轨打磨

图2.15 铝热焊法焊接

单枕连续作业法

图2.35 倒运龙门架

图2.36 钢轨牵引前行

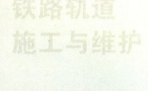

铁路轨道
施工与维护

图2.37 自动布枕

图2.39 铺轨机前行

工具轨法施工无砟轨道

图2.42 轨道粗调

图2.43 绑扎纵横钢筋

图2.44 轨道精调

图2.45 待浇筑的轨道

图 2.49　铺轨机组前行，到达铺轨点上层钢轨前行

图 2.50　分轨推送车推送钢轨经过顺坡架逐步下落到轨道板上的滚轮上继续前行

图 2.51　钢轨沿滚轮到达引导车下方并被引导车拉到预定点铺设

长轨放送法铺设长轨

图 2.53　把扶钢轨连接到铺轨车　　　　图 2.54　铺轨机开始铺轨作业

图 3.15 预铺在停用线路上

图 3.16 预铺在线路一侧

图 3.27 横移就位

图 3.28 纵横移结合（先横移、再纵移）

图 3.30 道岔就位

图 4.2 拨接施工

图 4.3 既有铁路线路加固或架空处理

图 4.4　采用低便梁架空铁路线路

图 4.7　线路吊轨加固

图 6.4　无缝线路更换再用轨　　　　　图 6.5　清筛道床

图 7.3　线路静态检查

图 7.5 京津城际铁路 0 号高速综合检测列车

图 7.6 钢轨伤损组图

图 8.5 拨道作业

21世纪高职高专交通运输系列工学结合型规划教材

铁路轨道施工与维护

主 编 梁 斌
副主编 魏连峰 刘 强 郭咏辉
主 审 李规录

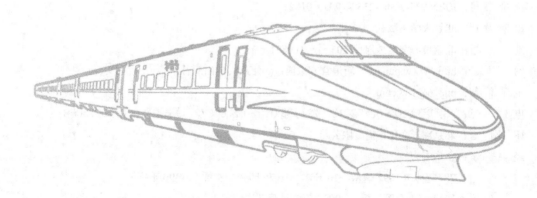

内 容 简 介

本书根据铁路轨道施工与维护的一般工作过程，从有缝轨道、无缝轨道及道岔等方面，阐述铁路轨道的主要施工方法、工艺要求，介绍铁道线路维修及大修的基本知识、基本技能及其维修方法、作业要求，并介绍了营业线施工安全及防护工作要点。

本书适用于高职高专层次铁道工程、高速铁道工程与城市轨道交通工程技术等专业，也适用于本科同类或相近专业学生从事铁路施工与维护方面工作的岗前培训与自学，也可用于高职交通土建类相关专业相应层次的教学，并可供铁路施工及维护专业技术人员参考使用。

图书在版编目(CIP)数据

铁路轨道施工与维护/梁斌主编. —北京：北京大学出版社，2014.1
(21世纪高职高专交通运输系列工学结合型规划教材)
ISBN 978-7-301-23524-9

Ⅰ.①铁… Ⅱ.①梁… Ⅲ.①轨道(铁路)—铁路工程—工程施工—高等职业教育—教材②轨道(铁路)—维修—高等职业教育—教材 Ⅳ.①U215

中国版本图书馆 CIP 数据核字(2013)第 283605 号

书　　　　名：	铁路轨道施工与维护
著作责任者：	梁　斌　主编
策 划 编 辑：	杨星璐
责 任 编 辑：	邢　琛
标 准 书 号：	ISBN 978-7-301-23524-9/U・0102
出 版 发 行：	北京大学出版社
地　　　　址：	北京市海淀区成府路 205 号　100871
网　　　　址：	http://www.pup.cn　新浪官方微博：@北京大学出版社
电 子 信 箱：	pup_6@163.com
电　　　　话：	邮购部 010－62752015　发行部 010－62750672　编辑部 010－62750667
印　刷　者：	北京虎彩文化传播有限公司
经　销　者：	新华书店

787 毫米×1092 毫米　16 开本　16.75 印张　彩插 3　390 千字
2014 年 1 月第 1 版　2022 年 1 月第 7 次印刷

定　　价：46.00 元

未经许可，不得以任何方式复制或抄袭本书之部分或全部内容。
版权所有，侵权必究
举报电话：010-62752024　电子信箱：fd@pup.pku.edu.cn

前言

我国铁路经过了6次大提速，高速铁路的建设正在加速形成快速铁路网，城市轨道交通事业蓬勃发展，我国铁路步入了"高铁时代"。随着铁道科学技术的迅猛发展，当前铁路轨道结构发生了巨大变化，施工方法、维修机械设备以及施工与维修的管理理念也发生着巨大变化，这一切对铁路施工与维护专业人员提出了更高的要求，对高职及大专层次铁道工程类专业人才培养提出了新的课题。

本教材是广西高校铁道工程特色专业及课程一体化建设项目的子项目，它贴近高职铁道工程技术专业的人才培养目标，理论方面坚持"实用"原则，基本概念和理论力求简明扼要；实践方面坚持"适用"原则，项目设置和实践内容注重职业能力的培养。

本教材按照项目组织教学内容，尽量结合当前的设计、施工及验收、维修方面的相关规范、标准等，分为2个学习情境，设置了10个项目共33个任务。本书由柳州铁道职业技术学院梁斌担任主编；南京铁道职业技术学院魏连峰、柳州铁道职业技术学院刘强、广东铁路职业技术学院郭咏辉共同担任副主编，广西宁铁监理咨询有限责任公司高级工程师李规录担任主审。参与本书编写的有：柳州铁道职业技术学院梁斌、刘强、杨美玲、杭丽芬、徐焕林、陈琰、李前豪、张愿，南京铁道职业技术学院魏连峰，广东铁路职业技术学院郭咏辉、张向东，包头铁道职业技术学院张新安，广西建设职业技术学院张广欣，南广铁路公司唐小林，南宁铁路局玉林工务段蒋伟兴，南宁铁路局柳州工务段黎元科、王新莹，广西铁路投资集团廖磊毅，中铁十四局五公司杜少成、王国术，中铁二十五局四公司罗亮江，中铁二十五局六公司周海娟，南宁铁路局桂林工务段苏晓菲，广西沿海铁路公司刘兴元等。梁斌负责全书各项目的主要编写工作，刘强、郭咏辉、杨美玲参与项目1的编写，唐小林、杜少成、王国术参与项目2的编写，魏连峰、廖磊毅、刘强参与项目3的编写，刘强、罗亮江、李前豪参与项目4的编写，周海娟、郭咏辉、杭丽芬参与项目5的编写，魏连峰、郭咏辉、陈琰参与项目6的编写，张新安、张愿、刘兴元参与项目7的编写，魏连峰、王新莹、苏晓菲参与项目8的编写，蒋伟兴、郭咏辉、张向东参与项目9的编写，张广欣、徐焕林、黎元科参与项目10的编写，蒋伟兴、王国术等参与案例1和案例2的编写。

本书编写过程中参考了大量的文献资料，由于参考的文献资料较多，只能将其中主要的文献列于书后，在此谨向所有文献资料的作者表示衷心的感谢和敬意。

限于编者的学术水平、教学经验、写作时间等，书中难免存在不妥之处，恳请读者批评指正，以便及时修正。

编　者
2013年8月

目　录

绪论 1
  0.1　铁路轨道的施工 2
  0.2　铁道线路的维护 2
  0.3　轨道施工与维护的相互关系 3
  0.4　关于铁路轨道施工与维护课程 4

学习情境 1　轨道施工

项目 1　有缝轨道铺设 10
  任务 1.1　有缝轨道铺设的准备工作 10
  任务 1.2　人工铺轨 17
  任务 1.3　机械铺轨 26
  思考题 41

项目 2　无缝线路轨道铺设 42
  任务 2.1　长轨条焊接 42
  任务 2.2　长轨条的运输及铺设 48
  任务 2.3　无缝线路应力放散与调整 58
  思考题 63

项目 3　单开道岔铺设 64
  任务 3.1　新线铺设单开道岔 64
  任务 3.2　运营线铺设单开道岔 69
  思考题 79

项目 4　既有铁路改造施工 80
  任务 4.1　新老铁路线路拨接施工 80
  任务 4.2　线路扣轨与加固施工 86
  任务 4.3　站场改造工程施工过渡 90
  任务 4.4　运营线施工中的行车安全工作 95
  任务 4.5　运营线的施工防护工作 98
  思考题 112

项目 5　轨道工程验收 114
  任务 5.1　工程质量验收常用术语 114
  任务 5.2　轨道工程质量验收基本规定 116
  任务 5.3　《铁路轨道工程施工质量验收标准》条款示例 125
  思考题 130

情境小结 132

学习情境 2　线路维护

项目 6　线路维修与大修 136
  任务 6.1　线路设备大修 136
  任务 6.2　线路设备维修 145
  思考题 158

项目 7　线路设备检查 159
  任务 7.1　线路静态检查 159
  任务 7.2　线路动态检查 166
  任务 7.3　钢轨及轨枕检查 171
  任务 7.4　春秋季检查及线路质量评定 178
  任务 7.5　巡道与看守道口 181
  思考题 185

项目 8　线路维修主要作业 186
  任务 8.1　养路工作一日作业标准化 186
  任务 8.2　线路基本作业 187
  任务 8.3　线路其他主要作业 193
  思考题 198

项目 9　不同轨道构造的线路维护 199
  任务 9.1　道岔的维护 200
  任务 9.2　曲线的维护 207
  任务 9.3　无缝线路的维护 217

任务 9.4　电气化铁路线路的维护 224
　　任务 9.5　高速铁路无砟轨道的维护 226
　　思考题 234
项目 10　养路机械 236
　　任务 10.1　大型养路机械 236
　　任务 10.2　小型养路机械 242
　　思考题 253
情境小结 254
轨道施工与维护综合测试题 255
参考文献 260

绪　　论

为推动我国铁路建设和运营健康可持续发展，保障铁路运营秩序和安全，促进各种交通运输方式相互衔接，实行铁路政企分开，完善综合交通运输体系，我国自 2013 年 3 月起，撤销铁道部，交通运输部下设国家铁路局，承担拟订铁路发展规划和政策、拟订铁路技术标准、督管铁路安全生产、运输服务质量和铁路工程质量等行政职能；新组建的中国铁路总公司承担原铁道部的企业职责，负责铁路运输统一调度指挥，经营铁路客货运输业务，实行全路集中统一管理，确保铁路运营秩序和安全，负责铁路建设，承担铁路安全生产主体责任等。从此，我国铁路建设与运营事业将揭开新的篇章。

铁路轨道工程项目建设与使用周期各阶段可简要概述如下：

(1) 建设前期及建设准备。

建设项目经过建设前期的项目建议书申报及立项评估、可行性研究及其研究报告批复立项，进入了项目的建设期，进行建设的各项准备工作。

(2) 建设期。

设计阶段，由建设单位委托设计单位进行项目的勘察、设计工作，并同时委托监理单位进行勘察、设计的监理工作。

施工招标阶段，由建设单位发布招标公告，投标人投标并报送投标书，经过评标决定中标单位并发中标通知书，由建设单位与中标单位签订工程承包合同。

施工阶段，施工单位、建设单位、设计单位、监理单位等是施工阶段的主要参与单位，施工单位是施工质量的主体责任单位，建设单位、设计单位、监理单位各负其责。施工阶段一般可分为施工准备、施工及竣工验收三大阶段，由施工单位根据设计文件、施工技术规范等，将轨道铺设在路基、桥梁、隧道等工程实体上，按照轨道构造要求将图纸上的设计线路变成工程实物——轨道线路。轨道铺设前要对已完工且具备铺轨条件的路基、桥梁、隧道等工程进行施工复测工作，验收各项工程的铺轨条件，并根据前期制定的铺架施工方案进行测量放样、技术交底、质量与安全监控以及成本控制等一系列工作，确保轨道施工稳步推进。

完工之后进入交付使用及生产准备阶段。

(3) 建设后期。

经过生产准备及运营阶段，建设项目进入使用阶段，各项设备需按规定进行相关的维护工作，以保证设备正常运转。

之后便进入项目的后评价阶段。

简而言之，轨道施工与维护就是指施工单位根据有关设计文件及建设施工合同等要求，将工程项目建设完成，形成相应的轨道线路设备等固定资产并交付运营使用，由设备管理、维护单位接管进行使用与管理的过程，是铁路轨道线路形成实体工程构造物并使用的阶段。其中涉及的参建单位、运营单位很多，具体如下：

(1) 参建单位：从广义上来说，包括建设、施工、监理、设计、咨询、监督等建设相关单位，如建设单位可以是铁路局、建设指挥部、代建单位等，施工单位是指具体承担施工任务的施工单位(含分包单位)，可以是中铁工程、中国铁建及其他施工企业等。

(2) 运营单位：对铁路线路设备来说，主要是指铁路局、地方铁路公司、城市轨道交通公司等单位及其所管辖的工务部门等。

0.1 铁路轨道的施工

根据轨道铺设施工方法来分类，铁路轨道施工可以分为人工铺轨和机械铺轨两大类。人工铺轨是将铺轨材料运到铺轨现场并就地连接铺成轨道；机械铺轨是将基地组装好的轨排，用轨排列车运到铺轨前方，再用铺轨机械铺设于路基、桥梁、隧道上，或使用铺轨、布枕一体机直接铺设轨道。

职业贴士

铁路轨道施工组织设计应由建设、设计、施工、使用等有关单位共同商讨拟定。轨道改建施工应符合总体施工的要求，加强与各工程的配合施工，优化施工方案，妥善处理施工与运营的矛盾。

无缝线路的轨道铺设与一般的有缝线路不同，它先在焊轨厂内用接触焊等方法把定尺长的标准轨焊接成长轨条，然后将长轨条运至铺设现场，再用铝热焊等方法将各段长轨条焊接成设计长度；在设计锁定轨温范围内进行锁定，必要时进行无缝线路的应力放散及调整。

道岔铺设是一种特殊的轨道施工项目，现场铺设道岔的施工条件各有差别，施工方法、施工组织与管理也不尽相同，根据施工与运营的关系，道岔铺设基本上可分为新线铺设道岔和运营线铺设道岔两大类。

铁路轨道施工中一般都会涉及将新老铁路的衔接，如新老铁路线路拨接施工、线路扣轨与加固施工、站场改造工程施工过渡等，常要拆移部分既有线路设备或增加新的线路设备等，使得运输和既有设备受到不同程度的影响，施工与运输相互制约。既有线改建施工，就是要在尽量减少干扰运营的情况下顺利完成施工任务，其中运营线施工中的行车安全工作尤为重要，运营线的施工防护工作则是重中之重。

0.2 铁道线路的维护

铁路轨道是一种需要边工作边维修的工程结构物，铁路轨道的荷载具有随机性与重复性，轨道结构具有组合性与散体性，运营铁路线路不仅发生弹性变形，而且产生永久变形。永久变形又可分为两类：一类是轨道各组件的磨损，如钢轨的磨耗等；另一类是轨道几何形位的改变，如轨距、水平、方向、高低偏差等。铁路线路维护工作的基本任务就是把变形控制在一定的范围内，保证列车按照规定的速度安全、平稳地运行。

职业贴士

我国线路设备修理分为线路设备大修和线路设备维修，执行《铁路线路修理规则》。

线路设备检查是线路维修工作的主要环节,一般分为线路静态检查和线路动态检查。线路设备大修分为线路大修、成段更换再用轨、成组更换道岔和岔枕、成段更换混凝土枕、道口大修、隔离栅栏大修、其他大修、线路中修等;线路设备维修分为综合维修、经常保养和临时补修等。

各种不同构造的轨道线路有其内在的构造特征和随之不同的运营使用特征,其维护方法也不相同。道岔、曲线、钢轨接头是铁路轨道线路的三大薄弱环节,是铁路线路维护的重点;无缝线路由于其内部承受的巨大温度力,其维护工作除遵守有缝线路的有关规定外,还要密切关注其轨温作业条件等,合理安排维护作业内容,防止胀轨跑道,确保其强度与稳定;电气化铁路线路,因有接触网等设备,工务部门与供电部门必须密切配合,根据电气化铁路特点和要求进行维修作业,以保证行车和作业安全;高速铁路无砟轨道的维护对传统的轨道维护提出了新的课题。

进入"高铁时代",我国铁路工务系统的作业方式和维修体制已经发生了根本性的变革,大型养路机械发挥了不可替代的作用,已成为确保线路质量,保证高速、重载铁路运输必不可少的现代化装备。

0.3 轨道施工与维护的相互关系

要适应铁道工程的建设需要及胜任岗位工作,就必须具备一定的铁路轨道施工与维护的基本知识与职业技能。

 职业贴士

轨道施工与运营维护岗位:

施工"岗位群":第一层次的有测量工、技术员、施工员、试验员、资料员、材料员、统计员、调度员、计划员等,第二层次的有安全员、质检员等,第三层次的有项目技术负责人、项目经理乃至更高岗位等。

维护"岗位群":第一层次的有线路工、探伤工、焊接工等,第二层次的有工班长、车间技术员等,第三层次的有车间技术负责人、车间主任乃至更高岗位等。

对轨道线路来说,施工与维护的职业岗位技能不仅没有明显的分界线,而且还有相当紧密的联系。

1. 施工阶段已成型的轨道构造及其施工工艺过程是后期线路维护的基础。

根据施工设计图及施工实际绘制的轨道线路竣工图集中反映了轨道线路设备的构造与状态,不仅轨道施工技术员要绘制相关竣工图,线路维护技术员、线路工也要能读懂竣工图。如果线路维护技术员、线路工对施工工艺过程一无所知,就无法抓住轨道线路维护的关键点、薄弱点、卡控点,维护工作就成了无的放矢,很容易事倍功半。

2. 施工与维护岗位的工作项目与职业技能有相当部分是相通的

(1) 轨道线路及道岔的铺设,特别是运营线与新线的拨接、道岔的预铺横移插入施工等,是两类岗位群都涉及的工作项目。

(2) 轨道线路及道岔检查等技能,是两类岗位群共同的职业技能。道岔的几何形位特别是轨距的检查,施工与维护中都是按照同样的检查部位、步骤去检查。

(3) 曲线轨道整正,是两类岗位群共同的职业技能。新线曲线轨道按照中线桩位铺设就位,只是接近而不是真正就位;轨向的最终圆顺就位要靠简易拨道法、绳正法整正,运营线曲线也应用简易拨道法、绳正法整正。

(4) 无缝线路的焊接、铺设、应力放散及锁定,也是两类岗位群都涉及的工作项目。

(5) 铁路新线进入铺架环节后,随着工程列车的运行,很多线路作业也基本转入"准运营线"施工了,同时也要对新建铁路线路进行相应的维护;而且很多轨道线路在拨接、插入道岔开通投入运营后也有一个过渡期才能交付给设备接管单位,过渡期内由原轨道施工单位进行新线的维护。而铁路局的部分更新改造工程中,也有一些工务段参与施工。

轨道施工与维护还有很多相互联系之处,这里就不一一列举了。

尽管两者有各种各样的联系,但必须注意的是:施工阶段最终的轨道竣工验收依据是《铁路线路设计规范》(简称《线规》)、《铁路轨道设计规范》(简称《轨规》)、《铁路车站及枢纽设计规范》(简称《站规》)及《铁路轨道工程施工质量验收标准》(简称《轨标》)等,而运营线路的线路维护修理适用《铁路线路修理规则》(简称《修规》),由于编制体系不同,造成《修规》与《线规》、《轨规》、《站规》、《轨标》等存在一些不相一致的条款或规定。现场工程交工验收的原则是:按照相应的阶段适用相应的规范、标准。施工阶段适用《线规》、《轨规》、《站规》、《轨标》,维护修理阶段适用《修规》,如果《修规》的要求更高,由设备接管或使用单位与建设单位协商,由此而需增加项目则不应列为质量缺陷项目,而应列为运营生产准备而新增的工程项目。

总之,不要人为地给轨道施工与线路维护划上严格的界线,以至于立志从事轨道施工的不学习线路维护、立志从事线路维护的不学习轨道施工,重要的是培养应用规范、标准去处理问题的综合能力。

0.4 关于铁路轨道施工与维护课程

1. 课程主要内容

(1) 学习情境1——轨道施工。

包括新线轨道铺设、道岔铺设与更换、改建铁路轨道拨接和无缝线路铺设、应力放散与调整以及站场施工过渡方案优化、施工安全管理与营业线安全防护等。

(2) 学习情境2——线路维护。

包括线路维修与大修、轨道动静态检测及春秋季设备检查、线路维修基本作业、大型养路机械以及曲线、无缝线路、道岔等不同轨道结构的维修养护等。

2. 课程重难点

(1) 重点是营业线安全防护的基本知识和轨道铺设、曲线轨道方向整正、道岔几何形位检查及线路维修基本作业的职业技能。

(2) 难点是无缝线路铺设、应力放散与调整和道岔铺设与更换的职业技能。

3. 课程职业性

本门课程主要针对轨道施工技术员、施工员及线路工等主体岗位组织教学内容，兼顾轨道测量工、试验员、资料员、材料员、统计员、调度员及探伤工、焊接工等岗位，还适当考虑安全员、质检员、计划员、工班长、车间技术员，乃至项目技术负责人、项目经理、车间技术负责人、车间主任等岗位的职业发展需要。

学习情境 1
轨道施工

引子

轨道施工是以轨道线路设计文件和施工技术规范等为依据,将轨道铺设在已完成并达到设计强度的路基、桥梁、隧道等工程上并完成相关的整道等工作,如图 1 所示。

图 1　轨道铺设

轨道铺设前要对已完工且具备铺轨条件的路基、桥梁、隧道等工程进行施工复测工作,验收各项工程的铺轨条件,并根据前期制定的铺架施工方案进行测量放样、技术交底、质量与安全监控以及成本控制等一系列工作,确保轨道施工稳步推进。

岗位要求

轨道铺设是铁道工务工程中的主要作业项目之一。作为轨道工程技术员或线路工,工作中要具备按图铺设有缝轨道、无缝轨道、道岔等设备的能力,并确保轨道状态符合标准要求。

学习目标

知识:熟悉有缝、无缝轨道的人工铺设、机械铺设作业流程及新线、运营线铺设单开道岔的基本方法;理解无缝线路长轨条焊接及运输方法和无缝线路应力放散与调整的方法;了解新老铁路线路拨接施工、运营线施工中的行车安全工作、线路扣轨与加固施工、站场改造工程施工过渡以及轨道工程验收的有关知识。

技能:掌握人工铺轨与机械铺轨、新线与运营线铺设单开道岔等基本技能,了解无缝线路长轨条焊接、运输、应力放散与调整的作业技能,会进行运营线的施工防护工作。

学习情境 1 　轨道施工

🔖 **情境案例**

广西南宁至钦州高速铁路铺架工程

1. 概况

南钦铁路又称南钦高铁，是广西沿海城际铁路的重要组成部分，是北部湾地区的主要铁路运输通道，也是广西及西南地区重要的出海通道。该项目南连北部湾港口群，北端通过南昆、云桂线，可直达贵州西部和云南地区，通过柳南、金(城江)南(宁)、黔桂及渝黔线可通达贵州中部及重庆、四川和西北地区，是我国西部地区出海最便捷通道的重要组成部分。广西沿海城际铁路示意图如图 2 所示。

南钦铁路始于南宁东站，终于钦州北站，设南宁东、五象、大塘、小董西、钦州北 5 个车站，如图 3 所示。五象、小董西站、钦州北为越行站，大塘为中间站，均为新建车站，沿线经南宁市的青秀、邕宁、良庆区三城区以及钦州市钦北区，至钦州北站引入北部湾地区。总长 99km，全线桥隧比为 56.6%。全线以铺设有砟轨道为主，长度大于 6km 的隧道铺设 CRTS I 型双块式无砟轨道。

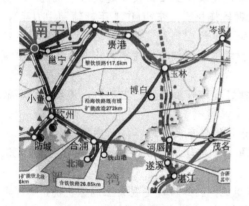

图 2　广西沿海城际铁路

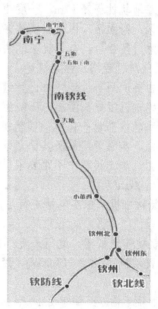

图 3　南钦高铁

2. 南钦正线主要技术标准

铁路等级：Ⅰ级。

正线数目：双线。

速度目标值：250km/h。

线间距：4.6m。

最小曲线半径：一般最小曲线半径 5 500m，困难条件下 4 500m。

限制坡度：6‰。

牵引种类：电力。
机车类型：客机，动车组、SS9；货机，HXD3。
牵引质量：4 000t。
到发线有效长度：850m。
闭塞方式：自动闭塞
建筑限界：满足开行双层集装箱列车的运输要求。

3. 铺架工程

1) 铺架基地建设

铺架基地设在钦州北站 DK96+000 至 DK97+000 线路右侧空地，最长处 1 000m，最宽处 180m，占地 196 亩，从既有马皇车站 1 道插入临时道岔 L_1，经便线和临时道岔 L_2 将线路引入钦州北站新建线Ⅱ道。基地内线路在钦州北站南宁端加铺临时道岔 L_3、L_4、L_5，铺临时线路进入铺架基地和梁场，在钦州北站铺临时道岔 L_6，把长钢轨装卸线和南钦线连通。

铺架基地长钢轨存放场宽 17m，长度为 600m，占地面积 12 000m²(18 亩)；长钢轨存放区设 2T-17m 群吊 38 台，设 85 个存轨台位，与轨枕场共用 500kVA 变压器一台，设计长钢轨存放能力为 90km，超过 90km 存放时要对地基进行加固处理。

铺架基地轨枕场宽 17m，长度为 600m，占地面积 12 000m²(18 亩)；每个轨枕场有 4 个区：轨枕存放区、锚固区、锚固后轨枕存放区、扣配件存放区；轨枕场配备 16T-17m 龙门吊 2 台，16T-17m 龙门吊 3 台，与长轨基地共用 500kVA 变压器一台。

2) 正线单枕连续法铺架概述

正线主要采用单枕连续法进行铺轨，利用长钢轨铺设机采用单枕连续法一次铺设长钢轨。CPG500 铺轨机组是我国国内研制生产的、采用单枕连续作业法铺设无缝线路铺轨机，机型为钢轨铺设和轨枕布设一体机。铺轨机组由履带式钢轨拖拉机、主机(作业车、辅助动力车)、枕轨运输车组、车载龙门吊及其动力系统、液压系统、电气控制系统等部分组成。铺轨机自身提供行进动力，施工过程中不需要牵引设备，可自行牵引整个铺轨机组前行作业，该铺轨机综合作业效率为 2km/天。

(1) 铺轨主机：主要包括走行导向履带、布枕装置、收轨装置、主车体、发动机组、液压机械装置等。

(2) 轨枕输送吊车：龙门吊走行在枕轨运输车、伸展车及主机车体两侧的走行轨道上，主要由柴油发动机(动力为 130kW)、液压泵、液压马达、传动机构、钢轨抽拉吊臂、操作控制室及钢结构组成。

(3) 枕轨运输车：整车由 18 个 N17 铁路平车组成，上部轨枕支架梁上搁置轨枕，下部存入铺设的长钢轨。上部安装支架及轨枕运输吊车走行轨道，长钢轨运输长度为 250m，为单组运输列车，每次可运载轨料 1.5km。

(4) 钢轨伸展车：配备有两辆钢轨伸展车(SUWⅠ和SUWⅡ)，纵向可固定 12 根钢轨，将钢轨从中间向两边伸展，保证钢轨在需要的条件下平稳弯曲，使得其内部应力最小。车上布置有吊车走行钢轨。

(5) 钢轨导向牵引车：采用 TY220 推土机，主要用来拖拉长钢轨。

(6) 附属装置：包括连接钢轨的夹板、钢轨滚轮、线路导向拉线和导向线装置等。钢轨滚轮放置在路基上，每 10～15m 放置一个；导向拉线为钢线，在轨道两边拉伸以便引导铺轨机准确布枕。

布枕机构向下平送、抽落轨枕，不会造成翻枕现象，在线性导轮协助下，轨枕被自动安放在非常准确的直线对正位置上，如果在弯道铺设，根据弯道半径调整布枕角度，轨枕也将被准确地安放在半径方向上。

(7) 轨枕输送吊车

轨枕输送吊车为双立柱结构，配备 4 个滚轮，运行在吊车铁轨上。吊车提取轨枕，将轨枕送到输送平台，然后被传送带输送到铺轨机。

南钦铁路铺架组图如图 4 所示。

图 4　南钦铁路铺架组图

项目 1 有缝轨道铺设

引子

按铺轨方法分类,轨道铺设可分为人工铺轨(图 1.1)和机械铺轨(图 1.2)两种。

人工铺轨是将铺轨材料运到铺轨现场并就地连接铺成轨道,主要适用于不适宜机械铺轨的地段、站线和铺轨工程量小的便线、专用线和既有线局部平面改建。

机械铺轨是将基地组装好的轨排,用轨排列车运到铺轨前方,再用铺轨机械铺设于路基、桥梁、隧道上,或使用铺轨、布枕一体机直接铺设轨道,主要适用于铺轨工程量大的新线、增建第二线或既有线的换轨大修工程的轨道铺设。

图 1.1 人工铺轨

图 1.2 机械铺轨

任务

任务 1.1 有缝轨道铺设的准备工作
任务 1.2 人工铺轨
任务 1.3 机械铺轨

任务 1.1 有缝轨道铺设的准备工作

1.1.1 轨道铺设工作过程

1. 准备工作

轨道铺设是一项时间紧、任务重、劳动强度大的多工种联合作业,其工作的过程会随着施工条件和要求等有所不同,一般可划分为施工准备、基本作业、收尾三大阶段,以下是轨道铺设可能要经历的一些主要工作过程(但不限于以下过程)。

(1) 审核设计图，计算工程数量、材料数量，编制材料、试验计划。

(2) 进行硫磺锚固试验(预埋套筒连接除外)、道砟试验、轨枕及其他线上料试验检测、无砟轨道圬工材料材质及配合比试验、防水材料试验等。

(3) 轨道中线、水平测量放样及报验、路基面检查签证。

(4) 施工调查、施工方案或施工组织设计、编制技术交底及轨节表。

(5) 材料采购、运输、就位及二次搬运；必要的材料(钢材、水泥、砂石料等)二次复试。

(6) 筹建机械铺轨基地。

(7) 其他相关事宜。

2．基本作业

预铺底砟可减少后续的轨道起道的工作量，也可以防止道砟运输车压断轨枕。机械铺轨地段为保证铺轨工程列车的行车安全，铺轨之前更应先铺设底层道砟。

1) 人工铺轨(有砟轨道)

人工铺轨作业如图1.3、图1.4所示。

(1) 沿线散布轨料，按照轨道构造、中线桩位铺设成型，做出"荒道"。

(2) 面层道砟上道，按轨道几何形位要求起、捣、拨、改道作出"安全道"。

(3) 卸砟、大机捣固做出"基本道"。

(4) 上足道砟、全面整道，大机捣固或稳定机作业做出"标准道"。

图1.3 人工抬摆混凝土轨枕

图1.4 人工铺设钢轨

2) 机械铺轨

以铺设轨排为例，机械铺轨作业如图1.5、图1.6所示。

(1) 轨排组装，在轨排组装基地工作平台上组装。必要时存储部分轨排。

(2) 轨排运输，用轨排运输列车运到铺轨前方工地。

(3) 轨排铺设，用铺轨机进行铺设施工，也可用龙门架进行。

(4) 上砟整道。

利用铺轨与布枕一体机铺轨如图4所示。

3．收尾工作

(1) 质量验收(分检验批、分项、分部、单位、单项、整体工程等验收层次)。

(2) 压道、探伤开通(可分段进行，也可以委托工务部门进行探伤)。

图 1.5 轨排基地组装轨排　　　　　　图 1.6 机械铺设轨排

职业贴士

机械铺轨时,铺轨与架梁一般统称铺架工程。

1.1.2 铺轨准备工作

1. 熟悉、审核、会审设计文件

1) 设计文件

施工前,应具有批准的施工设计文件。

设计单位交付的轨道线路设计文件包括:设计说明书、线路平面及纵断面图、坡度表、控制桩表、水准基点表、曲线表及相关的隧道表、桥梁表、路基横断面图等。

2) 设计交底

招标时或中标单位确定后,由建设单位组织设计单位进行设计交底,主要就设计意图、主要项目特别是控制工程的设计情况、施工组织设计(或施工方案)以及施工注意事项等进行沟通、说明。

3) 设计文件审核

(1) 核对设计文件内容。

① 审核设计文件是否齐全配套。

② 核对设计图纸和概算错、漏、缺。

③ 根据设计意图审核与各专业之间的施工衔接是否符合程序,过渡方案的步骤能否实现,施工期限是否合理等。

④ 了解设计采用的新技术、新工艺、新材料、新设备是否具有施工基本条件,能否保证施工质量和安全。

⑤ 审核施工需要的定型图纸和所采用的技术规范、强制性标准等。

(2) 现场核对。

(3) 设计文件会审。

将设计文件核对中发现的问题与有关人员书面联系解决,并参加建设单位组织的设计文件会审,会审纪要是设计文件的组成部分。

4) 工程量计算

工程量计算是深度熟悉设计文件和发现问题的有效途径,也是后续技术管理工作的基础性工作。

(1) 会审前的工程量计算。

会审前的工程量计算主要为会审服务。由于时间紧迫，会审前的工程量计算一般只能就一些关键项目、数量大或造价高、影响大的重要项目等展开审核，通过计算工程量发现设计存在的问题或漏项。

(2) 会审后的工程量计算。

会审后的工程量计算主要为施工准备服务。它通过全面计算工程数量和材料数量，深入熟悉、审核设计文件，分阶段提出施工材料、设备的需用计划和试验计划以及技术交底。

职业贴士

现场工程技术人员接到施工设计图纸后，通过计算工程数量进行图纸的审核，进而提出书面会审意见报告给建设、监理、设计等单位协商落实；通过计算工程数量进行材料数量的计算，进而提出书面材料采购计划交给材料人员实施。这是现场技术人员的两项重要工作。

2．施工复测及施工放样

1) 工程基线交接

铺轨施工前，要与路基施工单位(或单位内部)进行工程基线交接，主要是根据控制桩表(起终点、交点、副交点、转点、曲线起终点桩等)、水准基点表进行现场桩位交接，办理书面交接记录(含路基验收检查签证资料)。

2) 线路复测

(1) 铺轨施工前对路基中线及水准基线进行一次全面的符合性测量，核对、补齐控制桩位并设置加桩、护桩，同时还应检查定测资料的可靠性，这一过程称线路复测。

线路复测完成后必须出具复测报告，对复测与定测的符合性作出结论。复测报告需报请监理等有关部门核实、批准。

(2) 线路复测的主要内容包括以下方面。

线路中线复测：复测中线控制桩，然后按核对无误的控制桩复测百米桩及加桩、护桩，为后续基桩的埋设作准备。

水平复测：核对水准基点，测定线路中线桩与临时基点高程。

设置护桩：因施工时很多中线桩位及控制桩位可能要被破坏，复测时就要做好护桩的设置工作，做好相应的标识及记录。

3) 施工放样

(1) 线路中桩。

铺轨前应钉设线路中桩，具体要求如下。

① 桩距：直线不得大于25m，圆曲线应为20m，缓和曲线应为10m。

② 铺设混凝土宽枕的地段，直线和曲线上的中桩距均不得大于10m。

③ 在曲线起讫点、缓圆点、圆中点和圆缓点，道口中心点，道岔中心点及岔前、岔后点，均应钉设带钉的中桩并设置好护桩，其他中桩宜钉设带钉的中桩。

④ 铺砟前将中桩移置于道床外的路肩上(曲线地段钉设在外侧路肩上)。隧道内的中桩可标记在边墙上。

(2) 水平桩。

铺轨后铺砟整道前应钉设水平桩，具体要求如下。

学习情境 1 轨道施工

① 桩距：直线不大于 50m，曲线不大于 20m。
② 铺设混凝土宽枕地段，水平桩每 10m 一对。
③ 线路纵断面变坡点和竖曲线起讫点，应增设水平桩。
④ 水平桩钉设在道床外的路肩上(曲线地段钉设在内侧路肩上)。铺设混凝土宽枕地段，水平桩钉设在道床两侧的路肩上。
⑤ 中桩与水平桩可合二为一设置，依现场情况和要求办理。

(3) 测量放样结果报验。
将中线桩位、水平桩位的测量结果书面报告给监理部门，提请审核、确认。

4) 分段铺轨接轨点的测定
由于路基的不连续性，铺轨时一般需分段进行。人工铺轨一般采取多段平行铺轨，而机械铺轨一般采取单向、双向或多向铺轨等方式。

接轨点一般选择以下地点。
(1) 车站两端的道岔前、后端。
(2) 区间绝缘接头处。
(3) 区间桥梁伸缩调整器前后端。
(4) 按照设计必须断开轨道线路之处。
(5) 施工组织确定的其他接轨点。

除了接轨点之外，还必须根据铺轨长度加密铺轨长度的监测控制桩位，一般 300～500m 设置一个，以监控铺轨长度和轨缝的预留情况。

职业贴士

通过测量与计算控制铺轨长度和轨缝的预留，是铺轨中实现正常接轨（无异常龙口轨）的关键。

5) 路基面检查签证
按照路基施工验收标准，参加路基的各项验收，填写有关验收表格，办理签证手续。如果路基施工单位已经办理，则复查其现场情况和资料，联系解决相关的存在问题。

6) 临时线路标志的埋设
正式线路标志未埋设前，应埋设简易的临时里程标、曲线标、坡度标等标志，以便施工过程中使用，特别是供机械铺轨的工程列车开行之用。

3. 施工调查及施工组织设计

1) 施工调查
铺轨前的施工调查应包括下列主要内容。
(1) 核实设计文件，核查平面布置、纵断面坡度等有无改善可能。
(2) 核实中桩、水准点等。核实线路中线测设贯通情况，中桩缺损者应在铺轨前补全。
(3) 核实地质、水文、气象条件是否与设计文件相符。
(4) 调查施工场地、大型临时或过渡工程的情况。如地亩、青苗、树木、房屋、坟墓、电线路、地下电缆、通信信号设施、水管路、道路、河流、水塘及其他障碍物。
(5) 调查地方材料的供应和运输、道路条件等。选择卸料、堆存材料的场地，调查道口附近地形、地貌和车辆通行情况，并提出维持道路交通的临时措施。铺设再用轨轨道时，应调查落实钢轨来源、数量、规格、伤损磨耗程度等。

(6) 调查沿线水源、电源情况,落实临时设施位置、临时水电的接引点情况及距离远近情况。

(7) 了解当地生活条件、风俗习惯及可租用的劳力和机具设备情况。

(8) 讨论铺轨方案的初步设想。如果是机械铺轨,则还要重点调查轨排组装基地的建设条件,尽快启动建设。

2) 施工组织设计

铺轨前应编制实施性施工方案或施工组织设计,具体内容包括以下方面。

(1) 编制依据、编制范围。

(2) 工程概况及施工总体部署。

(3) 施工方案及工艺(包括施工方法和具体实施性施工方案及工艺等)。

(4) 大型临时设施建设方案(施工过渡方案等),如果是机械铺轨,要尽快作出轨排组装基地建设方案。

(5) 各项控制目标及措施:工期目标(含横道图和网络图)及保证措施、安全目标及保证措施、质量目标及保证措施、成本控制与管理措施、防洪防汛措施、环境保护及文明施工、既有线施工安全措施、冬雨季施工措施、赶工措施等。

(6) 铺轨施工存在问题。

4. 施工技术交底

1) 总体技术交底的主要项目内容

(1) 工程规模、工程概况、工程数量、分期投资工作量。

(2) 质量、安全和工期、环保等要求和主要保证措施。

(3) 实施性施工组织设计的铺轨计划进度安排。

(4) 工程主要难点和控制工程,需要注意的地质灾害和预防措施。

(5) 施工方法、"四新"技术的应用。

(6) 主要标准和规范。

2) 分项工程技术交底

(1) 内容。

施工图纸(必要时要有大样图);施工方法及工艺技术标准;工期要求和有针对性的质量、安全、环保、工期保证措施。

(2) 形式与手续。

形式为书面技术交底(或作业指导书),三方(项目负责人、被交底人、交底人)应办理交底签认手续,并应进行现场交桩。

3) 轨节表的编制与交底

(1) 概念。

轨节表是轨道铺设的"看板",是铺轨顺利进行的保证。特别是机械铺轨,没有轨节表就无法在铺轨基地快速地进行轨排的组装生产或轨料的装运组织。

(2) 轨节表主要内容。

轨节表主要内容应包括:轨节编号及铺设里程,钢轨类型、长度和曲线内股缩短轨缩短量,相对钢轨接头相错量,轨枕种类、类型、数量和间距布置,轨枕扣件,曲线半径、转向角和轨距加宽值以及其他特殊要求的说明。

(3) 轨节表修正。

轨节计划铺设里程应及时根据实际铺设里程调整，并对轨节表作相应修正。特别是机械铺轨，铺轨前方工地与后方轨排基地一定要及时核对数据，确保前后方的轨排能顺利对接。

不论是人工铺轨还是机械铺轨，都要编制轨节表，内容基本是一样的，但机械铺轨对轨节表的要求更高，因为其涉及前方铺轨与后方组装轨排的协调一致。

(4) 现场测设。

要根据施工组织的安排确定好分段铺轨的接轨点，以此为依据编制轨节表；现场也要按照此接轨点做好测量和施工安排。

5. 物资设备与试验检测

1) 施工材料、设备的计划、采购

(1) 铺轨前，技术人员应及时提供材料、设备的需求计划，材料人员应按铺轨计划进度，落实钢轨、轨枕、钢轨配件和道砟的来源。

(2) 根据铺轨的方式，确定物资、设备的供应方案。如果是人工铺轨，重在多点供料；如果是机械铺轨，重在铺轨基地的集中供料。

> **职业贴士**
>
> 机械铺轨要根据铺轨机及组装工作台等因素做好物资、设备的统筹计划与组织。

2) 备料场地

按照使用计划及时组织轨料进场，必要时建设备料场。

3) 试验检测

(1) 做硫磺锚固试验、道砟试验、轨枕及其他线上料试验检测等，如图 1.7 所示。

(2) 根据要求做好材料的二次复试。

6. 铺轨基地

铺轨基地是新建铁路机械铺轨的一项临时性工程，是铺轨材料的装卸、存放、轨料加工以及轨排组装、列车编组、发送的场所，是铺轨工程的后方基地，如图 1.8 所示。

图 1.7　轨枕检测

图 1.8　铺轨基地

(1) 铺轨基地主要负责储存轨料、组装轨排和道岔，并将轨排源源不断地供应前方，保证不间断地铺轨。

(2) 有时铺轨基地也兼做部分架梁的准备工作，如存梁等。

任务 1.2　人工铺轨

工程案例：人工铺设某到发线(两端为道岔连接曲线，半径 300m)，铺设 50kg/m-25.0 m 新钢轨，混凝土轨枕铺设标准为 1 760 根/km，使用弹条Ⅱ型扣件，为双层道床(20/25cm)、二级道砟、道床顶宽 2.9m、道床边坡 1∶1.5，线路设计坡度为平坡。其铺轨施工工艺流程如图 1.9 所示。

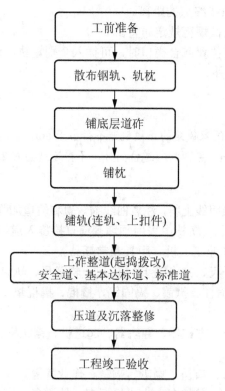

图 1.9　人工铺轨施工工艺流程图

1.2.1　工前准备

1. 技术准备

(1) 办理路基面检查签证。
(2) 确认线路中线桩位符合要求、在钢轨接头位置作标识。
(3) 根据设计规定的每千米轨枕数量落实轨枕间距。
(4) 工班长向工人作详细交底。
(5) 铺轨前应做好配轨设计(采用相对式接头)，编制轨节表。
① 直线地段铺设长度增长量，根据线路各坡段的坡度计算斜坡长。
② 曲线段配轨以外股为依据。铺轨长度除计算斜坡长外，尚应加外股比线路中线的增长量，其增长量按下式计算。

$$\Delta = S(K+L_0)/2R$$

式中：Δ——平坡段曲线外股比线路中线的增长量，m；
   S——两股钢轨的中心距，采用 1.5m；
   K——圆曲线长度，m；
   L_0——缓和曲线长度，m；
   R——圆曲线半径 m。

③ 配轨时，应以铺轨长度为依据，按钢轨长度和预留轨缝连续计算各轨节位置。直线段终端应确定曲线始点前(或后)的钢轨接头到曲线始点的距离；曲线段终端应确定曲线终点前(或后)的钢轨接头到曲线终点的距离。

④ 曲线内股缩短轨应按规范规定布置。

⑤ 需要调整钢轨接头位置或合拢口时，可插入个别短轨。调整桥上钢轨接头位置时，短轨应铺在离桥台尾 10m 外。

> **职业贴士**
>
> 个别插入的短轨长度，国家铁路的正线轨道不得小于 6m。站线和地方铁路、专用铁路、铁路专用线轨道不得小于 4.5m。除两相邻道岔间外，不得连续插入 2 对以上短轨。

2．料具准备

(1) 根据轨节表限额领用线上料，注意曲线缩短轨和轨道加强地段的轨枕的规格、数量。

(2) 领用硫磺锚固用料。(轨枕中采用预埋套筒直接旋入道钉者除外)。

(3) 准备好线路基本作业工、机、用具和常耗品。

① 量具：道尺、水平尺、30 钢卷尺、皮尺、轨缝尺、轨温计等。

② 工具：铁轨夹钳、抬杠、扒镐、捣固镐、撬棍、撬棍垫、锹、铲、石砟叉子、大锅、轨缝片、水桶、毛刷等。

③ 机具：轨缝调整器、方枕器、翻轨器、起道机、锯轨机、钻眼机、备用锯片、备用钻头等。

④ 防护用品：信号旗、口笛、喇叭、响镦、作业牌等。

⑤ 运输机具：胶轮车、单轨车、大小平板车、轨道车、汽车、运枕车等。

⑥ 常耗品：滑石笔或粉笔、白油漆、废机油、木柴等。

1.2.2 散布钢轨、倒运轨枕及备砟

1．散布钢轨

(1) 在备料场丈量好钢轨，长度偏差值应用白油漆写在轨端头部上。

(2) 在装车或卸车时注意同一轨节宜选用长度偏差相同的钢轨配对，相差量不得大于 3mm，并应前后左右随时调整抵消，累计差不得大于 15mm。

(3) 钢轨应按铺设顺序成对装车，同一轨节的 2 根钢轨应装在平车中线两侧的对称位置。缩短轨应装在铺设位置的同侧。

(4) 钢轨的运输较特殊，有条件的应利用邻线卸车或用加长汽车运上路基，困难时只能拖运上路基，摆在同一侧。卸车后应有专人检查清道。

(5) 按测量确定的接头位置基本对位放置，人工搬运钢轨距离不宜大于 50m。曲线上散轨要注意缩短轨的位置。

(6) 在一股钢轨轨腰的内侧(曲线外轨轨腰的内侧)用白油漆标示轨枕位置(画轨枕间距);

(7) 倒运轨料的小平车应有制动装置及 2 个以上的止轮器。小平车推行速度不得在大于 5km/h,并不得在大于 6‰的下坡道上使用。

2．倒运轨枕及备砟

(1) 按照铺枕标准将每节钢轨将轨枕配足、运到位,这样可大致保证人工搬运轨枕的距离不大于 50m。

(2) 倒运轨枕最好与备砟同时进行(卸枕时注意留出中心线两侧 1.5m 位置,以便后续底砟摊铺)。

(3) 如有条件,轨枕宜用平板车或低边车运往工地。卸车时,应防止轨枕滚落到路堤外;轨枕严禁抛摔。

(4) 根据道砟用量(断面数量、紧方、损耗等)分段计算好,将道砟全部运上路基堆在路基上备齐(放在钢轨的另一侧路基面)。

相关操作如图 1.10、图 1.11、图 1.12 所示。

图 1.10 平板车运轨枕

图 1.11 轨道吊卸轨枕

图 1.12 人工搬运轨枕

1.2.3 铺底层道砟

(1) 底砟顶面标高按设计轨顶标高推算的枕底标高降低 3cm 来控制。

(2) 铺底层道砟时需振动压实。

(3) 如为无垫层的道床,铺砟厚度以 15～20cm 为宜。

(4) 桥上的预铺道砟面应高出盖板,并应与两端桥头的道床取平。部分预铺道砟可视架桥机性能预铺在梁上,随梁就位。

1.2.4 铺枕及道钉锚固

1．铺枕

(1) 道床底砟就位即可散布轨枕,每节轨按轨节表配齐轨枕,散布均匀。

(2) 轨枕端部有字或标识的一端应同侧摆放,单线铁路按线路计算里程方向左侧摆放,双线铁路按列车运行方向左侧摆放。曲线地段按曲线外侧摆放。邻近站台侧的轨道,按靠邻近站台的一侧摆放。

(3) 混凝土枕上应标示中心位置,布枕时对准线路中线。轨枕应正位,并与轨道中线垂直。

(4) 钢轨接头(含异型钢轨接头)前后应各铺设不少于 5 根同种类同类型的轨枕。

(5) 同一种类的轨枕应集中连续铺设。同类型轨枕成段铺设的最小长度，国家铁路的正线、到发线轨道为 500m。

> **职业贴士**
>
> 铺设木枕应符合下列规定。
> (1) 木枕必须经过防腐处理，木枕的新锯端头和道钉孔应作防腐处理。
> (2) 木枕应按一端取齐的要求，钻好道钉孔。

2．硫磺锚固工艺

硫磺锚固是我国独创的工艺，是用硫磺水泥砂浆将螺纹道钉锚固在混凝土轨枕承轨台的预留孔中。但如采用预埋套筒在轨枕中，则不需锚固而直接旋紧即可，如图 1.13 所示。

1) 锚固材料及技术要求

锚固料由硫磺、水泥、砂子和石蜡配制而成。材料应符合下列规定。

(1) 硫磺为纯度不小于 95%的一般工业用硫磺。配制前将其破成碎块，如受潮应在配制前干燥。

(2) 水泥用普通硅酸盐水泥。如有结块，配制前应过筛。

(3) 砂子粒径不得大于 2mm，泥污含量不得大于 5%。配制前应烘干。

(4) 石蜡为一般工业用石蜡。配制前应破成碎块。

(5) 各种材料内不得混有杂物。

2) 锚固料配合比

(1) 根据气候和材料技术条件，按下列规定的重量配合比范围，由试验选定配合比。

硫磺：水泥：砂子：石蜡=1：(0.3～0.6)：(1～1.5)：(0.01～0.03)

(2) 少量施工时，配合比可用：

硫磺：水泥：砂子：石蜡=1：0.5：1.5：0.02。

3) 锚固浆配制

锚固浆的配制如图 1.14 所示。

(1) 按选定的配合比，称好各种材料的一次熔制量。

(2) 先将砂子放入锅内搅拌加热到 100～120℃，再将水泥放入锅内搅拌加热至 130℃左右，最后将硫磺和石蜡放入锅内，继续搅拌加热，使溶液混合均匀，熔浆由稀变稠成液胶状时，即可使用。

(3) 熔制过程应不断搅拌。配制成的熔液应较稠而又不影响灌注时应具备的流动度。

(4) 火力要可控制，火候不得过猛。

(5) 可用两个铁锅轮流熔制，每锅熔制量不宜大于 50kg。

(6) 熔制地点与锚固作业距离不宜过远。

4) 锚固道钉

将硫磺砂浆液胶注入轨枕承轨槽的预留螺纹道钉孔中，胶体冷却后即把螺纹道钉固结在轨枕中。若气温低于 0℃，锚固时螺纹道钉应适当加热。

锚固方法分正锚和反锚。

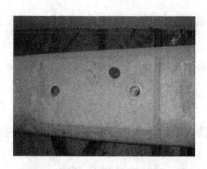

图 1.13 轨枕螺栓孔预埋套筒

图 1.14 锚固浆配制

(1) 正锚。

正锚是将轨枕正面向上，由轨枕预留道钉孔口先灌入锚固浆再插入道钉进行锚固。将硫磺砂浆液注入预留孔后，随即插入由定位器控制的螺纹道钉，当溶液冷却凝固后，取下定位器，螺纹道钉锚固结束。

此法的缺点是：很难控制道钉的插入深度和垂直度；很难控制孔内灌浆量，太多会使得道钉插入后浆液溢流，残渣清理工作量较大，太少会影响锚固强度。

应先清除孔内杂物，在冬季寒冷地区，特别要注意清除孔内冰雪，然后填入干砂夯实，使钉孔保持 150~160mm 的净深。

(2) 反锚。

反锚是将轨枕底面向上，由轨枕底孔倒插入道钉，从轨枕孔灌入锚固浆进行锚固，待冷却后再将锚固好螺纹道钉的轨枕复正。

为保证锚固质量，锚固时可用锚固钢模固定道钉于混凝土轨枕预留孔中，然后灌入锚固浆液，经过 1min 左右的冷却凝固，即可脱模。

反锚法采用锚固板上的道钉模具控制形位，质量有保证；锚固浆液不污染承轨槽面，外形美观。

5) 安全事项

(1) 锚固浆温度不得大于 180℃。

(2) 操作人员应在上风处，并佩带防护用品。

(3) 配制场地严禁堆放易燃品。

6) 质量要求

(1) 单钉抗拔力不小于 60.0kN，通过抗拔力检测试验确定是否合格，如图 1.15 所示。

(2) 锚固后螺纹道钉圆台底面距承轨槽表面的距离为 5~8mm。

图 1.15 抗拔力检测试验

(3) 螺纹道钉中心位置的偏差≤2mm，歪斜度≤2°。

(4) 灌浆深度应比螺纹道钉插入深度多 20mm 以上。

正锚时，硫磺水泥砂浆凝固的表面距预留孔顶面误差大于 10mm 时，应再补灌以保证锚固强度。在承轨槽表面如有残砟溢出，也应清除干净，使扣件能顺利安装。

为防止螺纹道钉锈蚀，提高绝缘性能，还应在锚固孔顶面、螺纹道钉圆台上下及四周，涂抹绝缘防锈涂料。

1.2.5 铺轨

1．分段铺轨的控制

(1) 按照分段接轨点桩位，将钢轨依次翻放到轨枕承轨槽上；注意利用钢轨的公差配对或前后调换消除接头偏差。

(2) 连接钢轨时，必须按规定预留轨缝；轨缝按规定尺寸用轨隙片预留。

(3) 监控铺轨长度和轨缝。

① 根据接轨点和加密的控制桩位(一般 300～500m 设置一个)，监控铺轨长度和轨缝的预留情况；曲线地段要按照上股铺轨长度来控制。

② 随时根据监控点的量测情况确定预留轨缝的调整方案。这是确保几个平行铺轨地段顺利合拢(不插入龙口轨)的关键。

2．钢轨接头相错控制

(1) 轨道应采用相对式接头，两股钢轨接头位置相错量应符合规范规定。

(2) 曲线外股用标准长度轨，内股接头位置超限时，用厂制缩短轨调整。

(3) 曲线尾剩余的接头相错量，宜利用钢轨长度偏差量在曲线内(困难时可延伸到直线上)调整消除。必要时，可在曲线尾插入一根相应缩短量的缩短轨。不得用调整轨缝的办法消除接头相错量。

(4) 采用相错式接头的轨道，两接头相错量应不小于 3m，但轨道电路的两绝缘接头相错量严禁大于 2.5m。

(5) 下列地段轨道可采用相错式接头。

① 铺设 25m 轨半径小于 250m 和铺设 1.5m 轨半径小于 200m 的曲线地段。

② 采用再用轨或非标准长度钢轨，配置相对式接头有困难的地段。

③ 两相错式接头的曲线间长度小于 300m 的夹直线地段。

3．钢轨接头的连接

(1) 钢轨端部和连接配件应涂油，垫圈开口朝下。

(2) 接头螺栓的朝向应里外相间，以免影响扭紧工作。

(3) 接头螺栓力矩应符合规范要求。

(4) 钢轨接头处的轨面高差和轨距线错牙，国家铁路的正线和到发线轨道不得大于 1mm。

(5) 各接头可先上不少于 2 个接头螺栓。待在直线上至少每隔 6m、曲线上至少每隔 3m 固定轨距后，才准放行小平车送料。

4．轨排扣件连接

(1) 各零件应安装齐全、位置正确，扣件应涂油。扣板式扣件应以 100~120N·m 力矩拧紧，弹条扣件应使弹条中部前端的下颌与轨距挡板接触或以 80~120N·m 作为控制力矩；在半径等于和小于 650m 的曲线地段，还应将螺母再拧紧 1/4 圈(力矩不小于 120N·m)。

(2) 应以校正好的一股钢轨为准(曲线以外股为准),用轨距尺按规定的轨距调整另一股钢轨位置。

> **职业贴士**
>
> 螺纹道钉应用扳手拧入,严禁锤击。木枕应用直径比道钉小 3~4mm 的木钻预钻道钉孔,道钉孔内应注油防腐,严禁用归钉的办法挤动钢轨,调整轨距。

5. 轨道几何尺寸

铺轨后应随即抓紧做出"荒道",作业重点为:方正轨枕,补足并紧固配件和扣件,拨顺轨道方向,串实承轨处的枕下道砟,消灭反超高和三角坑。

(1) 直线和半径大于及等于 350m 的曲线地段的轨距均应为 1 435mm。半径小于 350m 的曲线地段的轨距,应向内侧加宽。曲线轨距加宽应在缓和曲线全长范围内递减。如未设缓和曲线,应两端直线上以 1‰ 的递减率递减,困难条件下,可酌情提高递减率,但不得大于 3‰。

(2) 工程列车送料前,将钢轨接头螺栓和轨枕扣件补足上好,并拆除轨隙片。轨道方向应直线顺直,曲线基本圆顺,中线对正(偏离中线不得大于 20mm),轨距应符合规定。至此,轨道的状态为"荒道"。

(3) 其他尺寸待整道后完成。

1.2.6 铺砟整道

1. 整安全道

铺轨后应及时上砟整道,轨道应逐步整正。

第一次上砟,厚度不宜大于 100mm(单层道床厚度不大于 250mm 时,可一次按设计铺足)。上砟时道砟应散布均匀,如图 1.16 所示。应先补充枕盒内部分道砟,然后起道、方枕、串砟、捣固道床,拨正轨道方向,回填清理道砟,稳定轨道。

(1) 在钢轨两侧规定的范围内均匀捣固,钢轨接头处和曲线外股应加强捣固道床,如图 1.17、图 1.18 所示。

图 1.16 卸道砟

图 1.17 电动捣镐捣固

图 1.18 捣固机捣固

(2) 起道时应先校正一股轨面高程(曲线应先校正内股轨面),据此调整另一股轨面高程,左右均匀进行。每次起道高度不宜大于 150mm。

(3) 曲线轨道在外轨设置超高,并应在缓和曲线全长顺接。未设缓和曲线地段,应在两端直线上按不大于 2‰坡度顺接。必要时顺坡范围可延伸至曲线内，或酌情降低外轨超高度。

(4) 配合架梁备道砟。

① 桥梁两端各 30m 范围内应铺足道砟，预铺道砟面应比桥台端墙顶高 5cm。

② 有砟桥面的全部道砟，应在桥头附近适当地点堆存备用。

③ 桥梁跨度在 8m 及以上的桥头，在架桥机吊梁运行地段，应预铺道砟，其厚度为 15～25cm，宽度 3～4m。

④ 架梁后应尽快上足桥上的道砟。

2. 整基本达标道

第二次上砟整道时应以水平桩为准，大机配砟整形、捣固、稳定机作业，如图 1.19、图 1.20 示。

图 1.19 道床配砟整形

图 1.20 稳定机作业

(1) 轨向：直线用 10m 弦量的最大矢度和曲线用 20m 弦量的实际正矢与计算正矢差不得大于规范要求，曲线头尾不得有反弯或"鹅头"。

(2) 轨面用 10m 弦量，最大矢度和两股钢轨轨面高程按标准相对差和在延长 6.25m 范围内的三角坑不大于规范要求。

(3) 轨距允许偏差不大于规范要求。

3. 整标准道

交工前，应按验收要求进行一次全面整道工作。

1) 道床断面整理

(1) 道砟数量应充足。道床厚度允许偏差为±50mm。

(2) 清理路肩上道砟，枕盒内道砟按设计填够，整理道床边坡，可使用机械作业，如图 1.19 所示。

2) 轨缝和接头相错量

(1) 在适当轨温范围内时，拉轨调匀轨缝。

(2) 方正钢轨接头，调整左、右股钢轨接头相错量，兼顾前后轨缝尺寸。

(3) 成段调整轨缝时，事先应经调查计算，确定每根钢轨的串动方向和串动量。

3) 起道作业

(1) 按水平桩起道至轨面设计高程，轨面高程按设计要求(含路基预加沉落量)的允许偏差：在路基上为+50mm、-30mm，在建筑物上为±10mm，紧靠站台的轨道为+50mm，不得有负偏差。

(2) 直线两股钢轨面应保持同一水平，曲线外轨超高应符合规范规定，在此基准上，同一横截面处的两轨面高程相对差和在延长 6.25m 范围内的三角坑，国家铁路的正线和到发线不得大于 5mm。

(3) 在一股钢轨上，轨面应目视平顺。其 10m 弦量的最大矢度，国家铁路的正线和到发线不得大于 5mm。

4) 拨正轨道和改道作业应符合下列规定

(1) 轨道中心线与线路中线应一致，允许偏差为 50mm。相邻轨道中心线间距的允许偏差，正线与站线、站线与站线间为±20mm。

(2) 轨道方向直线应远视顺直，曲线应圆顺，圆顺度符合规范要求。

(3) 轨距偏差符合前述要求，轨枕正位，扣件按规定上紧。

1.2.7 压道及沉落整修

(1) 全面整道后的轨道，应经列车或单机压道，如图 1.21 所示。国家铁路的正线，压道次数不少于 50 次。国家铁路的站线和地方铁路、专用铁路、铁路专用线，压道次数不得少于 30 次。经过压道的轨道应无明显变形。

图 1.21 单机压道

(2) 通车后一个月内，对轨道线路应进行沉落整修，主要是轨道几何形位的局部修复和补充少量道砟。

1.2.8 工程验收

(1) 轨道工程施工完毕，经过竣工验收合格后，方准正式开通使用。

(2) 改建既有线和增建第二线中急需投产使用的项目(包括区间、分站及过渡工程)，一般情况下，开通 24h 后，由验收小组进行验收交接；为配合开通的过渡工程，只办工程交接手续，由运营单位接管养护，其中具体问题由三方协商解决。

(3) 开办运营所需的竣工文件，施工部门应在开通前 7d 内向运营单位提供。

(4) 全部工程竣工后，对前已交接的项目，不再检验，只将其并入整个项目内办理验收交接手续。

(5) 竣工工程应按单位工程检验，单位工程范围：正线一个区间，站、场为一个站或一个场。

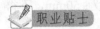

> **职业贴士**
>
> 工程竣工文件,正线与站线应分开编制,尚应按工务段管辖范围分开。

任务 1.3 机械铺轨

工程案例:某新建电气化铁路 263km,铺设 60kg/m-25.0 m 新钢轨,Ⅲ型混凝土轨枕铺设标准是 1 840 根/km,使用弹条Ⅲ型扣件,为双层道床(30/30cm)、一级道砟,道床顶宽 3.4m、道床边坡 1∶1.75,线路设计坡度为 6‰~12‰不等,有 5 个曲线的半径小于 600m。其施工工艺流程如图 1.22 所示。

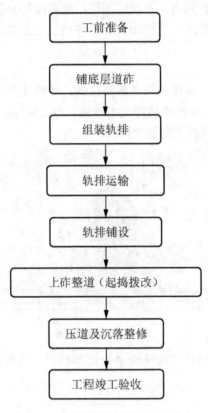

图 1.22 机械铺轨施工工艺流程图

1.3.1 工前准备

除了人工铺轨的工前准备工作,机械铺轨的准备工作还要注意以下几点。

(1)铺轨前应编制详细的轨节表,轨排组装技术员根据轨节表检查轨排情况;建立铺轨前方工地与后方轨排组装基地的技术工作联系、协调机制,每天核实铺轨实际里程和接头相错量。

(2)轨排组装基地是机械铺轨的基础设施,在施工准备阶段必须作为重中之重抓紧建设,建设完毕并投入运转,开始组装轨排。

(3)料具除了少数在铺轨前方工地使用外,绝大多数在轨排组装基地使用。

(4) 施工管理上存在铺轨前方与轨排组装基地后方两大子系统，必须建立统一高效的统筹指挥系统。

(5) 其他的工前准备工作参照人工铺轨相关内容。

职业贴士

轨节表作为技术准备的重点，轨排组装基地（后方）技术员编制后，必须经铺轨技术员复核，对接轨点的铺轨里程要双方确认。

1.3.2 铺底层道砟

1．作用

(1) 防止铺轨时压断或损坏轨枕。

(2) 防止铺轨时轨枕被压入路基面内，形成陷槽积水，造成路基病害。

(3) 铺轨时能将轨排摆平，便于钢轨接头的连接，并可便于铺轨后线路纵断面的调整。

2．做法

(1) 单层道床厚度不大于 25cm 时可一次铺足，大于 25cm 时应分两次散布，并分层碾压或捣固密实。

(2) 有条件多上道砟的地段，底砟顶面标高按设计轨顶标高推算的枕底标高降低 3cm 左右来控制。缺道砟地段可铺设砟带，沿线路钢轨轨底的位置纵向连续铺设。

(3) 桥梁两端各 30m 范围内应铺足道砟，预铺道砟面应比桥台端墙顶高 5cm，并按 5‰ 做好两端顺坡。

(4) 有砟桥面的全部道砟应在桥头附近适当地点堆存备用。桥梁跨度在 8m 及以上的桥头，在架桥机吊梁运行地段，应预铺道砟，其厚度为 15～25cm，宽度 3～4m。

(5) 桥上的预铺道砟面应高出盖板，并应与两端桥头的道床取平。部分预铺道砟，可视架桥机性能预铺在梁上，随梁就位。

1.3.3 轨排组装

1．轨排组装的作业方式

轨排组装是机械铺轨的重要环节，是在轨排组装基地将钢轨、轨枕用配件、零件联成轨排的工作过程，为前方铺轨工地服务。

轨排组装可通过固定工作台和活动工作台两种作业方式完成，活动工作台又分为双线循环式和单线往复式两种。

轨排组装前，应根据具体情况确定作业方式。作业方式不同，使用的机具设备和作业线的布置也不相同。

1) 固定工作台作业方式

固定工作台作业如图 1.23、图 1.24 所示。

图1.23 普通混凝土枕固定工作台

图1.24 双块式轨枕固定工作台

(1) 将组装作业线划分为若干工作台，所组装的轨排固定在工作台不动，在此台位上完成全部工序，各工序的人员和所需机具则沿各个台位完成自己工序的作业后依次前移。

在一条作业线组装一定层数的轨排后，工作台再转移到另一条作业线的台位上，继续组装。

(2) 根据铺轨任务和日进度的要求确定台位的多少和作业线的长短。

(3) 特点：只需在作业线上划分台位(每一台位长26m)，作业线的布置简单。

2) 双线循环式活动工作台作业方式

(1) 轨排组装分设在两条作业线上完成。在第一作业线上完成其规定的几个工序后，经横移坑横移到第二作业线上继续作业，直到轨排组装完毕，进行装车。

空工作台经另一横移坑再横移到第一作业线上，循环作业，每一循环完成一个轨排组装。

(2) 坑内有横移线路以及横移台车，横移时可用人力移动或卷扬机牵引。

(3) 特点：将各工序组成循环流水作业线，改善了工作条件，提高了工作效率；但该作业方式要求场地较宽阔，应用受一定的限制。

3) 单线往复式生产线

单线往复式生产线是我国目前使用最多的一种轨排组装生产线。它依靠液压工作台的升降动作和转序工作台车的往复运动完成轨排生产作业中的转序作业，将待组装的轨枕和钢轨、扣件等依次通过生产线的各个台位。如图1.25所示。

图1.25 单线往复式生产线

(1) 用若干可移动的工作台组成流水作业线，按组装顺序流水作业，人员和所需机具固定在相应的台位上，依靠工作台往复移动传递轨排，直至轨排组装完毕。

(2) 特点：在作业线起落架上完成各工序内容，轨排组装全面机械化，场地受限小。

(3) 活动工作台：由铁平车和钢轨连接而成，工作台应高出未升起时的起落架顶面5cm，以利工作台的移动。

工作台的往复移动是由设在工作台两侧的起落架配合进行的。变换工序由设在作业线一端的3t卷扬机牵引活动工作台进行,起落架的升降由设在作业线另一端的5t卷扬机控制。每完成一个工序,工作台就前移一个台位,并由起落架将轨排顶起,工作台退回至原位,然后下降起落架,轨排即留在下一工序的工作台上。

(4) 作业线布置在进料线和装车线之间,包括一次翻枕、螺纹道钉锚固、二次翻枕匀枕、上钢轨、上配件并紧固、质量检查及轨排吊装等7个工序的流水作业。

轨枕硫磺锚固:这是一道控制工序,工作量大,作业时间较长。硫磺锚固工作台位一侧,另设长约80m的硫磺锚固作业线;锚固作业线的端部附近,备有粉碎硫磺的碾子、炒砂子及熬制硫磺锚固浆液的锅灶等;除此之外还有为不受气候影响而保证锚固作业顺利进行的工棚。

(5) 主要设备:5套液压升降作业平台;1台硫磺砂浆锚固作业平台;30台转序小车;1台液压翻枕龙门;2台套带动力运轨小车; 2台套带动力运枕小车; 1台硫磺砂浆加热搅拌机;1台运浆小车;4台配件小车;3台气焊小车;6套钢轨吊具;6套轨排吊具;部分型钢等原材料;1台散枕牵引小车;1台转序牵引车。

2. 轨排组装的作业过程

轨排组装的作业方法因螺纹道钉的锚固方式而异,通常有正锚和反锚两种。

固定工作台作业方式,除轨枕硫磺锚固工作需向各工作台位运送硫磺锚固砂浆外,其他工序与活动工作台的作业过程完全相同。

下面以单线往复式活动工作台作业方式组装轨排为例,说明一个轨排组装作业过程。

1) 吊散轨枕

吊散轨枕操作如图1.26所示。

(1) 采用移动式散枕龙门架所配备的3～5t电动葫芦吊散轨枕,每次自轨枕堆码场起吊16根轨枕,分层布开。

(2) 若采用反锚,应使用翻枕器使之底面朝上,或用铁叉人工翻枕。

(3) 清除预留道钉螺栓孔内杂质。

图1.26　吊散轨枕

2) 硫磺锚固

混凝土枕轨排组装质量的关键在于螺纹道钉的锚固(图1.27),高铁轨道在轨枕中预埋套筒则直接旋紧即可。

图 1.27 硫磺锚固(反锚)

硫磺锚固具体工艺参考前述人工铺轨相关内容。

3) 匀散轨枕

轨枕翻正后,应立即在轨枕承轨槽两侧匀散弹条等扣件、零件。在工作台两侧设有起落架,配置了匀枕小车,利用匀枕小车调整轨枕间距,同时放好轨底板。

4) 吊散钢轨

(1) 利用 3~5t 龙门吊及吊轨架来完成吊轨,吊车吊重走行的范围内禁止走人。

(2) 吊轨前应检查钢轨型号、长度,并将钢轨长度公差值写在轨头上,以配对使用。

(3) 按轨节表控制钢轨接头相错量,将钢轨吊到轨枕上相应的位置。

(4) 钢轨就位后,在通过轨道道钉纵向中心线的钢轨内侧,用白油漆圆点标示轨枕位置。

(5) 钢轨两端扶轨人员不得直接用手扶持,应用小撬棍插入钢轨螺栓孔内或拴缆绳牵。

5) 上配件、紧固

把扣件、零件安上,将螺帽拧上,用电动扳手拧紧螺栓,确保达到扭矩要求,如图 1.28 所示。

图 1.28 上轨排扣件

6) 质量检查

质量检查操作如图 1.29、图 1.30 所示。

(1) 检查人:质检员。

(2) 检查项目:轨排是否按轨节表组装,轨排成品质量是否符合要求,包括检查钢轨型号及规格(含缩短轨)、接头相错量、轨枕类型及间隔、轨距、联结质量等。

(3) 修整:如果发现有不符合要求的地方,应加以修整。

(4) 编号:按轨节表中的轨节编号对合格轨排用色泽醒目的油漆进行编号。

图1.29 轨排质量检查

图1.30 轨排编号

7) 轨排装车

轨排装车是轨排组装的最后一道工序。根据铺轨计划做好轨排编组计划，用电动葫芦龙门架将编号的轨排逐节吊装到滚轮平车上并上下左右摆正对齐，不得歪斜，同时作好加固工作，如图1.31所示。

图1.31 轨排吊装

1.3.4 轨排运输

1．运输方式

轨排从轨排组装基地到铺轨工地的运输是前方铺轨工地不间断地进行铺轨的重要保证。

1) 滚筒车运输

图1.32所示为滚筒车运输轨排。

(1) 滚筒车一般由60t平板车组成，车上左右两侧各装滚筒11个，大约相距1.0～1.2m装1个。

(2) 在滚筒上面安放拖船轨，以承受运输轨排垛的重量；拖船轨的头部靠滚筒处设有止轮器，两辆平板车之间的车钩设停止缓冲器，避免轨排前后窜动。

(3) 由两辆滚筒平板车合装一组轨排，每组6～8层。既要考虑铺设计划，又要考虑额定载重。

(4) 优点：无需换装。

2) 平板车运榆

图 1.33 所示为平板车运输轨排。

(1) 由两辆无滚筒平板车合装一组轨排，每组 6 层。在铺轨现场或换装站各设两台 65 t 换装龙门架，将轨排换装到有滚筒的平板车上，供铺轨机铺轨。

(2) 优点：无需大量滚筒，减少拖船轨、轨距杆、止轮器数量，捆扎工作量减少，节省人力和费用；缺点是要换装。

图 1.32　滚筒车运输轨排　　　　　　图 1.33　平板车运榆轨排

2. 运输效率

轨排运输的效率取决于两个主要因素：轨排列车的数量和新铺设轨道的质量。

1) 轨排列车的数量

(1) 轨排列车数量分析。

与轨排列车数量有关的因素有：铺轨机每天铺轨的能力、每列轨排列车装载轨排的数量、每列轨排列车的装车和运行的周转时间。

机械铺轨时，一般有一列轨排车在工地跟随铺轨机供应轨排。当该列车的轨排铺完后，该列车应立即返回邻近车站，以便让另一列轨排车继续前进供应轨排。

当工地距基地较近，轨排列车装车和运行的时间之和小于或等于铺轨机铺设一列车轨排所需的时间时，则需配两列轨排车。当基地到工地的距离逐渐增加，而轨排列车装车与运行时间之和大于铺轨机铺设一列车轨排所需时间时，则需配备 3 列轨排列车，其中两列用于装车运输，一列用于随铺轨机供应轨排。

(2) 轨排换装站

随着铺轨推进，铺轨工地离组装基地越来越远，轨排的供应周转时间越长，则所需的轨排列车就越多。

为了更经济合理地供应轨排，一般当铺轨工地距离组装基地超过 80 km 时，宜设置轨排换装站，一般设在铺轨工地附近有给水设施的车站，至少有 3 个股道。正线为轨排列车到发线，应保持畅通；一股进行调车、停放车辆及机车整备；另一股为轨排换装线。轨排换装线应设在直线股道上。应预留备用滚轮车若干辆。

设置轨排换装站后，在基地用普通平车将轨排运到换装站，在换装站用两台龙门架将轨排倒装到滚轮车上，再拉到前方铺设。

2) 新铺设轨道的质量

轨排列车的运行时间与行车速度有关，在推进铺轨的同时还要抓紧铺砟整道，提高新铺设轨道的质量，以提高工程列车行车速度。

1.3.5 轨排铺设

1. 悬臂式铺轨机铺设轨排

新建铁路大多采用铺轨机铺设轨排或放送车放送钢轨,也可以采用龙门架铺轨。

悬臂式铺轨机有高臂和低臂之分,但作业形式基本一致。铺轨机在自己铺设的线路上作业和行走,轨排铺设过程如下。

1) 喂送轨排

轨排列车进入工地,将前面轨排垛喂进铺轨机,后面的轨排垛依次移到最前面的滚筒车或专用车上,如图 1.34 所示。

向前倒移轨排垛的方式主要有两种:用二号车或专用列车倒运方式、拖拉方式。

(1) 二号车或专用列车倒运方式。

将两台龙门吊架立在离铺轨机不远且较平直的线路上,机车将轨排列车依次推送到龙门吊下,用龙门吊吊起整组轨排,倒装到装有滚筒的二号车或专用车上,再由二号车或机车推送到铺轨机尾部。

该方式需配备两台起重量 65t 以上的倒装龙门吊,再配二号车或专用车。若机车能通过倒装龙门吊则可省去二号车。

(2) 拖拉方式。

将滚筒列车最前面的一组轨排垛,用拖拉钩钩住第二层轨排的钢轨后端,用大小支架将ϕ28mm 钢丝绳支离平板车,将底板钩等专用机具固定于线路上,然后缓慢地拉动列车。在滑靴引导下,这组轨排垛便移到前面的滚筒车上。轨排垛到位后,再由机车推送到铺轨机的尾部。

拖拉方式适用于滚筒列车,在铺轨机的后方选择一段较为平直的线路进行大拖拉作业。

2) 铺设轨排

(1) 将轨排推进主机。

用铺轨机自身的卷扬设备挂千斤绳推进轨排组。

(2) 主机行走对位。

铺轨机自行到已铺轨排的前端,停下对位。需支腿的铺轨机,在摆头以后即放下支腿,按要求支承固定。

(3) 吊运轨排。

开动吊重小车(可从铺轨机后端走行到前端),对好轨排的吊点位置,钩好轨排吊高轨排至离下面轨排 0.2m 高度,前进到吊臂最前方,如图 1.35 所示。

图 1.34　喂送轨排　　　　　　　　　　　图 1.35　吊运轨排

(4) 落铺轨排。

吊重小车吊轨排走行到位时应即停止并下落轨排，至离地面约 0.3m 时稍稍停住，缓缓落下后端与已铺轨排的前端对位上夹板，上夹板后通过摆头设施使前端对正线路中线落到路基上。轨排落地以前，人工(或用拨道器)左右拨正，如图 1.36 所示。

一般对位时间占铺一节轨排总时间的一半以上，成为铺轨速度快慢的关键。

图 1.36　落铺轨排

(5) 小车回位。

铺好轨排后吊轨小车退回主机，准备再次起吊；有支腿的铺轨机应即升起支腿。

至此，铺完一节轨排，主机再次前进对位，并重复以上工序，铺设下一轨排。

待一组轨排全部铺完，拖入下一组轨排再按以上工序铺设。当一列轨排列车铺完后，机车将空车拉回前方站，将前方站另一列轨排列车运往工地。

(6) 补上夹板螺栓。

为提高铺轨速度，铺设轨排时仅上两个螺栓，在铺轨机的后面还要组织人员将未上够的夹板螺栓补足、上紧，如图 1.37 所示。

图 1.37　补上夹板螺栓

2. 龙门架铺设轨排

铺轨龙门架是铺轨半机械化施工机具之一，主要用于地铁等工程量不大的轨排铺设及轨排基地装卸工作等。

1) 组成

铺轨龙门架由 2～4 个带有走行轮的框架式龙门架组成，每个龙门架的吊重有 4t 和 10t 两种，其中有带运行机械和不带运行机械的两种形式，相互间用连接杆连接行动，如图 1.38 所示。

图 1.38 铺轨龙门架

龙门架的起重和运行依靠自带的发电机供电，发电机和拖拉用的卷扬机同放在一辆普通平板车上，挂在铺轨列车的后端，用电缆送电。

2) 轨排铺设

(1) 先铺设龙门架的走行轨道。

(2) 将龙门架下到走行轨道上。

(3) 用滚筒车或托架车将轨排组运送到最前端，开动龙门架即可吊运轨排。

(4) 把轨排运到铺设地点，降落轨排铺设在路基上。

重复上述步骤，即可继续铺设轨排，如图 1.39 所示。

3) 特点

机身不在自己铺设的轨道上行走，而在预先铺设于线路两侧的轨道上吊重和走行。

图 1.39 龙门架铺轨

3．放送车放送钢轨铺轨(推送车推送钢轨铺轨)

本部分内容在无缝线路铺设中讲述。

1.3.6 铺砟整道

1．道砟的采备、装卸和运输

铺砟整道就是将道砟垫入轨枕下铺成设计要求的道床断面，并使轨道符合竣工验收标准的要求，主要包括采砟、运砟、卸砟、上砟、起道、整道等作业。

轨排铺设完成后，即可通行工程列车，既包括铺轨列车，也包括铺砟列车，还有其他施工车辆，如电气化接触网施工车辆、运梁车等。铺砟整道多在有工程列车运行的情况下进行，干扰较大。新建铁路铺轨后应抓紧进行铺砟整道工作，以提高行车速度。

道砟生产是机械铺轨中铺砟整道的一个重要环节。

1) 用砟量计算

铺砟整道所需的道砟数量可根据道床横断面计算,考虑松紧方换算再加运输、卸砟、施工的损失等原因,碎石道砟增加率一般达 11.5%。

2) 道砟来源

新建铁路道砟来源有 3 种:一是沿线零星采集;二是利用邻近的既有砟场;三是建立永久砟场或临时砟场。

3) 道砟装车与运输

运砟宜采用风动卸砟车。风动卸砟车由走行部分、钢结构车体、漏斗装置、启门传动装置以及工作室等组成,如图 1.40 所示。

若没有风动卸砟车,宜用敞车或改装的平车运砟,也可用汽车等运砟。

图 1.40　风动卸砟车

4) 卸砟

卸砟一般有风动卸砟车卸砟和人工卸砟(平板车)两种方式。

(1) 风动卸砟车:车体下部的漏斗装置用以漏卸和散布道砟,它有 4 个外侧门和 2 个内侧门,能使道砟按要求散布在轨道内外侧的不同部位,如图 1.40 所示。

车内容量可达 $36m^3$,外侧门全开时,40~50s 能卸空一车。

(2) 人工卸砟时,当运砟列车到达卸砟地段后,每辆车配备 3~4 人,将车门逐一打开,在列车缓慢行进中将砟卸于轨道两旁,堆在两轨道中间及路肩上,如图 1.41 所示。

图 1.41　卸砟及人工整道

2. 铺砟整道基本作业

铺砟整道作业有人工整道(图 1.41)与机械整道(图 1.42)两种方法。机械施工与人工整道相比,既可减轻劳动强度,又可加快施工速度,提高作业质量,因此在铺砟整道中应尽可能采用机械施工。我国目前使用的大型养路、整道机械有 08-32 型及 09-32 型捣固车、08-475 型道岔捣固车、09-3X 型连续式捣固车、SPZ-200 型配砟整形车和 DWL-48 捣固稳定车、WD-320 型动力稳定车等。

图 1.42　机械整道

1) 整正轨缝

(1) 整正轨缝前应按区间进行现场调查，将轨长、轨缝及接头相错量按钢轨号逐一列表计算作出全面的整正计划。

(2) 轨缝整正工作量较大时，往往会牵动轨枕位置，使轨枕脱离捣实的道床，因此在轨缝整正后，应进行起道、方正轨枕及捣固等工作。

2) 起道

(1) 先选择一个标准股按要求的高度起好，每次至少起好两个基准点。人工起道瞄视方法与检查轨顶纵向水平的方法相同。

(2) 起道后应将路肩处的道砟填入轨枕盒中，以便进行捣固。

3) 捣固

(1) 人工捣固使用捣固镐，半机械捣固可用液压捣固机，也可采用大型捣固机械，如图 1.43 所示。

(2) 捣固范围：混凝土枕应在钢轨外侧 50cm 和内侧 45cm 范围内均匀捣固；木枕在钢轨两侧各 40cm 范围内捣固道床，钢轨下应加强捣固。此外对钢轨接头处和曲线外股，应加强捣实上述规定范围内的道床。

(3) 人工捣固时应做到：举镐高度够、捣固力量够、八面镐够、捣固镐数够及捣固宽度够。

(4) 机械捣固时，捣固质量取决于捣固时间的长短。

图 1.43　线路捣固

4) 拨道

(1) 新线拨道时，把钢轨及轨枕一起横移一定距离，使其符合线路中心线的位置要求。

(2) 为了不妨碍铺砟整道工作，保护中线的准确位置，中线桩一般均自线路中心位置外移，与起道用的水平桩合并设置。

(3) 人工拨道一般使用 6～8 个拨道器，均匀分在两根钢轨的同侧，分布范围约 3.5～4m，一人指挥，其他人用拨道器用力拨道。机械拨道则可用激光准直仪直接控制起拨道机拨道。

在交工前应按规定作一次全面的整道作业，使轨道的几何形位达到规定的技术标准。

学岗互通

1. 调查实训场现有线路的轨节表。
2. 给定一个车站平面图，编制车站正线及站线的轨道工程轨节表，并按照轨节表统计轨道材料清单。
3. 在实训场进行拆除轨道、重铺轨道的练习。
4. 铺轨工具、用具的使用训练。

知识拓展

轨排组装基地

轨排组装基地是新建铁路机械铺轨的一项大型临时性工程，是铺轨材料的装卸、存放、轨料加工以及轨排组装、工程列车编组、发送的场所，是铺轨工程的后方基地。

1. 基地设置原则

基地规模应满足轨节计划生产能力和铺轨架梁进度，并应有一定的储备能力。

(1) 基地一般应在铺轨前 7～10 个月内开始筹建，在铺轨前建成。

(2) 基地一般选在铺轨起点附近，与新铺线路尽量在既有站的同侧。

(3) 基地应与公路相通，内设汽车、起重机械的通道和龙门起重机的轨道，以便装卸材料和机械的组装作业。

(4) 基地供应半径应经济合理，新线一般铺轨基地的最大供应半径约为 200～300km。

(5) 基地的设计规模应通盘考虑，既留有余地，又要考虑少占农田和资金。

2. 铺轨基地的任务

铺轨基地主要负责储存轨料、组装轨排和道岔，并将轨排源源不断地供应前方，保证不间断地铺轨。有时铺轨基地也兼做部分架梁的准备工作，如存梁等。

1) 储存轨料

图 1.44 所示为轨料的存放。

图 1.44 轨料存放

(1) 铺轨基地负责接收检查、整理、堆码及储存轨料，应树牌标明规格、类型、数量；对运入的轨料进行必要的加工，如必要的锯轨、钻螺栓孔等；根据进度要求，向轨排组装车间输送整理好的轨料。

(2) 钢轨垛码应符合下列规定。

钢轨长度应逐根丈量，长度偏差值应用白油漆写在轨端头部上。同一长度(允许偏差内)的钢轨应同堆垛码。再用轨按同一级别、同一长度、磨耗程度相近的同堆垛码。

各层钢轨之间宜用旧钢轨支垫。旧钢轨应与各层钢轨垂直放置，间距不大于 5m，上下层同位。垛码层数应使钢轨不伤损变形。

基底应平整坚实，垛底承垫架空。场内应有排水设施。

(3) 轨枕垛码应符合下列规定。

垛码混凝土枕和混凝土宽枕应上下同位，层间承轨槽处应垫以小方木或其他材料，其顶面应高出挡肩或螺旋道钉顶面 20mm。

木枕垛码应便于装吊作业，垛顶应设排水坡。场内应有消防设施。基底平实，底层架空。地面应有良好的排水系统。

2) 组装轨排和道岔

图 1.45 所示为组装轨排的操作。

图 1.45　组装轨排

(1) 将送入的各种轨料堆放到指定地点，或整车停放在指定地点。

(2) 组装轨排、道岔；储存已组装好的轨排和道岔。

(3) 按要求编配轨排、道岔列车，捆扎牢固，装齐配件，供应前方铺设。

3．基地平面布置

基地主要包括轨料存放场、轨排组装车间和轨排储备场 3 部分。

1) 轨料存放场

(1) 决定存放场大小的因素是铺轨总长度、工程施工进度要求及进料情况。

(2) 场内轨料的堆放必须考虑经济原则，要尽量减少倒装、搬运的次数，要缩短运距以节约劳力，同时，还应该使各种轨料向组装车间运送方便，简化作业手续。

(3) 轨料存放场一般应保证铺轨口进度的 10 倍左右或至少能满足一个区间的轨料。

(4) 为便于轨料的装卸、搬运，应有必要的吊车设备及其行走道路和进料卸车的股道。

2) 轨排组装车间

轨排组装车间一般都设有进料线、组装作业线和装车线，进料线与装车线分设于组装线两侧，进料线连接轨料场，应便于运出轨排和回送空车。组装作业线的两旁放置组装用的机具设备,以便进行组装作业。

3) 轨排储备场

轨排组装基地提前组装和储存一定数量轨排,一般应储存 2～3d 所需的轨排,如图 1.46 所示。

一般储备场设有两台龙门吊担负轨排的装卸。储备场的布置要便于装卸,力求简化调车编组作业。

在储备场存放轨排,增加了不少倒运、装卸工作量,一般都由组装车间直接装车运往工地,仅在轨排供应紧张时,才从储备场补充;或者因工地架桥等原因停止铺轨时,才将轨排储存起来。

图 1.46 轨排储备场

4) 其他设施的布置

除了上述 3 个主要部分外,基地内还应布置调车走行线、停车线等,还应设置动力、照明、机械维修等设备,修建必要的生产和生活房屋。

4. 基地内线路平、纵断面建设要求

(1) 轨节组装线应为直线。活动轨节组装台宜设在平道上。

(2) 装卸线宜设在直线上,坡度不宜大于 1.5‰。困难条件下,坡度不得大于 2.5‰,作业时应有防止车辆滑行措施。

(3) 其他线的曲线半径不宜小于 250m,坡度不得大于 2.5‰。特殊大型机械存放线和通过线的技术要求应符合此类机械的特殊要求。

轨排组装基地总布置如图 1.47 所示。

图 1.47 轨排组装基地总布置图

项目1 有缝轨道铺设

职业贴士

轨排组装基地的设计方案及建设进度都会影响到后续的组装与铺轨能否顺利开展。

思考题

1. 简述轨道铺设的一般过程,并列举其施工准备工作的主要项目。
2. 轨节表的主要内容有哪些?其铺设长度是如何计算的?
3. 什么是人工铺轨?绘制人工铺轨的施工流程图并简述其主要过程。
4. 什么是机械铺轨?绘制机械铺轨的施工流程图并简述其主要过程。
5. 简述轨排组装基地的设置原则和平面布置。

项目 2　无缝线路轨道铺设

引子

把钢厂提供的不钻孔、不淬火、25m(或 100m)定尺长的标准轨，先在焊轨厂内用接触焊等方法焊接成 200～500m 的长轨条，然后用长轨专用运轨列车将长轨条运至铺设现场，再用铝热焊等方法在工地将各段长轨条焊接成设计长度；在设计锁定轨温范围内进行锁定，即完成无缝线路的铺设。必要时，进行无缝线路的应力放散及调整。无缝线路及其铺设如图 2.1、图 2.2 所示。

图 2.1　无缝线路无砟轨道

图 2.2　无缝线路铺设

任务

任务 2.1　长轨条焊接
任务 2.2　长轨条的运输及铺设
任务 2.3　无缝线路应力放散与调整

任务 2.1　长轨条焊接

钢轨焊接是无缝线路的关键技术，就是把不钻孔、25m 或 100m 定尺长的标准轨焊接成长轨条。焊接接头是用焊接方法连接的钢轨接头，由焊缝及热影响区构成。钢轨接头是有缝线路的薄弱环节，焊接接头则是无缝线路的薄弱环节。

焊缝的几何外形尺寸的平顺和内部质量是无缝线路质量的关键，对于钢轨焊接，要求焊接接头的物理力学性能基本上和钢轨母材相同或相近。若焊接质量不良，低温时可能会发生拉断事故，危及行车安全。因此，长轨条焊接是铺设无缝线路的重要环节。

长轨条焊接有铝热焊法、气压焊法、接触焊法等方法，接触焊是目前钢轨焊接的主流方法。

铝热焊属铸焊,是在两轨间浇注铁水而将轨端铸连;气压焊法与接触焊法都是利用热能,将钢轨端部加热至塑性状态,再施加一定的顶锻力,使两轨端焊接成一个整体。

2.1.1 接触焊(闪光焊)

1. 类型

接触焊分为工厂固定式闪光焊接、线上移动式闪光焊接。

工厂固定式闪光焊接为闪光焊机在基地或车间焊轨作业线上的焊接工位焊接钢轨,焊接电源经配电变压器供电,如图 2.3 所示;线上移动式闪光焊接为闪光焊机在铁路轨道上焊接钢轨,焊机配套设备的动力源是车载发动机组,如图 2.4 所示。

图 2.3 固定式接触焊轨机焊接

图 2.4 移动式接触焊轨机焊接

2. 原理及工艺

1) 原理

根据电流热效应原理,利用强大电流通过钢轨(电阻大)时所产生的大量热能加热轨端至塑性状态,再经顶锻挤压以达焊接目的。

2) 工艺

(1) 将待焊轨固定在接触焊机的两个相对夹钳内,向轨端通以强大的电流。

(2) 两钢轨的接触面之间存在着较大电阻,从微观上看是凸凹不平的,首先接触的是一些凸出点,电流通过两焊接钢轨之间,凸出接触点通电后在瞬间被加热到熔化状态,在钢轨接触面之间形成多个液体金属"过梁"。

(3) 这些"过梁"在进一步加热中从钢轨接触面的缝隙中溅出形成连续闪光,进一步加热钢轨,钢轨端面的温度逐渐均匀一致,形成一熔化金属薄层,防止周围气体侵入。

(4) 与此同时,迅速施加顶锻力,使钢轨端面相互挤压,将两轨焊连成一体。

3. 作业流程要点

1) 配轨

按设计图编制配轨表,丈量每根钢轨长度,依次配轨。

2) 打磨除锈

部位:钢轨两端的夹紧部位及两轨接触端面,如图 2.5 所示。

目的:使之具有良好的接触导电性能。

要求:轨端截面光洁,有金属光泽,其与钢轨纵轴垂直面的最大偏差不大于 0.25mm。

3) 焊接

焊接时两轨端通电加热,包括断续预热和连续闪光两个阶段,前者使钢轨端部加热到一定的温度和深度,后者进一步使轨端轨温均匀化并建立一层防止金属强烈氧化的保护层。当轨端加热到塑性状态后,焊接机能自动夹紧钢轨使轨端顶压,顶压力为35～49MPa,顶锻量为7～15mm,使轨端焊成整体,如图2.6所示。

图2.5 轨端除锈

图2.6 焊机焊接

4) 推平

焊接时的顶压使焊接轨端处凸出,当焊接处金属尚处于高温塑性状态时,用液压推除设备把凸出部分推除,如图2.7所示。

5) 打磨焊缝

打磨焊缝,保证车轮通过时的平顺性。轨端焊接处,除轨腰部分外均应符合原钢轨断面尺寸,如图2.8、图2.9所示。

图2.7 钢轨推凸

图2.8 钢轨打磨

6) 整细矫直

焊接长钢轨要用矫直机矫直,并用1m直尺检查弯曲矢度,其值不超过0.5mm,如图2.10所示。

图2.9 钢轨精磨机

图2.10 矫直机

7) 超声波探伤

对焊缝用超声波探伤仪进行检查，探明是否有焊接缺陷，并做好检查记录。

8) 堆码

焊接好的长轨条堆码到专用高站台上，以备吊装到运轨列车上，如图2.11、图2.12所示。

图 2.11　百米轨组吊

图 2.12　长轨台组吊

职业贴士

新建铁路铺设无缝线路时，长钢轨一般是由定点焊轨厂接触焊焊接的。

4．长轨条焊接列车

1) 设备组成

(1) 焊接列车由牵引车、平板车、焊机、发电机、焊前工艺设备、焊后工艺设备、长钢轨走行滚道等装配而成，焊机是核心装备。

(2) 焊前工艺设备：主要有钢轨调直机、小型轨端平面铣床、磨刷除锈机、其他钳工常用工具。

(3) 焊后设备：主要有粗磨机、精磨机、正淬火设备、钢轨矫直机、钢轨探伤设备及滚轮滑道。

(4) 焊轨列车专用线一般设在铺设区段的铺架基地，亦可边焊接边铺设。

2) 焊前工艺

装备焊前工艺流水线的平车应停在靠近存放钢轨的场地。

为缩短列车焊前工艺流水线，钢轨调直机可装在钢轨整备平台处，将轨端调直工作置于车下。平车上安装待焊钢轨整修架，将调直好的钢轨一一输入车上整修架。

待焊钢轨的两端设铣铣床和除锈机，车工负责钢轨端面铣平，除锈工负责轨端除锈。

技术员根据轨节设计布置图，有序地将整修好的钢轨引向滑道，进入焊机焊接。

3) 焊后工艺

焊瘤的大部分已被焊机的推凸装置除去，粗磨可用粗磨机或人工完成，精磨最好采用数控机床仿形研磨或数控仿形铣床进行精加工，使之符合钢轨断面的尺寸及误差标准。

焊接轨经过精磨后进入正淬火工位。正淬火时，焊道温度冷却至 300～400℃时再加热。加热温升为：轨顶加热至 930℃，风冷淬火；轨底加热至 900℃，自然冷却。淬火宽度为 80mm，相对于焊道中心线前后各 40mm。过渡区(软区)宽度应小于 20mm，其硬度相当于母材帽形淬火硬度。

正淬火后，焊接轨进入调直机热调，平直度要求达到1m直尺测量小于0.2mm。

最后是探伤。探伤后长轨沿滑道进入运轨车存放(滑道与运轨列车靠连)。运轨车相当于存放钢轨的平台。

> **职业贴士**
>
> 城市轻轨、地下铁道，因施工环境的限制，其长钢轨的焊接多采用便于移动的长钢轨焊接列车施焊。

2.1.2 气压焊

1. 原理

利用气体(乙炔—氧)燃烧的火焰加热轨端至塑性状态时，施加一定顶锻力，轨端塑体的原子之间相互扩散渗透再结晶，在两个焊面之间形成新的结晶，把两轨端焊接成为一体。

2. 类型及工艺流程

气压焊接法一般可分为两种：工厂焊接、移动焊接法。

1) 工厂焊接法(厂焊)

(1) 概念：将气压焊机安装在焊轨厂的焊接车间进行定位焊接，把标准钢轨焊成一定长度的长轨条，焊接长度一般为250~500m，厂焊长度以500m为宜。

(2) 焊接工艺：分为焊前工艺和焊后工艺，以焊机为界。

焊前工艺：钢轨进入焊机施焊之前的工艺，包括配轨、探伤、整修钢轨端面、设标、进入待焊台位。

焊后工艺：钢轨进入焊机施焊之后的工艺，包括焊接、推凸、粗磨、细磨、调直、正火、探伤、进入承轨台存放待运。

2) 移动焊接法

(1) 概念：采用移动式气压焊机焊接钢轨，适用于焊接工地长轨联合接头，或超长无缝线路连入法施工的终焊时的接头焊接，如图2.13、图2.14所示。

(2) 设备：压接机、加热器、控制箱、油泵、水冷装置及辅助装置(发电机、端磨机、顶磨机、手把砂轮、管路系统、氧气瓶、乙炔瓶等)。

以上设备质量轻、体形较小、操作维修方便，适合工地现场的移动焊接。

(3) 移动气压焊的工艺流程：拉轨、锯轨、配轨→打磨→对头→装加热器→点火焊接→加热及预顶→推切凸→正火→打磨及矫正→探伤检验。

图2.13 移动式气压焊车

图2.14 小型移动式气压焊机

> 职业贴士

钢轨气压焊存在自动化水平低、人为影响因素多等问题,在高速铁路中的应用受到限制。

2.1.3 铝热焊

1. 原理

铝热焊是以氧化铁为氧化剂,以铝粉为还原剂的热剂焊。铝在一定的高温条件下,与氧有较强的化学亲和力,它可以从金属的氧化物中夺取氧,使金属还原,同时放出一定的热量(大约1kg铝焊剂可产生3.55MJ的热量),将金属熔化成铁水,以便浇铸施焊。

将配制好的铝热焊剂放入特制的坩埚,用高温火柴引燃焊剂,产生强烈的化学反应,得到高温的钢水,将高温的钢水注入安装在接缝上的砂型中,将砂型中对接好的钢轨端部熔化,冷却后去除砂型,并及时对焊好的接头整形,两根钢轨即焊接成一体,如图2.15所示。

铝热焊剂由金属铝、氧化铁、铁合金及铁钉屑按一定比例配制而成。

图2.15 铝热焊法焊接

2. 工艺流程

制作砂型→切轨→对轨→扣箱及封箱→坩埚装料及安放支架→预热→浇铸→保温→推凸除瘤→打磨→正火。

> 职业贴士

我国近年从德、法等国引进了铝热焊剂和工艺设备,采用铝热焊法焊接联合接头日渐增多。起拨道时,工具着力点应离开铝热焊缝。

2.1.4 焊接注意事项

1. 施焊准备

(1) 准备相关的配轨资料。

(2) 待焊钢轨要经过质量检查(含外形尺寸、内部探伤等)。

(3) 待焊钢轨要打磨除锈。

(4) 在正式施焊前,必须作焊接试验,试件合格才能开始批量焊接,如图2.16、图2.17所示。

(5) 焊接、探伤工均要持证上岗,使用专用探伤仪(图2.18)。

图2.16　焊接试件　　　　图2.17　焊接试件切口　　　　图2.18　探伤仪

2. 焊接成品的检验

(1) 焊接完成后要对焊缝进行钢轨断面尺寸及外形检查(平直度、表面质量等)，主要靠专用1m直尺及肉眼检查，如图2.19、图2.20所示。

(2) 钢轨探伤用钢轨探伤设备(含仪器、标准试件、对比试件等)进行检查，如图2.21所示。

(3) 从以上检查项目合格的成品中取试件，作落锤、静弯、疲劳、拉伸、冲击、硬度等试验，具体试验方法、试件制作按照相关标准进行。

图2.19　焊缝　　　　图2.20　检查弯曲矢度　　　　图2.21　钢轨探伤

任务2.2　长轨条的运输及铺设

工厂焊好的长轨条(200~500m)，用专用的运轨列车运至铺轨现场铺设。

2.2.1　长轨条的运输

1. 运轨列车的组成

现代新型的长钢轨车组主要由宿营车、发电车、安全车、运轨车、锁定车、作业首车、作业中车、作业尾车等组成。长钢轨车组按可装载轨型分可分为50kg/m、60kg/m和75kg/m长钢轨车组；安装轨长度分可分为200m、250m、500m长钢轨车组；安装车层数可分为二层、四层长钢轨车组；按动力性能可分为人力输送、机械输送、液压输送和微机控制自动输送长钢轨车组。

2. 长轨列车的装车及运行

长轨列车的装车及运行如图2.22所示。具体要求如下。

(1) 定量装载，既不偏载也不超载。
(2) 按规定装载操作，设好间隔器和锁定器。
(3) 途中停站，随车人员应下车检查，发现钢轨异常串动应及时处理。
(4) 列车按规定速度开行。

图 2.22　长轨列车的装车及运行

3．长轨列车的卸轨

(1) 列车到达铺轨现场后，按卸轨顺序依次松开锁定器。
(2) 用车装钢轨引拉器把待卸的长钢轨拉到有驱动装置的平台上。
(3) 开始卸轨时，开动驱动装置，将长钢轨推送到车尾出轨口处，轨端接地后对位。
(4) 再开动驱动器，列车以相应速度向前开行；钢轨落地 50 m 后驱动器停车，列车可快速开行。
(5) 在前一根钢轨下卸的同时，应引拉后续钢轨尾随而至，停于钢轨驱动台旁。待前一根钢轨的尾端到达后，后续钢轨随即跟下，如此依次卸下，直至到点或卸毕为止。

2.2.2　无缝线路的铺设

1．有砟轨道无缝线路铺设

有砟轨道无缝线路一般采用基地焊接长钢轨，运轨列车将其运至现场，用铺轨机或机组进行铺轨。在城市轨道交通工程中，高架桥梁设计荷载小，一般采轻型铺轨机、龙门架等进行铺轨。

1) 工具轨换铺法

先用工具轨组装临时轨排将铺轨推进到前方一定里程，再将焊接长轨运至现场沿线卸下、换轨；将工具轨回收送轨排基地，进行下一循环。

本法与有缝线路机械铺轨的工艺流程基本类似，差别是利用了工具轨来倒换铺轨。

(1) 工具轨换铺法的主要作业流程如下。

① 按照施工组织设计要求，准备好工具轨(倒换轨)，要考虑铺轨前方占用量和轨排基地组装的储备、回收等因素。

② 在轨排组装基地，利用工具轨及正式工程的轨枕、扣件组装临时轨排。特别是轨枕，一定要按照正式线路的技术参数组装，以免增加后续工作量。

③ 按照机械铺轨的正常工序组织装车(考虑长轨配轨)、运轨、铺轨作业，上砟整道成型；按照施工组织设计的进程铺设至前方。

④ 将基地焊接的长轨条通过临时线路或正线运输至需换轨地段，沿线按照配轨卸车。

及时组织换轨作业,用换轨车将轨道上的钢轨拨出,将焊接长轨拨入承轨台,如图2.23所示。或直接用换轨铺轨机换铺长轨。

⑤ 现场焊接联合接头。

⑥ 用钢轨回收车回收工具轨(含接头夹板及配套的螺栓等),运回轨排基地,如图2.24所示。继续下一循环的工具轨换铺法铺轨。

⑦ 大机捣固、配砟整型、稳定作业,整修就位,最后完成长轨锁定。

⑧ 钢轨打磨、探伤、轨道检测等。

图2.23 换轨车换铺无缝线路

图2.24 钢轨回收车回收钢轨

(2) 工具轨换铺的优缺点如下。

优点是便于组织机械铺轨,可确保铺架进度,且技术成型、设备国产配套,质量有保证;缺点是需要增加工具轨和相应配件以及换铺作业等额外工程费用。

2) 长轨放(推)送法

先铺设轨枕,再将焊接长轨运至现场,利用长轨放送车或推送车将焊接的长轨一次卸车入槽。

(1) 长轨放(推)送法的主要作业流程如下。

① 人工铺设道床底砟并压实、整平。

② 沿线路铺设轨枕并调整到位(按照接轨点控制桩位控制轨枕的间距);也可用工具轨铺轨,逐节轨往前铺设,上砟整好道即拆除工具轨继续往前铺;并在接轨点附近架设长钢轨落地过渡架,如图2.25、图2.26所示。

③ 在工厂或基地焊接长钢轨,利用平板车运输长钢轨,运轨列车与长钢轨放送车或分轨推送车连挂,组成铺轨机组,由机车推至铺轨地点,如图2.27所示。

④ 长轨条放送。按照长钢轨放送车或分轨推送车的工艺要求逐根往前放送、铺设(安装接头连接器),上砟整道,如图2.28～图2.33所示。

⑤ 现场焊接联合接头。

⑥ 大机捣固、配砟整型、稳定作业,整修就位,最后完成长轨锁定。

⑦ 钢轨打磨、探伤、轨道检测等。

(2) 长轨放(推)送法的优缺点如下。

优点是不需或需极少工具轨,可组织多点平行铺道砟、轨枕,方式灵活;缺点是需要长钢轨放(推)送设备,人力施工、劳动强度大,轨枕进场二次倒运工作量大,需做便道工程等。

图 2.25 用工具轨铺轨枕

图 2.26 架设长钢轨落地过渡架

图 2.27 长轨条运输车对位

图 2.28 将长轨推向待铺地段

图 2.29 长轨前端戴上铁鞋

图 2.30 长轨前端滑向滚轮

图 2.31 每 10～15m 设置一个滚轮

图 2.32 通过落地架卸到轨枕槽

图 2.33 扣件隔一上一向前铺

3) 单枕连续一次铺设法

该方法利用钢轨铺设和轨枕布设一体机(如 CPG500 铺轨机组)单枕连续一次铺设。CPG500 铺轨机组是我国国内研制生产的,自身提供行进动力,施工过程中不需要牵引设备,可自行牵引整个铺轨机组前行作业,机组由铺轨主机、轨枕输送车载龙门吊车、钢轨伸展车、轨枕运输车组、钢轨导向牵引车(履带式钢轨拖拉机)及附属装置(动力系统、液压系统、电气控制系统等)组成。该铺轨机综合作业效率可达 2km/天。

CPG500 铺轨机组采用单枕连续作业法,随着铺轨机的缓慢前进(铺轨机前方一定距离有钢轨拖拉机配合拖拉钢轨),自动布枕机将轨枕放置在路基上,铺轨机将钢轨抬起放置在轨枕上,并调至 1 435mm 的轨距,跟车的工人在轨枕上放橡胶垫、上螺帽、拧紧。广西南宁至钦州高速铁路钦州段即采用此方法铺架,如图 2.34～图 2.39 所示。

图 2.34 专用双层车

图 2.35 倒运龙门架

图 2.36 钢轨牵引前行

图 2.37 自动布枕

图 2.38 跟车放置胶垫

图 2.39 铺轨机前行

单枕连续作业法流程如图 2.40 所示。

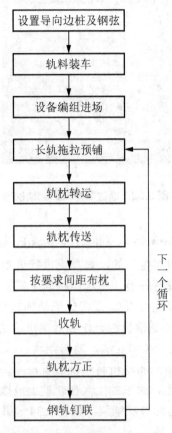

图 2.40 单枕连续作业法流程图

2. 无砟轨道无缝线路铺设

1) 工具轨法施工道床

先按设计图施工无砟道床的混凝土底座及支承层，布置底层钢筋，利用工具轨组装轨排，粗调轨道、安装调节器螺杆，继续绑扎完道床钢筋，立模并精调轨道，施工道床混凝土，达到脱模强度后将工具轨、模板拆除。下一地段同法施工道床，最后再集中铺设长轨。

工具轨法施工混凝土道床的主要工艺流程如图 2.41～图 2.46 所示，要点如下。

(1) 施工无砟道床混凝土底座及支承层。

(2) 轨道测量放线，布置、绑扎道床底层钢筋。

(3) 利用工具轨及轨枕组装轨排(安装调节器钢轨托盘)。

(4) 粗调轨道几何形位、尺寸(安装调节器螺杆)，并逐步支承、固定。轨道粗调的主要工作有：粗调机就位、全站仪设站、测量与轨道调整、确认粗调成果、安装调节器螺杆。

(5) 继续绑扎完道床钢筋，接地焊接，立横向、纵向模板。绑扎、安装过程不能扰动粗调好的轨道。

(6) 精调、确认轨道状态。精调后采取防护措施，严禁踩踏和撞击，并尽快施工混凝土。轨道精调的主要工作有：轨枕编号、全站仪设站、测量轨道数据、调整中线、调整高程(旋转竖向螺杆)。轨排的固定措施有横向位移锁、鱼尾板、地锚、轨距撑杆 4 种，如图 2.47 所示。

(7) 施工道床混凝土(含抹面、施工缝)。

(8) 达到脱模强度后，将工具轨、模板、调节器拆除，封堵螺杆孔。

2) 分轨推送法铺设长轨

分轨推送法即将焊接长轨运至现场，利用分轨推送车将焊接的长轨一次铺设就位。

分轨推送法铺设长轨以石武高铁为例。石武高铁在轨排基地把出厂时的 100m 长钢轨焊接成为 500m 长轨，再采用专用铺轨机组进行铺设、焊接、锁定而成无缝线路。

图 2.41 吊装工具轨　　图 2.42 轨道粗调　　图 2.43 绑扎纵横钢筋

图 2.44 轨道精调　　图 2.45 待浇筑的轨道　　图 2.46 道床混凝土抹面

图 2.47 轨排的固定措施有横向位移锁、鱼尾板、地锚、轨距撑杆 4 种

职业贴士

长钢轨铺设是严格按照"配轨表"进行的。单元轨节起止点不应设置在不同轨道结构过渡段及不同线下基础过渡段范围内，铺设的钢轨左右股相错量不得大于 100mm。

(1) 钢轨铺设采用 WZ500E 型铺轨机组引导推送进行施工作业。机组由引导车、滚轮、过渡顺坡车(由 3 台滚轮小车Ⅰ、Ⅱ、Ⅲ组成)、分轨推送车、钢轨运输车(包括首、尾车)和钢轨锁定车等组成。

(2) 500m 长轨在铺轨基地由 38 台 2t 龙门吊同步抬吊装车，两吊点之间的距离控制在 10m 左右。待运输平板车与长轨对位准确后，将长轨缓慢置放在支撑滚轮上并锁定牢固。

(3) 钢轨运输车、分轨推送车都是利用在铁路平板车上配置相关设施组成的，它们和由 3 个滚轮小车组成的过渡顺坡车架都在已铺好的钢轨上走行。

(4) 钢轨运输车上装好的钢轨分两层，每层 12 根钢轨(3km)。其上设有长滚筒装置、安全挡、升降式滚轮架、固定式滚轮架、间隔铁、锁轨装置、纵向定位架等设施。钢轨在上面可以依靠滚轮前行，也可以锁定，以保证运输途中安全。

(5) 钢轨运输车前方是分轨推送车，它可以拖拉、推送钢轨前行，还可以把两根钢轨间距调整为 1 435mm。钢轨推送车前方设置了 3 个由高至低依次串联的钢轨过渡下落顺坡架，使钢轨逐步接近轨道板上的滚轮。钢轨在滚轮的作用下前行到引导车，再悬挂在引导车上，由引导车拉动沿滚轮(每 10m1 组)继续前行到预定位置。如果前行位置超过了预定点位，可以由 1 号滚轮小车向后拖拉到位，与已铺钢轨连接。

(6) 引导车在轨道板上走行，其前后左右都设有紧贴轨道板侧面的导向装置来保证其走行方向，前面 2 个车轮位于轨道板边缘，后面 2 个位于轨道板中部。另外还设有长轨引导装置、过轨装置和液压、电控系统。

分轨推送法铺设长轨的流程如图 2.48～图 2.51 所示。

图 2.48 "群吊"吊装长轨　　图 2.49 铺轨机组前行，到达铺轨点后上层钢轨前行

图 2.50　分轨推送车推送钢轨经过顺坡架逐步下落到轨道板上的滚轮上继续前行

图 2.51　钢轨沿滚轮到达引导车下方并被引导车拉到预定点铺设

职业贴士

长轨被引导车拉到预定点铺设后，轨头应位于两个承轨槽之间。如果恰巧位于承轨槽上，就要适当锯掉一定长度。

3）长轨放送法铺设长轨

长轨放送法铺设长轨的工艺流程与前述的有砟轨道的铺设类似，如图 2.52～图 2.55 所示。

图 2.52　运轨列车整装待发　　　　图 2.53　把扶钢轨连接到铺轨车

图 2.54　铺轨机开始铺轨作业　　　　图 2.55　500m 长钢轨粗铺

3. 全区间和跨区间无缝线路的铺设

超长无缝线路以一次铺入锁定的长轨条为单元，依次分段铺设而成，施工方法有连入法和插入法两种。

1) 连入法铺设

(1) 概念：长轨条的始端用焊接法与上次铺入的长轨条终端直接焊连。

(2) 做法：在续铺的始端，新旧钢轨引入换轨车龙门，换轨车即缓慢前进，待新轨已稳定落地之后，即开始进行始端的连入焊接；边连入焊，换轨车边前进，直至终端；新铺入的长轨条的终端与线路上的旧轨用临时连接器连接。

(3) 适用场合：连入法用于作业轨温低于设计轨温范围或在其范围内的情况。

(4) 焊接方法：连入焊采用小型气压焊或铝热焊均可。

2) 插入法铺设

(1) 概念：在新铺单元轨条与已铺相邻单元轨条之间，铺设临时缓冲轨；然后在两单元长轨条之间用一段焊接轨焊连。

(2) 做法：在任意轨温条件下，先依次分段铺设，在两单元长轨条之间插入一根缓冲轨，待轨温适宜时放散应力(采用轨下支垫滚筒与撞轨相结合的方法进行)，再将缓冲轨拆除，并锯下长轨条的有孔端，插入一段焊接轨进行终焊。

(3) 适用场合：插入法用于作业轨温高于设计锁定轨温范围的情况。

(4) 焊接方法：终焊最好选用具有拉伸功能的小型气压焊机进行；采用铝热焊时，要采用宽臂距拉伸机，拉伸到位后保压施焊；终焊最好选在较低温度下进行，采用拉伸法，放散应力与终焊并举。

4. 无缝道岔的铺设与焊接

无缝道岔铺设与焊接是跨区间无缝线路的关键技术。

1) 无缝道岔的铺设

(1) 无缝道岔铺设要求结构牢固稳定，纵不爬，横不移。

(2) 就位时的轨温要求接近中和轨温，并以其作为无缝道岔的铺设锁定轨温。

(3) 如为插入运营线上的道岔，最好采用预铺、一次要点拨移就位的施工方法。

2) 无缝道岔的要求

(1) 道岔内的绝缘接头必须采用胶接绝缘接头。

(2) 60kg/m 钢轨 12 号 AT 尖轨道岔，除整铸辙叉前后 4 个接头和绝缘接头分别采用高强度冻结接头和胶结绝缘接头外，其余接头全部焊接。

(3) 可动心轨道岔的岔内接头，除绝缘接头采用胶结绝缘接头外，其余接头全部焊接。

3) 无缝道岔与区间和站内长轨节的焊联

无缝道岔与长轨节的焊联是跨区间无缝线路的一道关键工序。

(1) 焊接必须在设计锁定轨温范围内进行。

(2) 对焊接工艺要从严要求，焊缝要经过探伤检查，不合格的焊缝要重焊。

(3) 辙叉后过渡轨的焊接要求如下。

① 道岔基本轨与区间或站内长轨节的终焊，采用插入法铺设。焊接之前锯掉各焊接轨的有孔端，而后将插入的短轨焊入道岔基本轨与长轨节之间。

② 整铸辙叉后过渡轨的焊接,采用连入法铺设。按伸缩区长度松开长轨节一端的扣件,锯掉端头有孔部分,并撞击振动,与过渡轨无孔端对焊。过渡轨的有孔端与辙叉跟端用高强度冻结接头联结。

③ 可动心轨辙叉后过渡轨的焊接,采用插入法铺设。可动心轨辙叉后的过渡轨应在铺道岔时即与辙跟连接,与道岔同时铺入线路。过渡轨的另一端与区间长轨节用插入短轨连通。短轨一端与过渡轨焊联,另一端与长轨条焊联。

2.2.3 无缝线路位移观测桩的布设

为及时检查、观测无缝线路长轨条的位移和钢轨伸缩情况,掌握锁定轨温的变化,从而准确掌握钢轨的实际锁定轨温,无缝线路必须设置位移观测桩。

1．一般规定

(1) 应按设计要求预埋好位移观测桩,桩内侧应距线路中心不小于 3.1m。

(2) 观测桩可利用旧钢轨或钢筋混凝土制作,用混凝土埋设牢固、稳定。在寒冷地区,观测桩应埋入冻结线以下,桩顶宜略高出轨面。

(3) 位移观测桩有条件时可与线路基桩合并设置,或设置在线路两侧的固定构筑物上。

(4) 在轨条就位或轨条拉伸到位后,应立即进行标记;标记应明显、耐久、可靠。

(5) 固定区累计位移量大于 10 mm 时,应采取相应措施。

2．设置方法

下述方法中,"＊"表示位移观测桩,"〖〗"表示单元轨节始终端,A、B、C 分别表示岔头、限位器、岔尾。

(1) 长大隧道的隧道口,特大、大桥两端,钢轨伸缩调节器基本轨接头处和距离基本轨接头 100～150m 处应增设位移观测桩。

(2) 跨区间无缝线路、区间无缝线路及普通无缝线路应在长轨条起始点、距长轨起始点 100m 位置各设 1 对位移观测桩。

(3) 普通无缝线路轨条长度不大于 1 200m 时,应设置 5 对观测桩,观测桩可按图 2.56 设置。轨条长度大于 1 200m 时,应适当增设位移观测桩,但桩间距离不应大于 500m。

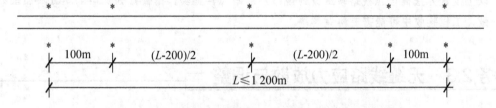

图 2.56 普通无缝线路位移观测桩设置图

(4) 跨区间无缝线路、区间无缝线路按单元轨节等距离设置位移观测桩,桩间距离不宜大于 500m。单元轨节长不足 500m 的整倍数时,可适当调整桩间距离。单元轨节位移观测桩可按图 2.57 设置。

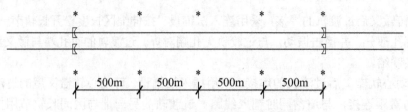

图 2.57　单元轨节位移观测桩设置图

(5) 跨区间无缝线路每组道岔应设置 5 对位移观测桩，在道岔前、道岔后、限位器、距离道岔前后 50m 处各设 1 对位移观测桩。多组焊联道岔位移观测桩位置与单组道岔基本相同。位移观测桩可按图 2.58、图 2.59 设置。

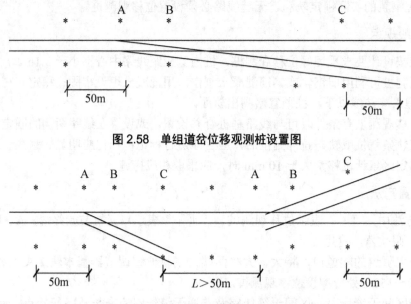

图 2.58　单组道岔位移观测桩设置图

图 2.59　多组道岔位移观测桩设置图

职业贴士

以上设置方法摘自《铁路轨道设计规范》，与《铁路线路维修规则》中的条款有局部表述不一致，工程验收中可能需要协调解决。

任务 2.3　无缝线路应力放散与调整

新建铁路的无缝线路，有下列情况之一者，应对其进行应力放散或调整后重新锁定，并调整缓冲区配轨和轨缝，使其符合设计要求。

(1) 实际锁定轨温或长轨始、终端落槽时的轨温超出设计规定范围。
(2) 两股长轨的锁定轨温差大于 5℃ 或曲线外股锁定轨温大于内股锁定轨温。
(3) 长轨产生不正常的过量伸缩。
(4) 固定区出现严重的不均匀位移。
(5) 原因不明，施工时未按设计规定正常合拢锁定的线路。

2.3.1 应力放散

1. 有关概念

1) 应力放散

应力放散就是释放长轨条内积存的温度应力,恢复其原来铺设时的无应力状态或设计锁定轨温;也就是在设计锁定轨温范围内,将无缝线路的扣件、防爬器全部或部分松开,采取措施使长轨尽量自由伸缩,在达到预计的伸缩量(或轨温)时,重新锁定线路。

2) 锁定轨温变化的原因

(1) 在气温较高或较低条件下赶工期施工,锁定轨温比设计锁定轨温过高或过低。

(2) 低温焊接断缝。固定区钢轨断后,为抢修通车,在低温条件下焊上一段短轨。

(3) 作业不当。如低温或高温时解开接头、在伸缩区超限超温作业等。

(4) 由于线路严重爬行,使钢轨产生不正常的伸缩变形。

3) 锁定轨温变化(实际锁定轨温)的测定

由于列车的冲击振动和维护作业的影响,线路的原锁定轨温会发生不同程度的变化。把实际存在的锁定轨温称为实际锁定轨温。

当前测定实际锁定轨温普遍采用的方法是观测钢轨的纵向位移。通过位移观测桩可以观测长轨长度的变化,进而计算长轨锁定轨温的变化情况。

如果各观测桩处钢轨的位移方向和位移数值是一致的,说明钢轨内的温度力是均匀的,如果各观测点(固定区)的爬行量不一致,则说明固定区内的钢轨温度力已经重新分布,各处的实际锁定轨温也是不均匀的。

实际锁定轨温与铺设时锁定轨温的变化值,可用下式计算。

$$\Delta t = \frac{\Delta l}{\alpha l}$$

式中:Δt——实际锁定轨温与铺设时锁定轨温的差数,℃;

Δl——两观测桩爬行量之差,mm;

α——钢轨线膨胀系数,取 0.011 8mm/(m·℃);

l——两观测桩距离,m。

【例 5-1】某双线铁路铺设无缝线路,上行线某段无缝线路长为 1 300m,经道床作业后,线路爬行不均,各爬行观察桩资料见表 2-1,原锁定轨温为 30℃,试确定该段无缝线路的实际锁定轨温。

表 2-1 线路爬行观测资料

钢轨/mm	缩短	18	/	24	/	
	伸长	/	20	/		6
爬行后	爬行量	26	8	28	4	10
爬行前		0	0	0	0	0
两桩间距离/m		150	500	500		150
爬行观测桩编号		1#	2#	3#	4#	5#

续表

行车方向		→				
爬行观测桩编号		1#	2#	3#	4#	5#
两桩间距离/m		150		500	500	150
爬行量	爬行前	0	0	0	0	0
	爬行后	28	10	14	2	8
钢轨/mm	伸长	/	4	/	6	
	缩短	18		/	12	/

解：以右股 1#～2#桩钢轨长度变化情况为例。

钢轨原始长度为 $l = 100$ m

钢轨长度缩短量 $\Delta l = 28 - 10 = 18$ mm

锁定轨温变化度数为 $\Delta t = 18/(0.011\ 8 \times 150) = 10$ ℃

这段钢轨的实际锁定轨温为 $t_{锁} = 30 - 10 = 20$ ℃

2. 应力放散的计算

1) 放散量计算

(1) 长钢轨的伸缩。

通过无缝线路位移观测桩来测定长钢轨的伸缩。若两相邻位移观测桩之间的距离为 L，测得两观测桩的爬行量分别为 Δl_1 和 Δl_2，则该段钢轨的伸缩量为

$$\Delta l_{变} = \Delta l_2 - \Delta l_1$$

(2) 锁定轨温变化。

根据无缝线路的原理，锁定轨温变化量 Δt 为

$$\Delta t = \Delta l_{变} / \alpha L$$

因此，实际锁定轨温为

$$T_{实锁} = t_0 + \Delta t$$

式中：$t_{实锁}$——目前实际锁定轨温，℃；

t_0——原锁定轨温，℃。

(3) 放散量。

按长轨自由伸缩，放散量为

$$\Delta l = \alpha L (t_{锁} - t_{实锁})$$

式中：Δl——放散量，mm；

L——放散钢轨的长度，m；

$t_{锁}$——放散后要达到的锁定轨温，℃。

2) 预留轨缝计算

缓冲区预留轨缝计算方法见《铁路轨道构造》项目 2 相关内容。

3) 锯轨量计算

应力放散时长轨发生伸缩，必须将与长轨连接的缓冲轨锯短或换长。缓冲区内钢轨长度的变化，通称锯轨量。其锯轨量为

$$K=\Delta l+\sum a-\sum b\pm c$$

式中：K——锯轨量，mm；

Δl——放散量，mm；

$\sum a$——放散后缓冲区上预留轨缝之和，mm；

$\sum b$——放散前缓冲区上预留轨缝之和，mm；

c——爬行量，mm，当与放散方向一致时为"＋"，反之为"－"。

> **职业贴士**
>
> 线路锁定后，应重新测量实际放散量，计算出实际放散量与预计量的差值，进而计算出锁定轨温的误差量，确定实际锁定轨温。

3．应力放散的方法

应力放散的方法主要有两种：滚筒配合撞轨法、滚筒结合拉伸配合撞轨法。滚筒、撞轨器、钢轨拉伸器分别如图 2.60、图 2.61、图 2.62 所示。

图 2.60 滚筒

图 2.61 撞轨器　　　图 2.62 钢轨拉伸器

1) 滚筒配合撞轨法

(1) 方法：一般将长轨一端固定，松开另一端接头、中间扣件及防爬设备，每隔一段距离(一般为 10～15m)在长轨轨底垫入滚筒，辅之敲击或撞击钢轨(图 2.63)，使钢轨自由伸缩。当达到预计放散量(或轨温)时，视伸长或缩短采取切锯或更换缓冲轨，然后锁定线路。

(2) 滚筒配合撞轨法适用于放散时的自然轨温在设计锁定轨温铺设范围之内的情况。

(3) 优点：放散均匀、方法简便，对于采用弹条扣件的无缝线路是一种较好的放散方法。

2) 滚筒结合拉伸配合撞轨法

(1) 方法：一般将长钢轨一端固定，松开另一端接头和中间扣件，在滚筒放散的基础上，先将钢轨放至"零应力"状态(一般不辅用撞轨器)，然后在轨端加上 1 组(单股拉)或 2 组(双股拉)拉伸器(图 2.64)，对钢轨进行张拉，可辅以撞轨器。应使钢轨的伸长量适当超过计算的放散量，然后开始线路锁定，锁定完成后才能撤除拉伸器，以免收缩量过大，导致放散不足。

(2) 滚筒结合拉伸配合撞轨法适用于放散时的自然轨温低于设计锁定轨温铺设范围的情况。

(3) 优点：放散均匀，因拉伸器的拉力很大，可以节省人力，缩短放散时间。

图 2.63 撞轨　　　　　　　　　　图 2.64 钢轨拉伸

2.3.2 应力调整

1. 应力调整与应力放散的不同

(1) 应力放散要改变原有的锁定轨温。

(2) 应力调整则不改变原有长轨的锁定轨温,只对局部应力不均之处进行调整,是针对长轨出现局部爬行不均或夏季局部方向变化较大碎弯较多时而采取的改善温度应力分布状况的措施。

2. 应力调整方法

应力调整方法有列车碾压法和滚筒法两种,宜采用列车碾压法。

1) 列车碾压法

(1) 方法:利用列车碾压方法进行应力调整。

(2) 种类:列车碾压法分为顺向、逆向及双向调整 3 种情况。

顺向调整是在双线地段,将需要顺列车运行方向调整地段的始端锁定不动,松开扣件后进行列车碾压调整。

逆向调整是在双线地段,将需要逆列车运行方向调整地段的终端锁定不动,松开扣件后进行列车碾压调整。

双向调整是在单线地段,将需要调整地段的中部约 50 m 范围内用防爬器锁定不动,然后松开两端扣件,利用列车碾压调整。

(3) 列车碾压法适用于行车密度较大的区段,不中断行车进行。

2) 滚筒法

滚筒法应力调整与滚筒应力放散法大体相同,不同的是:调整应力时只在局部范围内松开扣件,调够位移量后再锁定线路。

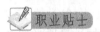 职业贴士

每段无缝线路铺设完成后,应齐备下列竣工资料。

(1) 平面布置图(含配轨图表)。

(2) 铺轨日期、时间与实际锁定轨温记录,以及缓冲区实留轨缝尺寸。

(3) 纵向位移观测桩位置图及观测记录。

(4) 钢轨焊接记录和焊缝质量检查记录。

(5) 焊缝编号和钢轨编号对照表。

(6) 放散应力记录。
(7) 其他有关技术资料。

学岗互通

1. 绘制有砟轨道无缝线路铺设的工具轨换铺法、长轨放送法、单枕连续一次铺设法等施工工艺流程图并简述其工艺要点。
2. 绘制无砟轨道无缝线路铺设的工具轨换铺法、长轨放送法、分轨推送法等施工工艺流程图并简述其工艺要点。
3. 绘制给定的无缝线路的位移观测桩的布设图。

知识拓展

城市轨道交通无缝线路铺轨施工——直铺法

1. 长轨排法

先在地面焊轨或铺轨基地将标准钢轨焊成125m的长轨条,再组装成长轨排;利用特制的长轨排运输车运送至洞内作业面,利用多台龙门式铺轨机将轨排调至安装位置,再进行联合接头焊接;长轨排精调后浇筑道床混凝土,一次成型无缝线路轨道。

2. 短轨排法

在地面铺轨基地直接用正式钢轨组装标准轨排;利用轨道平板车通过已铺线路运输轨排到工作面,现场(或洞内)小龙门吊铺设轨排;精调轨排后浇筑道床混凝土;待道床混凝土达到强度后,在不影响铺轨通道的前提下,利用线上移动式接触焊焊轨车直接焊接钢轨接头,完成无缝线路的施工。

思考题

1. 长轨条焊接有哪3种方法?简述它们的原理以及各自的工艺要点。
2. 简述有砟轨道无缝线路的铺设方法。
3. 简述无砟轨道无缝线路的铺设方法。
4. 简述全区间和跨区向无缝线路的铺设方法。
5. 简述跨区间无缝线路无缝道岔辙叉后过渡轨的焊接方法。
6. 某无缝线路铺设锁定轨温为29℃,两相邻位移观测桩的距离为400m,沿爬行方向测得两观测桩的爬行量分别为6mm和10mm,试确定该段钢轨的实际锁定轨温。
7. 简述应力放散与调整的概念,并说出其主要区别。
8. 简述应力放散与调整的方法。

项目 3　单开道岔铺设

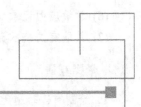

引子

铁道线路由区间与车站线路组成,其中车站轨道线路通过道岔形成各种形式的多股道的车场。单开道岔是其中应用最为广泛的,它的施工在道岔施工中最具有典型代表意义。

道岔结构复杂,零件多,技术要求严格。铺设前应仔细审核图纸,全面掌握技术要求,详细检查轨料及其零件;铺设时要严格遵循铺设程序,对铺设质量时刻进行监控;铺设完毕要认真检查、确定其是否能够满足规范的要求。

铺设道岔的现场施工条件各有差别,施工方法、施工组织与管理也不尽相同,根据施工与运营的关系,单开道岔的铺设基本上可分为新线铺设道岔和运营线铺设道岔两大类。

任务

任务 3.1　新线铺设单开道岔

任务 3.2　运营线铺设单开道岔

任务 3.1　新线铺设单开道岔

在新建铁路线上铺设道岔,有人工铺设与机械铺设两种方法。

为使铺轨与铺道岔两不误,提高铺轨速度,一般采用预铺道岔或预留岔位等方法铺道岔。预铺道岔就是在铺轨未到达铺岔地段之前,人工先行铺设道岔;预留岔位就是在轨排基地组装好岔位轨排(工具轨),铺轨机铺到岔位处时将岔位轨排铺设在岔位处,待铺轨机过去之后不影响铺轨作业时,将岔位轨排拆除,再铺设道岔。

3.1.1　人工铺设单开道岔

人工铺设单开道岔可分为准备工作、基本工作和检查整理工作等 3 个阶段或工作过程。下面以人工铺设混凝土岔枕道岔为例,说明其铺设过程。

1. 准备工作

道岔铺设前应充分做好以下准备工作。

1) 熟悉道岔铺设图

不同轨型、不同号码、不同生产图号的道岔各有其相应的标准铺设图,铺设前应熟悉该道岔的类型、构造、主要尺寸、各部配件及数量等,特别是道岔全长(配轨计算需用此数据)。

2) 配轨计算

仔细审核设计图，进行车站各股道的配轨计算，编制轨节表。对道岔前后的配轨重点审核，由于岔前、岔后不一定恰好在接头位置上，可能要在道岔前后插入短轨。

职业贴士

道岔位置应按设计铺设。困难条件下，可在不影响股道有效长度和不变更其他运营设备条件下，将道岔位置前后移动不大于 6.25m，但在区段站及以上的车站，特别是咽喉区道岔，最大移动量不得大于 0.5m。变更设计应按有关规定办理相关手续。

3) 验收及整平路基面

铺轨前根据路基验收标准，验收道岔范围的路基面；道岔范围内的路基面如有不平整现象，应进行铲平或填夯，使之平整。

4) 岔位测量放样

根据站场线路设计图计算所铺设道岔的坐标，在路基面上首先确定道岔中心桩，然后分别测设出岔前和岔后(直、曲向)桩(不含轨缝)，如图 3.1 所示。中心桩复核无误后必须确保道岔全长(岔前至岔后桩的距离)的准确，否则道岔就有可能铺设不下。若道岔侧线后设连接曲线，应将连接曲线的交点桩，曲线起、终点桩等一并测定；并把高程引入，测出底砟、轨枕面、轨顶的标高位置。

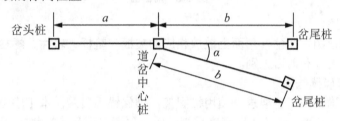

图 3.1 道岔位置桩

5) 料具准备

(1)材料：根据施工设计图的规格型号、具体图号编制道岔和岔枕、道岔范围道砟的采购计划进行相关采购工作。

道岔材料运至现场后，应仔细检查其数量和类型、规格，可按转辙器、辙叉及护轨、连接部分及岔枕 4 个部分或按照全部材料清单进行，各部钢轨、垫板及岔枕等应丈量长度并做标注，分类堆码整齐。如发现有缺少或尺寸、类型不符者，应及时补充或修改。

职业贴士

道岔前后所用的短轨、异型轨等也应事先准备好。

(2) 机具、工具：铺设道岔用的各种机具、工具，如起拨道机、捣固机、轨距尺、支距尺、方尺、锯轨机、钻眼机、撬棍、夹轨钳、枕木夹、钳杠子、间隔绳、钢尺及粉笔等，应准备齐全。

6) 前期工序准备

铺设底砟，振动压实，测量、复核底砟顶面标高；若道岔范围内事先已铺轨，应将道岔前后轨道仔细拨正，然后将道岔位置内的轨节拆除。

> **职业贴士**
>
> 落实道岔的具体图号是至关重要的,道岔设备采购要填写图号,测量放样要用到有关数据,配轨计算也要用到有关数据。

2. 基本工作

1) 铺岔枕

把岔枕间隔绳固定在岔位靠基本股道的一侧,按规定长度及根数(或轨枕编号)依次对正间隔绳标记散布岔枕,并使岔枕在直股外侧取齐,并注意大致方正和按照中线桩位控制好岔枕位置,如图 3.2 所示。

图 3.2 铺岔枕

2) 散布扣配件

按照道岔铺设图,在岔枕顶面上散放相应的夹板、垫板、轨撑、螺栓和道钉等,注意有些配件有左右之分和前后之别。

3) 岔枕道钉硫磺锚固

严格按照硫磺锚固工艺要求,使用锚固架,确保锚固质量;本工序影响到道岔的最终轨距、支距等状态参数,必须予以高度重视。如为预埋道钉套筒的岔枕,则不需本项工作。

4) 铺装轨道

道岔钢轨的铺设顺序通常都是先直股后弯股,先外股后内股,如图 3.3 所示。

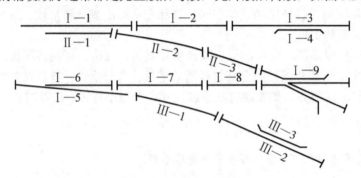

图 3.3 道岔钢轨示意图

(1) 铺设图 3.3 中Ⅰ—1~Ⅰ—9 的基本轨、尖轨、护轨及辙叉等,如图 3.4、图 3.5 所示,使Ⅰ—1、Ⅰ—5 的前端与岔前桩对齐;使Ⅰ—3、Ⅰ—9 的后端与岔后桩对齐,严格控制道岔全长。

(2) 铺设图 3.3 中Ⅱ—1~Ⅱ—3 的上股尖轨和导曲线钢轨,如图 3.6 所示,控制好尖轨前部、跟端的位置以及导曲线支距。

图3.4 搬运钢轨

图3.5 翻动辙叉

图3.6 铺装导曲线

(3) 铺设图中Ⅲ—1~Ⅲ—3 的导曲线下股钢轨和护轨,根据道岔铺设图或查导曲线支距表上的导曲线支距,从导曲线起点开始,按支距法铺设钢轨。以导曲线上股为准,按规定的轨距及递减距离(前三后四),铺好下股。

5) 整道

起道、拨道、改道、捣固,按照道岔的设计要求和各部位的几何尺寸要求铺设、整修就位,如图3.7 所示。

图3.7 道岔整道

最后是安装连接杆、安装转辙机械(电务设备施工单位配合)。

3.检查整理工作

(1) 检查轨顶标高及轨缝。

(2) 检查道岔各部尺寸。

① 全面检查各部垫板的位置是否正确,有无错置倒放以及轨底未落槽等现象,全面方正岔枕。

② 全面检查道岔各部轨距,其允许误差在尖轨尖端处为±1mm(指有控制锁的道岔),其他处为+3,−2mm。检查1 391mm 及1 348mm 两个间隔尺寸是否符合规定数值。

③ 检查核对导曲线支距尺寸,允许误差为±2mm。

(3) 扳动转辙器检查尖轨摆动是否灵活,是否与基本轨完全密贴。

(4) 上紧各部螺栓;仔细拨正道岔位置,使之与前后轨道连接方向顺直等。

若铺设完毕后单向开通(如侧向不开通),应将道岔转辙器加锁。

职业贴士

道岔铺设过程都要经过起、捣、拨、改等线路基本作业和道岔几何形位、尺寸检查,才能最终达到验收标准。

3.1.2 机械铺设道岔

根据实施性施工组织设计,为提高道岔铺设的效率和质量,或由于地区条件和劳力等限制,或有条件进行机械铺轨的,可采用机械化铺设的方法进行道岔铺设。

机械铺设道岔同样也可分为准备工作、基本工作和检查整理工作3个阶段或工作过程。下面以机械铺设混凝土岔枕道岔为例,说明其铺设过程。

1. 准备工作

工作内容与人工铺岔的基本类似,但料具准备时,要把料具准备到轨排组装基地的道岔组装工作台。道岔组装工作台应尽量设在轨排组装作业线附近,以便有效利用机具设备。工作台的地面要夯实整平,并埋设道岔桩位。

2. 基本工作

工作内容分为预铺、运输及铺设等。

预铺与人工铺岔基本类似,只是工作场地在轨排组装基地的道岔组装工作台。

在轨排组装基地把道岔预先铺装好,再拆分成3或4个分块,如图3.8所示。按铺岔顺序将其由轨排运送车或汽车运至铺轨现场,利用铺轨机组或起重设备进行吊装、铺设,分块吊装是按从转辙器部分向辙叉部分顺序进行的,如图3.9、图3.10所示。

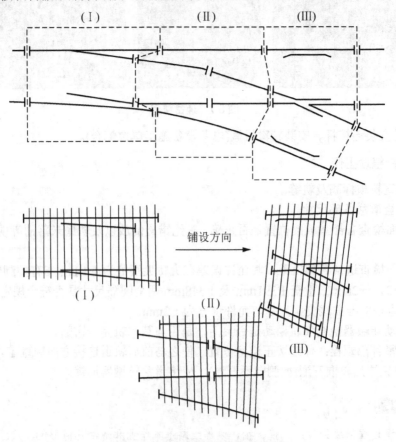

图 3.8 机械铺岔的轨排组装示意图

项目 3 单开道岔铺设

图 3.9 汽车运道岔轨排

图 3.10 道岔轨排吊装

3．检查整理工作

与人工铺岔相同。

任务 3.2 运营线铺设单开道岔

在铁路增建二线、既有线扩能改造、铁路枢纽改扩建等引起车站改扩建，以及预留车站开站等工程中，都需要在运营线上铺设新道岔，也称插入道岔。

在运营线上插入道岔既要保证对原有运输组织的影响程度最低，又要保证插入道岔施工能按新设计图的要求正常进行。

运营线插入道岔的中心环节是如何将新设备与旧设备实现对接，将对接的影响程度和范围降到最低限度。而要实现这一点，关键就在于现场的施工组织方案能否最大限度压缩需封锁线路的基本作业。

因此，在运营线上插入道岔必须做好充分准备，把一切不需封锁线路所能做的工作放在准备作业内完成，争取最大限度压缩需封锁线路才能进行的基本作业时间。

需不需要封锁线路，及以何种方式封锁线路，或到底要封锁线路多长时间，不能一概而论。其中的每一种思路相对应的施工组织方案都是不一样的，其最终的封锁施工基本作业可能有着天壤之别，尤其是目前很多铁路局的安全管理理念都有了较大程度的创新，对施工组织方案的制定有着重要影响。施工组织方案得当可以更大限度地减少施工与运营的相互干扰，在确保运输生产基本正常的同时有效地加快改造工程进度，加速新设备投入使用发挥投资效益的周期。

下面介绍运营线插入道岔的几种情形。

3.2.1 一次双股铺设法插入道岔

下面以一般运营线路上插入木岔枕道岔为例简要说明其施工过程。

1．准备作业

施工负责人召集全体人员进行施工方法及安全注意事项的交底，并开展以下准备工作。

(1) 岔位测量放样。施工前要核对道岔中心桩、岔头尾桩位等。

(2) 施工前的调查。主要调查施工条件、材料堆放位置、线路设备现状情况等，尤其要调查道岔前后的钢轨长度、轨缝等，以便配轨。

(3) 调整岔位前后轨缝。道岔前后的线路轨缝应先调整好并加强防爬锁定。

(4) 材料、工具准备。将铺设道岔所需用的全部材料及工具运至施工现场，在岔枕头上写明顺号及长度，按铺设次序堆放好。

(5) 抽换岔枕。根据已测定的岔位标印岔枕间距，每隔几根枕木换成新的岔枕，交错进行。上述工作完毕后，应对轨距、水平全面检查一遍。

(6) 散布道岔配件。将道岔各部配件按顺序位置散布于岔枕头上或枕木盒内。

(7) 松动螺栓。将计划拆开接头的螺栓逐个松开涂油并加垫垫圈再拧紧。

(8) 连接轨组。将道岔直股钢轨分别连成钢轨组(留够轨缝)，上紧螺栓，放在道心内拨正摆放。注意新轨组距原有轨头内侧的净距应不少于 200 mm，轨面不应高出原轨面 25 mm，如图 3.11 所示。

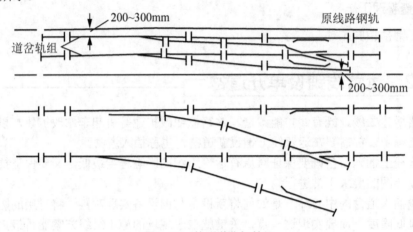

图 3.11 单开道岔钢轨组

(9) 检查。上述各项准备工作完成后，施工负责人应进行一次全面检查。

2．基本作业

封锁线路的施工命令下达后，应按防护办法设好防护。

(1) 起道钉、卸螺栓。分别卸下原有线路两端的接头夹板及螺栓，封锁范围线路全部起下道钉。

(2) 换轨。将原有钢轨向外拨出，然后将道心的道岔轨组拨入，将两端接头连接好。

(3) 钉道。与新线铺设道岔作业相同。

(4) 检查、整修。道岔铺设完毕后进行全面检查，确认合格后方可撤去防护，设置减速信号，通知车站开通。列车通过后应及时进行全面仔细检查和整修，确认各部完全符合规定后方可结束工作。

如电务部门随后继续安装、调试轨道电路及信号设备，由施工负责人和少数人员配合工作。

 职业贴士

在当前我国铁路的安全管理模式下，本施工方法在正线上的实施条件已基本无法满足，在一些要求不高的次要线路、专用线上可以使用本方法。

3.2.2 单开道岔的更换

在既有线扩能改造、铁路枢纽改扩建等更新改造工程中，部分道岔由于使用时间过长或局部损坏等原因，往往需要在运营线上进行道岔更换的施工。

1. 分类

根据更换设备的程度，单开道岔的更换可分为整组更换和局部更换两大类。

1) 整组更换

整组更换指将整组旧道岔更换为新道岔，分为改变道岔型号与不改变道岔型号两种。

前者是指道岔设备陈旧或型号偏低，不能适应运营及安全行车要求，需整组更换为较大号数的新道岔。这种小号改大号的更换，除道岔全长改变外，岔位亦须前后移动，引起连接曲线的改动及道岔前后重新配轨。

后者是道岔设备损伤或陈旧，不能满足行车安全要求，需整组更换为同号新道岔。一般来说，这种同号更换，道岔全长未变，道岔位置亦未移动，比前者施工较为简单。

职业贴士

同型号的道岔，由于设计与制造技术的推陈出新，图号的改变也会引起道岔全长的改变，这种情况也视为改变道岔型号的情形。

2) 局部更换

局部更换指更换道岔中损伤或磨耗超限的尖轨、辙叉、基本轨及其他部件。其施工难度较整组更换道岔要小得多。

通过以上的分析可以看出，改变型号的整组更换道岔是最具难度和具有代表性的道岔更换工作。

2. 改变型号的整组更换道岔方案分析

1) 岔位移动分析

当道岔以大号换小号更换时，由于现场各种限制条件和新旧道岔长度不同，新道岔位置出现向前或向后移动的情形。

(1) 前控后移：受道岔始端前部设备等限制，新道岔始端必须保持原位不动，新道岔连同连接曲线一起向道岔后部延伸移动，其移动距离以连接曲线后移量表示，如图 3.12 所示。

(2) 后控前移：受股道有效长等控制，新道岔连同连接曲线一起向道岔前方延伸移动，其移动长度以道岔始端前移量表示，如图 3.13 所示。

(3) 不受控制前后可移：道岔前后无限制条件，前后均可移动，要结合前后配轨和连接曲线横向拨移量等综合考虑。

2) 道岔前后配轨分析

以大号换小号道岔时，由于新旧道岔长度不相同，可能要在道岔前端或后端配制短轨。短轨长度应根据新旧岔号不同和新旧岔前后移动大小及其他条件，经计算和实际测量确定。

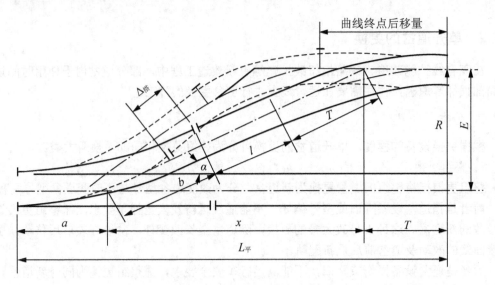

图 3.12　道岔更换受岔头控制

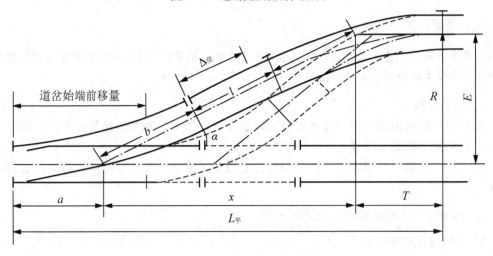

图 3.13　道岔更换受岔尾控制

根据前面的岔位移动分析，先确定道岔始端至岔后连接曲线后移终点(或岔后连接曲线的终点至道岔前移的起点)的上股铺轨长度(扣除道岔范围)，再现场丈量，调查该范围的既有线钢轨、轨缝情况，进行配轨计算确定。

配置岔后短轨要注意以下事项。

(1) 道岔前后(含侧向)应各更换一根与道岔轨型相同的新轨做为引轨；所配短轨不应与道岔直接连接，都应在引轨之后铺入，或布置在连接曲线范围之外。

(2) 在实量岔后连接曲线上、下股长度时，应逐个量测轨缝值。

(3) 配轨时应考虑缩短轨的缩短量、根数和位置等的变化，还应考虑绝缘接头要求。

根据规范，位于正线道岔前后的短轨长度不应小于 6.25m，位于站线上的短轨长度不应小于 4.5m。

3) 预铺方案选择

根据预铺地点，预铺可分为就地对位预铺和异地错位预铺；根据预铺结构形成，预铺可分为整组预铺和分段预铺。

(1) 就地对位预铺：就地搭设平台，对位预铺道岔，一次横移到位的铺设方法。

适用场合：多在施工现场比较宽阔，又无任何障碍物的情况下选用。

优点：施工简单、快捷、质量好。

(2) 异地错位预铺：异地搭设平台，错位预铺道岔，先横移后纵移到位的铺设方法。

优点：纵移时利用既有线作为走行轨，纵移到位后与前端配轨相连接，道岔纵向位置容易控制，铺设质量好，道岔纵移与拆除旧道岔可同步进行。

(3) 整组预铺：整组横移、纵移就位。

适用场合：一般多采用此法。

(4) 分段预铺：分段横移、纵移就位。

缺点：此法工作繁琐，易出差错。

适用场合：一般情况下不宜采用。

综上所述，一般应尽可能选择整组就地对位预铺的施工方案。

4) 更换道岔的施工方法

施工方法可分为分股更换法或整组预铺更换法。

(1) 分股更换法：本施工方法与前述的运营线上一次双股铺设法插入道岔的施工方法相似，所需劳力相对减少，需注意以下几点。

① 根据岔位的前移或后移情况，应灵活布置新道岔的钢轨组，一般布置在旧道岔的钢轨外侧，如图3.14所示。

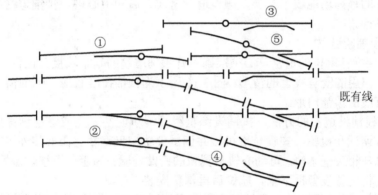

图3.14 新道岔钢轨组布置示意图

② 原道岔岔枕不必一次全部更换。在准备作业中可先重点抽换几处，如拉杆处的两根长岔枕、尖轨跟端(活接头)的两根岔枕、辙叉趾端及跟端的岔枕可预先换入，其余岔枕可待道岔换完后，再逐根抽换。

职业贴士

在当前我国铁路的安全管理模式下，本施工方法在正线上的实施条件已基本无法满足，在一些要求不高的次要线路、专用线上可以使用本方法；提速道岔一般不采用本方法。

(2) 整组预铺移设更换法：在待换道岔的旁边或附近，整组预铺新道岔，安置滑轨、滑轮横、纵移动系统；在封锁线路时间内，先将待换道岔全部拆除或拨出，换铺道床，然后采用横移或横移加纵移的施工方法将新道岔移动就位。

① 适用场合：被更换的道岔附近比较平坦，且空间足够；至少应该有条件搭设预铺平台。

② 优点：在封锁前已完成新道岔铺装工作，既可确保工程质量，更减少了封锁线路的基本作业时间，对运输的影响较小，便于施工组织与管理。目前这种方法被广泛采用。

3. 整组预铺移设更换道岔施工方法

1) 准备工作

(1) 施工调查和测量：准确测量道岔桩位，优化道岔铺设位置，确定铺设道岔的控制点(如道岔的中心、岔前和岔后的衔接点等)，并把高程引入，测出底砟、轨枕面、轨顶的标高位置。

对既有道岔的技术状况、周边的施工环境、预铺场地或搭台的场地等进行调查。

(2) 作好前后连接轨的配轨。如：提速道岔中心位置与既有12号道岔一致，但提速道岔与既有12号道岔相比前短后长，因此必须做好前后配轨。

(3) 平整预铺场地，必要时搭设预铺平台。

在待换道岔附近选好预铺的位置，新铺设的道岔岔前、后宜与原道岔相对，以尽量减少横、纵移位为原则。

预铺平台的具体构造可是具体情形而定，可采用旧轨、旧枕、填土或石、砌石以及其他结构。

预铺平台高度依现场地势而定，一般预铺的道岔略高于待换道岔，既要考虑道岔起落量，又要考虑道岔横移方便；平台的面积以能铺设整组道岔为宜。平台既要考虑承受道岔的重量，又要承受起道机升降道岔时的局部受力和人员操作机具的方便与安全。

在平整好的预铺场地或平台上，测设道岔岔前、后和中心桩，预铺道岔的直股要同既有道岔直股平行。

2) 整组预铺新道岔

(1) 对直接横移就位的道岔，必须准确对好预铺道岔的基本轨接头位置。图3.15所示为预铺在暂时停用的既有线上的情形，图3.16所示为预铺在既有线一侧的情形，图3.17所示为跨越既有线的预铺情形。

(2) 按新线铺设道岔的方法、按铺设图整组预铺新道岔。完成道岔预铺后，工务、电务应联合进行调试和检验，安设转辙机械并调试尖轨初步密贴；在安装外锁闭之前，应分别进行两尖轨与相应基本轨、可动心轨与翼轨的密贴检验；为避免滑移时碰坏和便于滑移，滑移前可能要将电务设备拆下来，就位后再重新安装。

(3) 长岔枕之后的短岔枕，预铺时应尽量和预铺道岔一起组装，亦可单独组装短轨排，推进后再进行联结，或提前更换。

图3.15 预铺在停用线路上　　图3.16 预铺在线路一侧　　图3.17 跨越既有线路预铺

3) 设置滑移系统

(1) 一般采用 50kg/m 钢轨做滑道,如图 3.18、图 3.19 所示。滑道长度视移动距离而定(必要时可将滑道延伸,以便整组移出待换旧道岔),滑道数量依预铺道岔的长度而定(提速道岔设 6~8 道,混凝土岔枕道岔的滑道可适当增加),滑轨的轨面沿推进方向设为下坡,并尽可能降低滑轨轨面高度,以减少道岔就位时的落道高度。

如需整组滑移拆除旧道岔,则必须在施工准备时在旧道岔下布置好滑道。

图 3.18 滑道

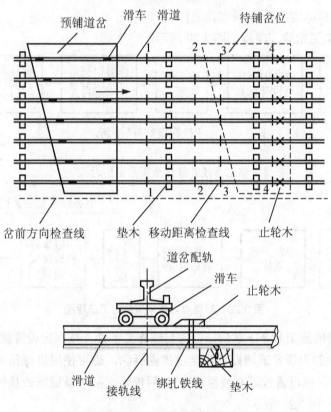

图 3.19 滑道平面布置

(2) 每条滑道设置 2 个移动道岔的滑轮(在封锁前安置,以避免道岔滑移影响行车安全,也可提前安装并装好防溜设备,并指定专人看护),滑轮放在预铺道岔的钢轨之下,采用双轮缘的双轮结构。

(3) 在新旧两岔前桩之间设一条方向检查线,在最外侧的两条滑道上分别设置检查标记,以便滑移时检查横移时的平动情况,保证顺利滑移和接轨;在滑道设终点止挡,保证就位准确。

4) 限速慢行点内的工作

施工封锁点之前、慢行时间内应做好以下各项工作。

(1) 接头及扣配件。

钢轨接头螺栓,2、5 位卸掉,1、3、4、6 位逐一松动并立即拧紧;旧岔及其前后引轨范围内,扣件隔 1 卸 1,保留扣件应逐一松动并立即上紧。

(2) 岔位位道床处理。

岔枕一般隔 6 抽 1(板结地段隔 4 抽 1),挖开抽出岔枕的枕底道砟至设计路基标高(打好道床下挖深度、宽度控制桩),并注意保持两侧枕底道床不松动。

电气化铁路要做好电网回流线的处理准备。

5) 封锁点内移动道岔就位(基本作业)

封锁点内移动道岔施工流程如图 3.20 所示。

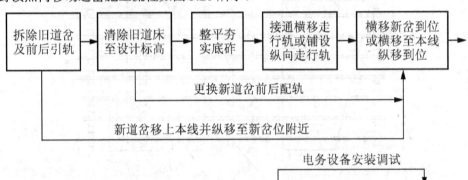
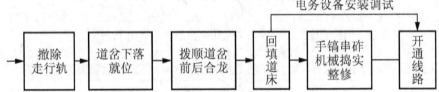

图 3.20　封锁点内移动道岔施工流程图

(1) 封锁线路的施工命令下达后,办理封锁施工手续,按规定设置施工防护。

(2) 拆除待换的旧道岔或线路。可全部揭盖拆除,也可使用机械吊离,也可采用整组滑移拆除(可横移、也可通过既有线纵移),然后挖除、整平原道床或换铺新砟,更换两端引轨,如图 3.21～图 3.26 所示。

图 3.21 轨道吊拆除

图 3.22 挖掘机配合拆除

图 3.23 人工拆除

图 3.24 吊车吊运

图 3.25 横移拆除

图 3.26 纵移拆除

(3) 预铺道岔滑移就位。接通滑移滑轨,并校正方位。起道将预铺道岔放在滑轮上,道岔首尾及中部拴好牵引绳。拉动牵引绳,使新道岔平稳地滑移,移动过程中应有专人指挥,随时检查各控制点和方向,发现偏移及时调整。为了控制移动速度,在道岔移动的反方向适当位置拴上制动绳,以防止移动过快,便于调整位置。

根据实际条件,有纵移就位(中线延长线预铺,即在线路上预铺)、横移就位(对位预铺)、纵横移结合(错位预铺)等情形,如图 3.27、图 3.28 所示。

图 3.27 横移就位　　　　　　　　图 3.28 纵横移结合(先横移、再纵移)

(4) 推移新道岔到达新岔位,可在各滑轮处枕底支垫砂袋 3~4 层,在枕底与砂袋间垫钢板,钢板间涂黄油,起高道岔,撤出滑轮,将道岔缓缓落到砂袋钢板之上。确认道岔位置,统一指挥,各支点同时捅破 1~2 层砂袋,使道岔平稳落入预定位置,如图 3.29 所示。

(5) 用撬棍拨动道岔,使道岔纵向合龙到位,横向大方向到位,与线路连接,如图 3.30 所示。撤出滑道,回填道砟,整修线路和调整道岔细部,配合电务部门调整尖轨和锁闭装置,如图 3.31 所示。

图 3.29 道岔落位

图 3.30 道岔就位　　　　　　　　　图 3.31 拆除滑道

(6) 全面整道，检查、开通线路。

回填新道砟，全面起道捣固，从道岔前端开始向岔尾方向顺次起道捣固(电镐)，使道岔轨面达到设计标高。安装、调试电务设备，使之达到验收标准。供电部门检查接触网高度，并撤除回流线。

全面检查线路和道岔，达到放行列车条件时，办理开通线路放行列车。列车通过后，再次检查、整修线路、道岔。做好旧料回收、堆码工作，做到工完场净。

图 3.32、图 3.33 所示为回填道砟及开通线路。

图 3.32 回填新道砟　　　　　　　　图 3.33 开通线路

道岔铺设后，当连接线未铺前，辙叉后必须加铺一节临时钢轨，尖轨必须钉固加锁，严禁扳动。新铺道岔临时使用时，应使用转辙设备，不得用撬棍扳道或用其他方法支顶尖轨。

1. 在实训场熟悉道岔铺设图。根据道岔标准铺设图核对该道岔的类型、构造、主要尺寸、各部配件及数量等。

2. 在实训场实践人工铺设混凝土岔枕道岔,熟悉铺岔枕、散布扣配件、铺装轨道、起道、拨道、改道、捣固等施工流程。

3. 当道岔更换实施以大号换小号的方案时,由于现场各种限制条件和新旧道岔长度不同,分析新道岔位置向前或向后移动的情形。

4. 在实训场实践安设道岔纵横移动的滑移系统,熟悉滑行走轨、滑轮等的构造以及移动的施工流程。

知识拓展

旧道岔使用的规定

(1) 尖轨在轨面宽 50mm 及以上断面处,轨面不低于基本轨轨面 1mm;其他伤损不达到钢轨轻伤标准。顶铁作用良好。

(2) 基本轨垂直磨耗:国家铁路用在正线上的道岔不得大于 2mm,用在到发线上的道岔不得大于 4mm;用在其他线和地方铁路、专用铁路、铁路专用线上的各道岔均不得大于 6mm,其他伤损不达到钢轨轻伤标准。曲股基本轨的弯折点位置和弯折尺寸符合要求。

(3) 辙叉任何部位无裂纹。在辙叉心宽 40mm 断面处的垂直磨耗,就不大于基本轨垂直磨耗的最大允许量。辙叉心、辙叉翼轨面剥落掉块长度不得大于 15mm,深度不得大于 3mm。

(4) 各种零配件齐全,作用良好。

思考题

1. 在新线上铺设道岔,一般分为哪两种方法?它们可分为哪 3 个阶段或工作过程?
2. 简述人工铺设单开道岔的准备工作。
3. 简述人工铺设单开道岔的基本作业过程。
4. 简述人工铺设单开道岔的检查整理工作。
5. 以大号换小号道岔时,由于新旧道岔长度不相同,可能要在道岔前端或后端配制短轨,简述配制短轨的一般方法及注意事项。
6. 简述整组预铺移设更换道岔的概念及主要施工步骤。
7. 简述整组预铺移设更换道岔的滑移系统的设置方法。
8. 简述整组预铺移设更换道岔时,封锁点内移动道岔的施工程序并绘制流程图。

项目 4　既有铁路改造施工

引子

既有铁路改造是对铁路的局部改造，如小半径曲线地段、路基病害地段、隧道整治、缓开站开站、局部起道及改线等，是在既有铁路线上改造；增建第二线是在单线铁路的基础上，增建一条铁路线且与原单线形成复线铁路，可并行、绕行、交叉等，第二线和单线铁路共用车站但车站一般都经过改、扩建或封闭、迁建，是在既有铁路线上增建，如图 4.1 所示。

图 4.1　既有铁路改造

改建既有铁路和增建第二线的轨道工程施工，常要拆移部分既有线路设备或增加新的线路设备等，使得运输和既有设备受到不同程度的影响，施工与运输相互制约。

既有线改建施工，就是要在尽量减少干扰运营的情况下顺利完成施工任务。

任务

任务 4.1　新老铁路线路拨接施工
任务 4.2　线路扣轨与加固施工
任务 4.3　站场改造工程施工过渡
任务 4.4　运营线施工中的行车安全工作
任务 4.5　运营线的施工防护工作

任务 4.1　新老铁路线路拨接施工

改建既有铁路和增建第二线在区间出现新老线路平面交叉，必须断开老线，与新线实施拨接，才能最终完成改造工程，实现扩能改造的目的。

拨接施工过程中，施工与运营的矛盾决定了施工组织必须围绕运输安排，先易后难，先扩建后改建，先开通运能紧张的区间，后开通一般区间，使通过能力逐步提高，缓解施工与运营的矛盾，为扩能改造创造有利条件。

4.1.1 拨接施工

1. 概念

两股轨道拨动后的连接，常有两种情况：一是新线与既有线的连接，二是两股既有线的连接，拨接施工操作如图 4.2 所示。

图 4.2 拨接施工

2. 阶段分解

为压缩封锁时间，拨接施工可分 3 个阶段来完成。

第一阶段是封锁线路前的准备，准备工作中可能降低轨道强度影响行车安全的工作，在列车限速通行的条件下进行。充分做好准备工作是压缩封锁时间及保障安全的有效措施。

第二阶段是基本作业，在封锁时间进行拨道，先粗拨后细拨使轨道正位，最后整修轨道达到安全放行列车的要求。

第三阶段是整修作业，列车可以限速通过，整修包括整正轨面水平，理顺轨向，校正轨距，直至达到验收要求。

3. 要求

拨道连接既有线轨道应符合下列规定。

(1) 先测定拨接轨道中线和接轨点位置，并据此确定龙口位置，准备好龙口轨。

(2) 拨接段预铺道砟应夯压密实，砟面应略低于既有轨道枕底，补充道砟宜摊铺在两侧。

(3) 封锁施工前，既有轨道拨动段应扒出枕盒内和拨动方向枕端道砟，并拆除影响拨道的各项设备，列车限速通行。

(4) 拨接合拢后，按规范要求整正轨面水平，拨顺轨向，校正轨距，符合放行列车条件后限速放行列车，并继续补砟整道达到验收要求。

(5) 抬、落道地段的第二线换侧处修建顺坡便线，以连接既有线和第二线保持行车，保证安全。

4.1.2 拨接施工前准备及安全措施

1. 施工前准备

(1) 审核施工设计文件，现场调查既有线的运营情况，现场调查施工地段(包括既有线)影响施工的地下管线，以免施工破坏它们，影响既有线行车安全。

(2) 根据建设、运营、设计、施工四方共同商定的指导性施工组织，施工单位应按季度、按月向运营单位办理线路封闭要点计划和列车徐行计划，经运营单位批准后执行。

(3) 进行施工安全教育，学习并熟悉铁道部颁布的现行《铁路技术管理规则》、《工务施工安规则》等有关行车地段施工注意事项的规定。

(4) 开工前应架设好与工点两端最近的既有线车站的专用联系电话，并办妥联系协议。

(5) 施工严禁侵入既有线行车限界。必须侵入限界的各种临时设施，侵入时须绘制施工临时行车限界断面图，报所在区段铁路局(分局)审批。临时行车限界批准后，施工单位应制作临时限界检查架，定期进行检查。

(6) 按《铁路技术管理规程》要求及运营单位商定事项，在施工地段设置作业标、鸣笛标、减速信号牌及停车信号牌。准备足够的信号灯、信号旗、口笛、扩音喇叭、响墩等器材，并按规定设置经培训合格的防护人员。

(7) 既有线路基上的各种线路标志，在开工之前应与运营部门商定移设位置，签订协议。

(8) 既有线平交道口或立交涵因增建第二线路基而影响道口交通者，必须与地方政府及运营单位在工程开工前取得封闭或改道等措施的书面协议后执行。

(9) 每个工点均应准备足够的防护既有线的材料，准备一些用于抽换既有线轨道的轨料和防洪应急材料。

2. 安全措施

1) 统筹配合

(1) 成立协调小组，协调处理运输、施工中的问题和矛盾。

(2) 运营部门在施工天窗、路料运输、事故处理等方面全面配合，严格监督。

(3) 制定方案时必须由建设、运营、施工部门共同协商，落实永临结合的过渡方案和安全措施，搞好结合运营实际的新旧设备的衔接过渡工程。

2) 运输组织

(1) 集中行车间隙、挤出时间，作封锁线路施工之用。

(2) 分流或合并列车，提高列车牵引质量，甚至抽线、挤出时间以供施工运料用。

3) 施工组织

(1) 尽可能共用"天窗"，尽量达到多工种、多区间平行同步作业，以提高"天窗"利用率。

(2) 采用新技术、新工艺施工，以减少慢行时间。

(3) 加强路料卸车工作，做到随到随卸，压缩车辆待卸时间。

4.1.3 实施性拨接施工过渡方案

1. 方案制定原则

(1) 应保证施工期间不间断运营及人身和行车安全。

(2) 方案必须具备安全性、可操作性、经济合理性。

(3) 施工方案应妥善处理施工与运输的矛盾，应满足各项设备在施工期间最低限度的运输(通过)能力和要求(如股道数量、平行进路、调车设备和客货运设备等)。

(4) 封锁线路宜一次统筹排定要点计划，尽量分解工作量压缩线路封锁时间。

(5) 全面考虑有关设备及建筑物相互配合过渡的可能性,如桥涵建筑物与线路改建相互配合、电气化铁路接触网与地面轨道的施工过渡同步进行等。

(6) 充分利用既有设备,尽量减少废弃工程。

以上为一般原则,遇有特殊情况,需采取特殊措施时,可与建设单位协商解决。

2．方案主要内容

(1) 施工界内障碍物清除和建筑物或设备拆迁方案。
(2) 优化施工方案,编写分步施工说明书。
(3) 重点项目和配套工程的进度。
(4) 有关专业配合施工办法和减少铺设管线路相互干扰的措施。
(5) 原器材利用率及利用方案。
(6) 保障行车和施工安全措施。
(7) 列车慢行和封锁要点计划。

3．分步实施过渡

(1) 一般可先安排与既有设备无干扰的扩建部分,后安排改建部分。
(2) 施工中必须中断运营的工程(一般指用土方抬落路基、拆铺线路、桥涵改建、拆铺电气道岔又不能及时联锁等),应先修建便线或便站。
(3) 对同一线路上的改建工程,有条件时,宜安排一次封闭,同时施工。
(4) 在安排改建线路的同时,要相应安排客、货运设备的改建工程和充分考虑施工中客、货业务的进行。

4.1.4 轨道施工过渡的一般处理方法

1．线路改善的项目划分

线路改善含起(落)道、改拨、改移、更换钢轨、抽换轨枕、清筛道床、拆铺、拆除等。

1) 起(落)道

(1) 标准划分:起(落)量分为<0.2m 与>0.2m。
(2) 工作内容如下。

起道:拨开道砟、起道串砟回填,调整轨缝、枕距,拨道捣固,整理道床。

落道:拆除防爬设备、轨距杆,拨砟落道,回填石砟,枕木刻印,方枕,起拨道,匀砟捣固,串道心(落道至少需保留 0.1m 厚道床)。

2) 改拨、改移

(1) 标准划分:改拨<0.3m ;改移<2m(每一次拨量为<0.5m)。
(2) 工作内容:扒开道床、拨移线路、回填道砟、起道、串锹、捣固、方枕、匀缝调轨距、紧螺栓、打浮钉、整理道床。

3) 更换钢轨及道岔

工作内容如下。

换轨:备料、拆除旧轨、换新轨、钉道、上螺帽、整修及 30m 内运输。

换道岔:备料、清筛道床、做好道床排水、安装防爬设备、整修道岔及其前后影响范围内的线路。

4) 抽换轨枕

工作内容：扒开道床、起道钉或卸螺帽、拆除防爬设备、抽换轨枕、木枕钻孔、钉道或拧固螺帽、回填道砟、捣固、补平防爬设备、封平及 50m 内运输。

5) 清筛道床

工作内容：刨、挖、清筛、移动轨枕、起出及安装防爬设备、回填道砟、整理道床及 20m 内运输。

6) 拆铺线路

一般情况下，改移量超过 2m，起道过高或落道过低需动路基，原轨道标准与设计者不符及拆除线路等，均可视为拆铺。

2．以调整道床处理新老线路的交叉

采用调整道床(新老线的路基面基本等高)的方法处理交叉线路时，一般以使新线在交叉处的高程与既有线大致相等或略高于既有线为宜，此时可不修便线。

1) 等高拨接

新老线路的轨面高程大致相等，则先修建新线两端的非交叉地段，然后集中抢接交叉处。

2) 非等高拨接

新老线路的轨面高程不同，也是先修建新线两端的非交叉地段，然后再修建交叉地段。此时，有新线高于或低于老线轨面高程及高差大小等情况。

(1) 当新线高于老线且高差较小时(0.2m 以内)，可先将新线临时顺坡与老线等高顺接，然后再将新线起道，如高差较大，则再分层抬高新线。

(2) 当新线低于老线时，一般可先落低老线使之与新线等高后再抢接，此时应使新线的道床厚度符合标准。

3．对拆铺线路的几种处理办法

如前所述，线路改善的有关内容超过一定标准后即为拆铺工程，而该工程一般需封锁施工，根据工程实际情况，可采取下列措施。

1) 预铺

(1) 新老线基本等高，且新铺与拆铺线路的间距≥2.5m 时，新线可直接预铺代替拆铺线路。

(2) 新老线路不等高时，如新线高于老线，则可按新线砟脚压老线轨枕端头(遇特殊困难时，可距老线中心＞0.8m)，再按两线高差求算新线预铺间距；如新线低于老线，则可按老线砟脚压新线轨枕端头，再按两线高差求算新线预铺间距，但应使新线道床厚度符合标准。

2) 换轨

换轨时新老线的轨道标准不同。

(1) 若新老线位置基本重合，可采取分段更换钢轨的方法。

(2) 若新老线位置不重合，但其间距在 2 m 以内，则可先改拨再分段更换钢轨。

以上两条，当新老线有高差时，则可采取在落道的同时更换钢轨的方法。

3) 硬拨

新老线的轨道标准相同，新老线的间距＞2m 时，为使新铺线路能利用该拆铺线路，根据情况可采取分次硬拨的办法。

4.1.5 线路施工的有关规定

1. 施工防护条件与作业内容的相应规定(按《铁路工务安全规则》)

(1) 办理封锁施工手续,设停车信号。放行列车或单机时,限速不超过 15～25km/h 者,可进行如下作业。

① 一次连续换轨超过 100m。
② 拆开接头成段整正轨缝并插入短轨。
③ 成组更换道岔。
④ 成段更换(清筛)轨枕底下的道砟(如有加固措施,可采用慢行施工)。
⑤ 起道高度超过 100mm。
⑥ 每次列车间隔内拨道量超过 100mm。

(2) 办理封锁施工手续或经车站值班员承认利用列车间隔时间施工,设停车信号防护。放行列车或单机时不限速者,可进行如下作业。

① 一次连续换轨不超过 100m。
② 在线路上焊接钢轨。
③ 拆开接头成段整正轨缝,但不插入短轨。
④ 同时拆开两个及以上接头夹板。
⑤ 更换道岔的主要部件。

(3) 用电话联系,利用列车间隔施工,工地用红旗(夜间红灯)防护,放行列车或单机时不限速者,可进行如下作业。

① 个别更换夹板。
② 使用弯轨器整直钢轨。
③ 使用有碍行车的轨缝调整器而不拆开接头整正轨缝。
④ 起动钢轨、单根抽换桥枕。

(4) 办理施工手续,用减速信号防护。放行列车或单机时限速不超过 25km/h 者,可进行如下作业。

① 起道量为 41～100mm。
② 每次列车间隔内拨道量为 41～100mm。
③ 成段增加轨枕或成段更换混凝土轨枕。
④ 成段整修轨底坡。

2. 压道有关规定(按《铁路轨道施工规范》规定)

(1) 起道到规定高程,经过列车或单机走压不少于 50 次后,在交工前全面整道。

(2) 改建或增建双线,在新线开通前单机压道:正线 50 次,限速 45km/h;站线 30 次,限速 30km/h,不能预先压道者,分层上砟整道,开通后放行列车或单机 1～2 次,限速 10km/h;48h 后限速 45km/h。

3. 既有电气化铁路线路拨接

电气化铁路线路因有接触网和轨道电路等设备,进行线路施工时,工务部门与供电部门必须密切配合,根据电气化铁路特点和要求进行施工,以保证行车和作业安全。

（1）电气化铁路起道作业时，单股起道高度不得超过 30mm。如线路施工需要超出上述标准，须通知供电部门，双方配合施工。

（2）作业撬棍应加装绝缘胶套，防止改道时将钢轨搭接造成短路，影响信号显示。轨距杆的绝缘部分和道砟之间应保持 30mm 的间隙，或将轨距杆绝缘部位下的道砟掏空，以防积水浸泡绝缘件，致使绝缘电阻下降，影响轨道电路的正常工作。

（3）在电气化铁路的绝缘接头处，绝缘接头夹板比普通接头夹板断面小，会造成钢轨低接头病害，因此，必须加强绝缘接头处的捣固作业。在捣固作业中，注意不要损坏塞钉及连接线。

（4）禁止在同一地点将两股钢轨同时拆下，如需要同时拆下，应先通知供电部门采取措施，并对该供电区段实行线路封锁，不准电力机车行驶，由接触网工区配合施工。

① 应在被拆钢轨两端轨节间安设一条纵向连接电线，连接电线用截面不小于 $70mm^2$ 的铜线做成，其每端用夹子紧夹到相邻的轨底上，该连接线在作业完毕后方可拆除。

② 在被拆钢轨两端的左右轨节间各设一条横向连接电线，连接电线用截面不小于 $70mm^2$ 的铜线做成，用夹子紧夹到轨底上。

（5）需拆开钢轨上的接地线时，应尽量用临时接地线代替原接地线，临时接地线的截面应使用不小于 $25mm^2$ 的铜当量截面，拆装接地线的工作由供电部门负责完成。

任务 4.2　线路扣轨与加固施工

公路、铁路等下穿既有铁路线路，一般都要在不中断铁路行车、不影响行车安全的前提下进行相关工程建设。目前在下穿既有铁路线路时一般优先采用整体式框架桥结构顶进施工，也可以采取就地开挖现浇施工，它们都涉及到对既有铁路线路进行加固或架空处理（图 4.3），再进行顶进作业或基坑开挖等施工。

图 4.3　既有铁路线路加固或架空处理

4.2.1　线路加固概述

1．概念

铁路施工中对既有铁路线路进行加固或架空，实质上是以一定形式的临时桥梁部分或全部地代替相应地段的路基来承受轨道线路及其传来的上部荷载。

2．实现途径

临时桥梁的上构梁部一般可采取轨束梁(扣轨及吊轨)、工字钢组合梁、低便梁等形式,铁路提速后一般要使用便梁才能满足速度的要求,图 4.4 所示为采用低便梁架空铁路线路。而下构桥墩则通过设置一定的临时支墩代替桥墩及基础,视情况分别采取枕木支点、浆砌片石或混凝土支墩、挖孔桩及盖梁等形式,铁路提速后一般要求使用挖孔桩及盖梁等。

图 4.4　采用低便梁架空铁路线路

3. 主要构造

线路加固的主要结构包括纵向受力主梁、横梁及基础。沿线路方向的梁为承重受力主梁,垂直于线路方向并置于主梁之上的梁为横抬梁,横抬梁穿于轨底,将加固范围内线路荷载传递给主梁,最终并将全部荷载传递给主梁之下的基础(挖孔桩或其他形式的支座)上,如图 4.5 所示。

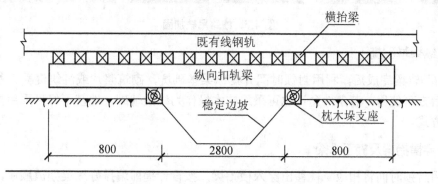

图 4.5　线路加固的主要构造示意图

4.2.2　线路加固的施工方法

下面以顶进施工为例,说明加固或架空铁路线路的工艺流程及施工方法。

案例:用顶进法使框构就位,框构顶进前对线路进行加固,加固方式为工字钢纵横梁加吊轨。主要工作内容有:更换线上枕木、扣轨、穿横抬梁、上纵梁,配合施工顶进,最后整修线路、线路恢复。施工期间列车限速 45km/h 运行。

1. 更换枕木

利用线路封锁时间,用起道器抬高轨道,人工更换既有的混凝土枕为木枕(图 4.6),同时预埋好 U 形螺栓,换完枕木要对线路进行沉落整修,保证行车安全。

图4.6 人工更换既有的混凝土枕为木枕

2．线路扣轨(吊轨)

线路吊轨加固操作如图 4.7 所示。每个加固地段的组拼顺序为先中心后两端。吊轨梁所用的钢轨可提前利用天窗时间用轨道车运送到现场，吊放在线路两侧。

图4.7 线路吊轨加固

3．纵梁基础施工

扣(吊)轨梁完成后，利用封锁时间开挖纵梁基础坑，砌筑浆片或浇筑混凝土基础，达到强度后方可使用。若条件允许也可采用枕木垛作为纵梁基础，地基不好可采用挖孔桩加盖梁的方式。

4．穿横抬梁及施工纵梁

利用封锁时间将相应轨枕移出穿入横抬梁，按设计提前编排好纵梁摆放顺序，现场吊运摆放纵梁施工，如图4.8所示。

图4.8 穿横抬梁，施工纵梁

5．配合顶进

配合顶进操作如图 4.9 所示。配合顶进期间，在横抬梁下垫枕木垛和滑动支点作为顶进滑道,组织分配好人力看好每一个滑动支点,其目的是保证框构能在线路下滑进,列车能按规定速度通过。同时设专人时刻监护线路,确保行车安全。

(1) 当框构顶进至进入横抬梁 1.0m 时,发出停止顶进命令。在顶板上用液压起道机抬起横抬梁,并在每片横抬梁下铺设一组滑道。滑道由 2 根短枕与一块钢轨夹板组成。

(2) 防止线路横向移动,可每隔 3~5 根横梁安装 1 组卷扬机(或导链),穿过滑车组,线路发生横移时用卷扬机(或导链)加以调整(但严禁在列车通过时开动卷扬机或拉动导链);亦可在顶进前方设置 1 排钢板桩地锚,用方木支撑将横梁顶住以起到防横移的目的。

(3) 框构顶板上每片横抬梁配备一台顶力 50t,行程 150mm 的油镐和一台液压起道机,由 1~2 人组成一组,负责该片横抬梁的滑道铺设。

图 4.9 配合顶进

6. 顶进就位后线路长平的整修

线路长平的整修先在线路的左侧进行,再在线路的右侧进行。在框构顶板上于纵梁外侧横抬梁下安放油镐,每根横抬梁一个。油镐吨位不小于 50t,行程不小于 150mm。油镐安放稳妥后,应同时施顶,使线路抬起。顶起后应在纵梁与横抬梁交叉处的横抬梁下垫入短枕头或木板,使其垫实。并同时将可以撤出的滑道撤出,然后同时回油落镐。

7. 线路恢复

卸满石砟→松开纵梁上的 U 形螺栓,并拆除拼接板或切割帮焊板→运出纵梁工字钢并拆除枕木垛→抽出横抬梁及其槽钢→拆除吊轨→将木枕更换为砼枕→线路恢复。恢复后如图 4.10 所示。

图 4.10 线路恢复

套用线路加固结构图一定要注意其使用条件,如线路限速、基础要求等。

任务 4.3 站场改造工程施工过渡

车站及车场是铁路运营的主要线路设备，站场改造工程是铁路建设工程中较为复杂的一项工作，常见的有 3 类典型代表工程：一是预留的缓开站进行开站工程；二是一般车站及车场改造工程；三是区段站及枢纽站的改造工程。不管哪一类工程，增设或更换道岔都占相当大的比重，又多是在封锁时间内完成，并与其他专业配套施工，比其他轨道工程要求高，难度大，涉及面广。

因此，制定切实可行的施工方案，特别是过渡方案，最大程度地减少对运营的干扰而顺利完成站场改造施工任务，是至关重要的。

4.3.1 站场改造施工

1．阶段划分

站场改造施工是一件复杂而又细致的工作，既要保证原有运输组织不受到太大的影响，又要保证站场改造施工能按新设计图的要求顺利进行。

站场改造的中心环节就是如何将新设备与旧设备实现对接，其中重中之重就是插入道岔的施工。

与拨接施工相类似，站场改造施工也可分 3 个阶段来完成。

第一阶段是封锁线路前的准备，准备工作中降低轨道强度影响行车安全的工作，在列车限速通行的条件下进行。

第二阶段是基本作业，在封锁时间内进行插入道岔等项目的施工。

第三阶段是整修作业，列车可以限速通过，整修达到验收要求。

2．基本原则

要实现将设备对接的影响程度和范围降到最低或最小限度，关键就在于现场的施工组织方案能否最大限度压缩封锁的基本作业。因此，站场改造施工应遵循以下基本原则。

必须做好充分准备，把一切能预先做好的工作(即不需封锁线路所做的工作)尽量放在准备作业内完成，争取最大限度地压缩基本作业(即需封锁线路才能进行的工作)时间。

4.3.2 站场改造施工组织方案的优化

封锁线路的条件、方式、时间不能一概而论，每一种思路相对应的施工组织方案都是不一样的。

1．变"运营线施工"为"新线施工"

1) 协商长期或短期停用线路设备

施工与运输部门主动协商长期或短期停用线路设备，创造条件按新线现铺的模式进行插入道岔等轨道施工。

(1) 实质：取消封锁线路的基本作业。

(2) 适用场合：次要站线或一般专用线插入道岔的施工。

项目4 既有铁路改造施工

(3) 优点：将施工与行车安全风险降至最低。

(4) 缺点：运输部门要适当牺牲一定程度的利益(但可在后续的运营中通过其他方式予以弥补)。

(5) 条件：关键是取得运营部门的坚决支持。

(6) 要求：施工单位一定要充分调查所施工地段的行车情况，与运输部门充分协商、沟通，让运输部门充分理解施工方案意图，明确封锁施工的行车安全风险，能为运输部门提出后期加大运输力度的措施更佳。

2) 采用临时过渡线路绕避运营线路

经相关经济技术方案比选，采用临时过渡线路绕避运营线路，集中力量按新线现铺的模式现铺道岔(群)。

(1) 实质：取消封锁线路的基本作业。

(2) 适用场合：高难度的特殊道岔和道岔群的插入施工。

(3) 优点：将施工与行车安全风险降至较低水平，利于组织施工技术攻关。

(4) 缺点：运输部门要适当牺牲一定程度的利益(临时线路限速行车，但可在后续的运营中通过其他方式予以弥补)；同时，施工单位要确保临时过渡线路的安全，建设单位要承担临时线路工程及维修养护费用。

(5) 条件：关键是施工单位的临时线路过渡方案能取得相关部门的批准。

(6) 要求：施工单位一定要充分调查，理解设计意图，与运输部门充分协商、沟通，使其充分理解施工技术难度以及由此给运输带来的风险，并提出经济技术可行性方案，能为运输部门提出正常行车措施更佳。

3) 抢铺新线临时开通替代运营线路

按照"永临结合"的原则，抢铺新线临时开通线路替代运营线路过渡使用，按新线现铺的模式现铺道岔。

(1) 实质：取消封锁线路的基本作业。

(2) 适用场合：站场新增股道的道岔插入施工。

(3) 优点：将施工与行车安全风险降至较低水平。

(4) 缺点：施工单位要确保临时线路的安全，建设单位要承担临时线路维修养护费用。

(5) 条件：关键是施工单位能快速地完成新增股道工程。

(6) 要求：施工单位一定要理解设计意图，及时清除施工障碍，按时铺设新股道，能按局部正式线路竣工再投入使用更佳。

4) 分阶段开通

在分阶段开通能满足原有运输能力的前提下，通过协商将后阶段既有线的施工留待旧站场停用或废弃后再施工。

(1) 实质：取消一部分封锁线路的基本作业。

(2) 适用场合：站场新增股道多于原有股道的道岔插入施工。

(3) 优点：将部分施工与行车安全风险降至最低。

(4) 缺点：施工单位要分阶段组织施工与交工。

(5) 条件：关键是施工完的部分新增股道能替代原有车场。

(6) 要求：施工单位一定要理解运输的关键所在，及时清除施工障碍，快速铺设运营急需的车场，能按局部正式线路竣工再投入使用更佳。

2. 优化"运营线施工"的封锁等级或方式

在难以避免封锁施工的情况下,则退而求其次。

1) 降低封锁等级

与相关专业工程结合,将高等级的封锁降为较低等级的封锁。

(1) 实质:大大降低封锁线路的基本作业的难度和内容。

(2) 适用场合:因施工或运营的需要,站线降等级使用时的道岔插入施工。

(3) 优点:将施工与行车安全风险降低。

(4) 缺点:相关专业单位必须全力配合才能实施。

(5) 条件:关键是施工单位能提出降低线路使用的方案或善于捕捉机会。

如铺架单位需占用车站的一股道作为铺架通道,在开始铺架后该站线即作为铺架通道纳入"工程线"管理,期间即为插入道岔的最佳时机,但要与铺架单位充分协商施工时间段;如某到发线改用作调车线单向使用,可断开一头线路现铺插入道岔施工。

2) 变长期连续封锁为一次或较少的几次封锁。

将长期连续封锁插入多组道岔施工合为一次或较少的几次施工,以减少多次封锁的相同施工准备和整修开通等重复工作。

(1) 实质:单次的封锁基本作业量及时间都增加了,但总体上的封锁时间会大大减少。

(2) 适用场合:施工地段集中而施工内容重复的道岔插入施工。

(3) 优点:降低施工与行车安全风险控制难度(持续天数短),同时避免多次封锁的相同施工准备和整修开通等重复工作。

(4) 缺点:施工单位必须集中全力组织足够的人员设备等参与施工。

(5) 条件:关键是运输部门能"挤"出施工时间段,而施工单位具备大规模全面作战的施工能力及条件。

在行车速度不断提高、安全管理要求不断严格的今天,很多铁路局愿意以这种"长痛不如短痛"的方式解决道岔插入的难题。

3) 分解封锁

将一次或较少的几次施工分解为多次连续封锁插入多组道岔施工。

(1) 实质:单次的封锁基本作业量及时间都大大减少。

(2) 适用场合:施工内容重复的道岔插入施工。

(3) 优点:降低施工安全风险控制难度(单次时间短)。

(4) 缺点:施工单位必须重复多次封锁的相同施工准备和整修开通等工作。

(5) 条件:施工单位不具备大规模全面作战的施工能力及施工条件,运输部门"挤"不出集中长时间施工段。

总之,组织方案得当可以最大限度地减少施工与运营的相互干扰,在确保运输生产基本正常的同时有效地加快改造工程进度,加速新设备投入使用发挥投资效益的周期。

4.3.3 站场改造工程对施工的要求

1. 股道与进路

1) 股道不减

施工中,站场可用的主要股道数目应不少于既有的数量。

2) 进路不减

施工中开通部分新股道,进路减少或不合理时,采取增加临时渡线等措施,增加平行进路。

2．运能与客、货运

1) 运能不减

站场改造工程进度一般落后于区间,尤其是施工复杂的大站,需待相邻区间二线开通后(至少具备开通的基本条件),再进行车站的改造工程。可以在车站一端甚至两端设端设置临时线路所,以提高通过能力,保证施工和运营两不误。

2) 货物装卸不受大的影响

一般应保证货物的装卸作业,个别装卸线可采用短期(不宜太长)停用的办法。

3) 考虑旅客上下

保证旅客上下畅通,必要时搭置临时旅客站台及旅客临时通道(含平过道、天桥等)。

4) 考虑给水

给水工程要尽量以永久代替临时过渡。

4.3.4 站场改造施工前准备及安全措施

站场改造施工前的准备及安全措施与拨接施工的相关内容类似,不再赘述。

4.3.5 站场改造分步实施方案

1．以满足运营要求为前提

(1) 保证使用股道不减少,满足必要的作业进路和办理客货运业务的起码要求等。

每步都要绘制放大平面图,改铺道岔要适中,同时考虑分批改铺的条件,每次同时改铺的道岔最多为 3~4 组,否则需要集中大量的施工力量。每换一组道岔的时间为 2h 左右。

(2) 各站条件不同,情况各异,其过渡方法也是千变万化的。区段站及以上的大站场改造一般采用分片区过渡,各片区又分若干步骤,进行每一步施工时,都不能影响与相邻过渡区进路的相互联锁关系。

2．施工顺序

(1) 一般可先安排与既有设备无干扰的扩建部分,后安排改建部分。

(2) 站场咽喉区宜先改建,并宜先改建对运输及施工有利的一端咽喉区。对同一线路上的改建工程,有条件时宜安排一次封闭、同时施工。

(3) 改建线路的同时,要相应安排客、货运设备的改建工程。

(4) 对联锁道岔的车站或车场的施工过渡,有条件时,宜一次先建成能满足施工期间运营需要的设计线路,待其交用后再改建既有线,以减少信号的过渡工程。

(5) 尽量考虑先通新线后拆老线。

(6) 道岔咽喉区的分步改造确有困难时(如新老道岔重叠),可采用便线行车、大封锁的办法,用 7~10d 进行揭盖施工。

(7) 次要站线,如存车线、货物线等,可维持一端调车、一端封锁的办法施工。

3. 线路过渡

(1) 便线、便站均要作平、纵断面设计,过渡工程均应计算工程数量。

(2) 线路过渡都要与线、桥结合,只顾站场股道、道岔,不顾其他专业是不全面的,甚至是行不通的。

方案制定的原则以及其主要内容与线路拨接相类似,不再赘述。

4.3.6 站场改造工程施工过渡示例

案例:某单线会让站改建为中间站,原设 3 股道,增设货场(2 条货物线)和 1 条到发线,车站改建平面示意图如图 4.11 所示。

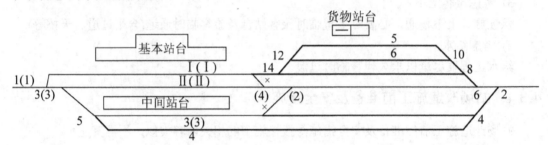

图 4.11 车站改建平面示意图

在确定站场改造施工步骤时,应先修建对车站作业无干扰的部分,具备开通条件时再分别封锁线路插入道岔、拨接使之连接起来,尽量不中断或少中断车站作业,确保施工与运营顺利进行。

具体可按照以下施工步骤进行。

1. 施工与既有设备无干扰的扩建部分

(1) 铺设新 4 道、3 道的延长部分及 $4^{\#}$ 道岔,预铺 $2^{\#}$、$5^{\#}$ 道岔。

(2) 铺设新 5、6 道和 1 道的延长部分,并铺设 $8^{\#}$、$10^{\#}$、$12^{\#}$、$14^{\#}$ 道岔,预铺 $6^{\#}$ 道岔。

2. 施工需封闭、封锁的部分

(1) 封锁正线(Ⅱ),铺设 $2^{\#}$、$6^{\#}$ 道岔。封锁时,(1)、(3)道仍可办理行车。

(2) 封锁(3)道,铺设 $5^{\#}$ 道岔,接通新 3、4 道((2)$^{\#}$道岔锁曲开直)。封锁时,(1)、(Ⅱ)道仍可办理行车。

(3) 封锁(1)道,接通原有线路与延长部分((4)$^{\#}$道岔锁曲开直)。封锁时,(Ⅱ)、3、4 道仍可办理行车。

(4) 封闭正线,拆除正线上的原有(2)$^{\#}$、(4)$^{\#}$道岔及其连接线段。此时,1、3、4 道仍可办理行车。

至此,全部完工。

任务 4.4 运营线施工中的行车安全工作

4.4.1 施工准备阶段中的安全工作

施工前应做好施工准备阶段的安全工作,为施工各项安全工作始终处于受控状态创造条件。

1. 施工准备阶段的安全工作

(1) 根据设计交底、现场调查情况和有关施工安全的政策法规,核对设计文件、设计图纸。

(2) 与设备管理单位共同调查确认各类地下管线、隐蔽建筑物的位置、各类建筑物的限界现状。

(3) 了解掌握施工地点所在铁路局的《行车组织规则》、《营业线施工管理办法》、相关车站的《车站行车工作细则》等有关行车和施工安全的规章及规定。

(4) 编制施工组织设计、施工过渡方案。

(5) 制定施工安全措施,建立各岗位安全生产责任制和日常安全管理检查制度。

(6) 按规定程序申报审批施工用的临时道口、电力、通信、动火、爆破、排水等项手续。

(7) 向参与施工的人员进行技术交底和安全培训教育,必要时还应进行专门的培训,考试合格后,持证上岗。

(8) 对采用几次过渡或长期过渡施工的项目及对行车干扰较大的项目,必须事先向设备管理、使用单位进行技术交底。

(9) 与设备管理单位和行车组织单位分别签订施工安全协议书。

(10) 向运输部门提报长期施工封锁慢行计划。

2. 施工作业登记

1) 概念

施工作业登记指的是施工作业前施工单位在车站专用记录本上将施工作业有关情况进行登记的做法,按《中华人民共和国铁路技术管理规程》(以下简称《技规》)第 284 条应在《行车设备检查登记簿》即运统—46"线路道岔信号集中闭塞及通信设备检查登记簿"内登记。施工作业登记是车站值班员向行车调度索取施工命令号或开通命令号的依据。

施工作业登记的时间各局或分局可能有不同的规定,营业线施工实行一点一令,施工作业登记也是一点一登记,时间一律采用 24 小时制。

2) 登记内容

施工作业登记表上填写的具体内容因专业的不同、施工项目不同而不同,但归纳起来应有以下方面。

(1) 登记时间(年、月、日、时分)。

(2) 施工内容及其影响范围。具体包括施工项目、施工日期和时间、施工地点及影响范围、慢行条件、配合监护单位等。如果点内有工程列车进入施工范围也要将有关情况登记在表上。

(3) 施工单位驻站员或登记员签名。

(4) 车站值班员填写施工兰给点命令号、起止时分并签名。

(5) 施工负责人姓名。

(6) 施工结束，设备开通使用前，根据施工后设备状况，应登记开通时间、范围、开通条件(慢行速度、时间)等。

(7) 车站值班员填写开通命令号、时间并签名。

4.4.2 施工过程中的安全工作

施工过程中的安全工作是整个施工安全最重要的环节，下面将一些常见的通用工作内容分别叙述如下。

1) 利用列车间隔施工

(1) 选派经培训考试合格发证后的胜任人员担任驻站联络员和工地防护员。

(2) 施工过程中必须确保列车能随时以规定速度安全通过施工现场。一旦发生意外，必须中断行车，按《技规》有关规定设好防护，并通知两端车站封锁区间，遇有列车开来时，及时将列车拦停在故障地点以外。

2) 利用封锁线路进行施工作业

(1) 按规定设好驻站联络员和工地防护员。

(2) 按照放行列车条件和有关规定，做好封锁线路前的各项准备工作。严禁扩大准备作业范围，特别要注意确保封锁前最后一趟列车安全通过施工现场。

(3) 由驻站联络员根据批准的施工方案，通过车站值班员向列车调度员申请发布封锁区间的命令，并在行车设备检查登记簿上办理登记手续。在明确得到封锁区间的调度命令后，施工负责人首先下达设好各项防护措施的命令，然后下达开始封锁线路进行施工的命令。

(4) 在双线地段进行封锁线路施工时，应随时检查作业人员和各种材料机具是否侵入邻线限界。

(5) 封锁结束，开通区间前，施工领导人应会同设备管理单位的安全监督员全面检查线桥等行车设备是否达到开通的条件，材料、机具是否撤除限界之外并且不侵入邻线，工程列车是否全部撤离封锁区间，然后先下达撤除停车防护措施的命令，再下达开通区间的命令。驻站联络员在行车设备检查登记簿上办理消记手续后，由列车调度员下达开通区间的命令。

(6) 如遇特殊情况不能按计划开通区间，施工负责人必须提前向车站值班员报告并通过车站值班员报告列车调度员，同时组织力量尽快开通区间。

(7) 利用封锁区间进行爆破作业时，开通区间前除全面清除影响行车的障碍物外，还必须确认没有哑炮，方可开通区间。

(8) 利用封锁区间进行破坏线路稳定性的作业开通之后，必须留有足够人员进行线路巡养。

(9) 利用封锁线路或停电进行多专业多单位参加的较大规模的施工时，必须指定一个施工单位负责办理封锁登消记手续，严禁多头办理登消记手续。

(10) 对施工过渡的临时设备要有可靠的安全防护措施，确保其正常使用，对预先不能压道的调边地段，开通首列不允许由客车担当，并应按规定慢行。

(11) 对联锁设备进行安装调试时，必须遵守一人指挥、一人操作、一种方式控制道岔的施工原则。

3) 采用便线、便桥施工架设作业

(1) 设专人负责对便线便桥和施工架设上的线路进行检查保养维修，做到临时补修不过夜。

(2) 设专人对便桥、施工架设等临时结构进行定期检查，及时消除各种隐患和薄弱处所。

(3) 经常对便线路基、便桥、桥头路基等薄弱环节进行重点检查。

4) 加强劳务工的管理

参加营业线施工的劳务工必须由正式职工带领。对劳务工要进行安全培训、法制教育，加强治安管理，先培训，后上岗。营业线施工的轨道、桥隧、信号、接触网等技术复杂、可能危及行车安全的作业项目，严禁分包给不具备相应资质的单位承担。劳务工不能担任营业线施工的爆破工或施工安全防护员等工种，不准单独使用各类作业车辆。对于对劳务工使用管理不严造成行车事故的，列为施工单位责任事故，追究施工单位责任。

4.4.3 工程开通及交验前的安全工作

(1) 施工单位应严格按批准的设计文件和施工方案进行施工，确保施工质量。在进行自验预验的基础上，按规定备齐所有验收资料后方可申请验收。纠正工程的缺点和缺陷工作未完者不许验收。

(2) 工程开通必须符合放行列车条件，且轨道无超过临时补修标准的处所。

(3) 新设备开通使用时，应由验收委员会或设备使用单位的上级主管部门或铁路局指定的部门，发布开通使用的电报。

4.4.4 因施工发生的非正常情况下的安全措施和行车作业办法

1. 非正常情况

一般讲，非正常情况是指由于受到外界干扰、施工作业、临时故障、区间插入临时设备等因素致使行车设备不能正常使用或不能按正常条件办理行车的特殊情况。车、机、工、电、辆、供电等各部门均有各自非正常作业的含义和范围。

2. 非正常情况的应对

在由于施工作业或施工过渡引起的非正常情况下，施工单位应注意如下几个主要问题。

1) 因施工作业损坏行车设备及影响其正常使用时

接到车站的有关通知后，施工单位应首先在行车设备检查登记簿上办理登记手续，注明设备现状、影响范围等，然后立即查找设备故障的原因，尽快消除故障，恢复设备正常使用，如因各种原因不能及时排除故障，应要求车站改用非正常情况下的行车作业办法。

2) 因施工过渡采用未纳入联锁的道岔时

首先施工单位应与车站共同明确影响设备正常使用的范围，明确双方安全管理责任。如施工单位不能提供准确的影响范围，还应请相关设备管理单位协助说明影响范围。在无岔区段，临时插入的非联锁道岔由工程部门负责将道岔钉固钩锁在开通定位处，并派人昼夜看护。

学习情境 1 轨道施工

3) 因施工需要在自动闭塞区间插入非联锁道岔时

施工单位插入非联锁道岔过渡方案必须按管理权限逐级审批。道岔插入后，由施工单位负责道岔的日常养护维修及钩锁钉固，车务部门负责加锁。当道岔需要变位时，先由车站开锁，再由施工单位拨道岔，然后由施工单位和车站共同检查确认道岔使用位置，确认无误后，施工单位负责钩锁钉固，车站负责加锁。区间插入的非联锁道岔必须安装锁闭装置，并由施工单位派人昼夜看护，随时检查设备状态。

4) 停电施工时

因施工需要，在车站的全部设备或部分设备失去联锁作用的条件下作业时，必须按批准的施工方案、临时电报的具体要求进行。遇特殊情况来不及纳入月度施工方案，也必须请求列车调度员，下达同意施工的调度命令后方可进行。同时，施工单位应将影响范围及时通知有关设备管理单位，如道口自动通知、红外线轴温探测等，以便使这些相关单位及时采取防范措施，确保行车安全。

5) 在电化铁路进行有碍行车的临时作业时

除向列车调度员申请调度命令批准外，还必须视具体情况向供电调度申请停电及派人配合施工，得到批准后方可作业。

任务 4.5 运营线的施工防护工作

4.5.1 施工防护的基本要求

施工安全防护工作是确保既有线行车安全和施工安全的重要手段。

防护员按各自分工负责的范围，分为驻站联络员、工地电话防护员、现场防护员和中间防护联络员(工地电话防护员与工地施工负责人之间传递信号的防护员)4 种。

加强对施工防护员的政治思想教育和业务知识培训，严格掌握任用标准，是做好施工安全防护的前提条件。

1. 防护员的基本条件与职责

1) 防护员的基本条件

(1) 防护员必须由铁路正式职工、年满 18 周岁、思想品德好、组织纪律性强、身体健康、视力和听力良好、说话吐词清楚、能作正确记录的人员担任。

(2) 防护员必须具有高度的事业心和工作责任感，应具备担任防护工作的基本知识和技能，熟悉铁路行车有关规章制度和施工作业情况。

(3) 防护员必须经过铁路运输部门、建设管理部门或工程处一级的安全管理部门进行有关规章业务、本职工作基本技能和技术安全规则培训考试合格，并取得上岗作业合格证书方可上岗作业。禁止指派未经过安全业务培训，未取得上岗合格证的职工担任安全防护工作。

(4) 施工安全防护员由段(队)领导依照有关基本条件批准的职工担任。一经派定后不得任意调换。

2) 防护员与驻站联络员的工作职责

(1) 区间防护员的职责主要包括以下方面。

① 现场防护员在收到驻站联络员发出的列车预报、确报后，要立即通知施工负责人，同时应加强警戒，监视来车。

② 在任何情况下，如施工地点的停车防护信号尚未撤除或待避工作尚未做好而列车临近时，防护员应立即向列车显示停车手信号，使列车停车。

③ 防护用通信设备必须妥善保管，经常检查试用，保证在使用时性能良好。

④ 与驻站联络员通话时，必须严格执行复诵制度，防止错听，并及时记录通话内容。

(2) 驻站联络员的职责主要包括以下方面。

① 负责办理施工要点登记手续。

② 及时了解车站值班员办理区间闭塞或接到邻站发车及办理本站发车前、开车后等手续以及临时变更情况，确认后，立即向工地防护员发出预报，确报或变更通知。

③ 驻站联络员必须坚守岗位，因事暂时离开时应有人代替。

④ 防护用通信设备必须妥善保管，经常检查试用，保证在使用时性能良好。

⑤ 与工地防护员通话时，必须严格执行复诵制度，防止错听，并及时记录内容。

2．主要防护信号

1) 铁路信号

铁路信号是指示列车运行及调车工作的命令。铁路信号分为视觉信号和听觉信号两大类。如信号机、信号旗、信号灯、信号牌、信号表示器、信号标志及火炬等显示的信号都属于视觉信号；号角、口笛、机车及轨道车的鸣笛等发出的信号都属于听觉信号。

2) 移动防护信号

行车线上施工或线路故障采用移动信号防护。移动信号相对于固定信号而言，是可以根据需要移动，临时设置的信号。移动信号可采取随时设置或撤出的移动式号牌。具体有以下几种。

(1) 作业标、减速地点标，如图 4.12 所示。

a　作业标

b　减速地点标

图 4.12　作业标、减速地点标

(2) 停车信号牌：白天柱上一个红色方牌，夜间柱上一个红色灯光，如图 4.13 所示。

(3) 减速信号牌：白天柱上一个黄色圆牌；夜间柱上一个黄色灯光，如图 4.14 所示。减速信号牌还应标明每小时限速的公里数。

(4) 减速防护地段终端信号牌：白天柱上一个绿色圆牌；夜间柱上一个绿色灯光。表示限速区段到此为止。在单线区段，司机在白天应看线路右侧减速信号牌背面的绿色圆牌，夜间应看柱上的绿色灯光，如图 4.15 所示。

图 4.13　停车信号牌　　　　　　　　图 4.14　减速信号牌

图 4.15　减速防护地段终端信号牌

3．防护员工作要求

1) 工地防护员要求

(1) 上岗前按照规定带齐防护信号和通讯设备、备品，确保使用性能良好。

(2) 作业中集中思想，认真瞭望，坚守岗位，密切注意工地作业和列车运行情况，如图 4.16 所示。

图 4.16　现场防护员密切注视作业情况

(3) 在要求列车慢行的处所，列车接近时，工地防护员应站在来车一端的左侧路肩上，展开黄色信号旗，立岗接车，显示慢行信号。发现来车超过规定的慢行速度时，应及时用对讲机呼唤或用展开的黄色信号旗急速上下摇动，要求列车减速到规定的限制速度，如图 4.17 所示。

(4) 认真注意观察检查线路的变化情况。对顶进桥涵施工、路基坍塌、线路扣轨架空作业等重点危险地段，要做到一列一检查。发现危及行车安全时，要及时设置停车信号防护，并通知有关部门迅速进行处理。

(5) 认真记录列车通过慢行处所的速度，如发现超速现象，应及时向有关部门报告。

(6) 按规定设置停车或慢行防护信号。封锁施工终了时，按施工负责人的命令，及时撤除停车防护信号。

图 4.17　现场防护员接车、显示慢行信号

2) 驻站联络员要求

(1) 上班前点名时，必须认真听取工长布置的安全生产注意事项、生产任务、作业地点、作业内容、人员分工情况等。

(2) 带齐应带的信号用品，并认真检查信号用品是否良好，不良者立即修复或更换。

(3) 在开始防护前，负责核对钟表，做到车站运转室、驻站联络员、工地电话员三者时间一致。工作期间不得随意离开运转室(信号楼)。

(4) 经常与车站值班员联系，熟悉并注意车站控制台的信号显示，了解列车 3h 运行计划，正确掌握列车运行情况，并及时告诉工地电话员，由工地电话员转告工地负责人，以便安排工作计划，掌握收工时间。

(5) 为了确保行车及施工安全，利用列车间隔施工时，必须执行预报、确报制度。

(6) 为了防止电话听错，必须执行复诵制度。

(7) 按规定向车站值班员办理轻型轨道车出车、返回或机具转移时的要点手续，填写"轻型轨道车使用承认书"一式两份(一份交车站，一份自用)。区间要点时，车站、工地双方分别填写"轻型车辆使用承认书"，事后补办签认手续。要确认机具下道后再向值班员消点，在值班员未签认前，不得通知机具、车辆上道。

(8) 办理封锁施工时，在施工前按规定向车站值班员提出申请办理封锁施工手续，及时准确地向工地电话防护员传达调度命令内容。临近施工终止时间，提前询问施工负责人能否按时开通。如果需延长施工时间或限速运行，必须提前通知车站值班员办理手续。

封锁施工完毕后，根据施工负责人或工地电话防护员的汇报，向车站值班员办理线路开通手续。

4.5.2　施工防护的有关规定

1. 《铁路技术管理规程》(高速铁路部分)(摘录)

第 323 条　凡影响行车的施工、维修作业，都必须纳入天窗，不得利用列车间隔进行。线路、桥隧、信号、通信、接触网及其他行车设备的施工，力争开通后不降低行车速度。维修作业开始前不限速，结束后须达到正常放行列车条件。

第 324 条　列车调度台、车站应设置《行车设备施工登记簿》、《行车设备检查登记簿》。具备条件时，可通过施工维修登销记信息系统进行行车设备施工、维修及设备故障的登记和销记。

第 326 条　各作业单位施工、维修作业完毕后，须及时向驻调度所(驻站)联络员报告。驻调度所(驻站)联络员办理销记手续。

第 327 条 施工作业完毕，但未达到正常放行列车条件时，驻调度所(驻站)联络员应在《行车设备施工登记簿》内登记行车限制条件；在设备达到正常放行列车条件后，及时销记。

第 328 条 施工维修防护要求。

(1) 凡影响行车的施工维修，均应设置防护。

未设好防护，禁止开工。线路状态未恢复到准许放行列车的条件，禁止撤除防护、放行列车。施工维修防护的设置与撤除，由施工负责人决定。

(2) 封锁区间施工时，施工负责人应确认已做好一切施工准备，按批准的施工计划(临时抢修施工时除外)，由驻调度所(驻站)联络员在《行车设备施工登记簿》内登记。列车调度员应保证施工时间，并及时发出实际施工调度命令。施工负责人接到调度命令，确认施工起止时刻，设好停车防护后(图 4.18)，方可开工，并保证在规定时间内完成。

施工单位及设备管理单位应严格掌握开通条件，经检查满足放行列车的条件，且设备达到规定的开通速度要求，办理开通登记后，向列车调度员申请开通区间。如因特殊情况不能按时开通区间或不能按规定的开通速度运行时，应提前要求列车调度员延长时间或限速运行。

图 4.18 设置停车防护

(3) 施工维修作业时，应严格遵守作业人员和机具避车制度，采取措施保证邻线列车和作业人员安全。

(4) 在线间距不足 6.5m 地段施工维修而邻线行车时，邻线列车应限速 160km/h 及以下，并按规定设置防护。施工单位在提报施工计划时，应提出邻线限速的条件。

邻线来车时，现场防护人员应及时通知作业人员，机具、物料或人员不得在两线间放置或停留，并应与列车保持安全距离，物料应堆码放置牢固。

(5) 线路备用轨料须在车站范围内码放整齐，线路两侧散落的旧轨料、废土废渣应及时清理。因施工等原因线路两侧临时摆放的轨料，要码放整齐，并进行必要的加固。有栅栏的地段要置于两侧的封闭栅栏内；需临时拆除封闭栅栏时，应设置临时防护设施并派人昼夜看守。

(6) 凡上道使用涉及行车安全的养路机械、机具及防护设备，须符合有关技术标准，满足运用安全的要求。养路机械、机具及防护设备应专管专用，加强日常检修和定期检查，经常保持良好状态。状态不良的，禁止上道使用。

(7) 路用列车装卸路料时，装卸车负责人应指挥列车停于指定地点。装卸作业完毕后，其负责人应负责检查装卸货物的装载、堆码状态，确认限界，清好道沿，关好车门。在区间装卸时，装卸车负责人确认具备开车条件后通知司机开车。

(8) 进入封锁区间的施工列车司机应熟悉线路和施工条件。

第 329 条 施工作业防护。

(1) 在区间线路上施工时，使用移动停车信号防护，防护办法如下：

① 单线区间线路施工时，如图4.19所示。

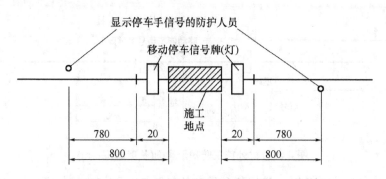

图4.19 单线区间施工防护示意图(长度单位：m)

② 双线区间一条线路施工时，如图4.20所示。

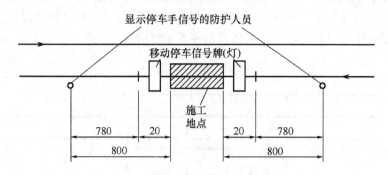

图4.20 双线区间一条线路上施工防护示意图(长度单位：m)

③ 双线区间两条线路同时施工时，如图4.21所示。

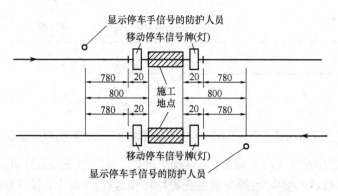

图4.21 双线区间两条线路同时施工防护示意图(长度单位：m)

④ 作业地点在站外，距离进站信号机(反方向进站信号机)小于820 m时，如图4.22所示。

现场防护人员应站在距施工地点800 m附近(图4.19~图4.21)，且瞭望条件较好的地点显示停车手信号；施工作业地点在站外，距离进站信号机(反方向进站信号机)小于820 m时，现场防护人员应站在距进站信号机(反方向进站信号机)20 m附近(图4.22)；在尽头线上施工，施工负责人经与列车调度员(车站值班员)联系确认尽头一端无列车、轨道车时，则尽头一端可不设防护。

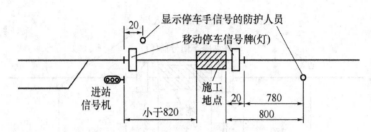

图4.22 站外施工防护示意图(长度单位：m)

(2) 在站内线路上施工时，使用移动停车信号防护，防护办法如下：

① 将施工线路两端道岔扳向不能通往施工地点的位置，并加锁或紧固，可不设置移动停车信号牌(灯)。当施工线路两端道岔只能通往施工地点的位置时，在施工地点两端各50 m处线路上，设置移动停车信号牌(灯)防护，如图4.23所示；如施工地点距离道岔小于50 m时，在该端警冲标相对处线路上，设置移动停车信号牌(灯)防护，如图4.24所示。

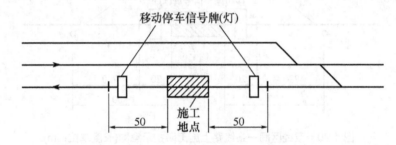

图4.23 站内距道岔不少于50m施工移动停车信号防护示意图(长度单位：m)

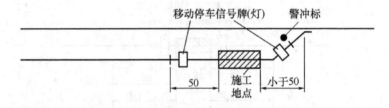

图4.24 站内距道岔少于50m施工移动停车信号防护示意图(长度单位：m)

② 在进站道岔外方线路上施工，对区间方向，以关闭的进站信号机防护；对车站方向，在进站道岔外方基本轨接头处(顺向道岔在警冲标相对处)线路上，设置移动停车信号牌(灯)防护，如图4.25所示。

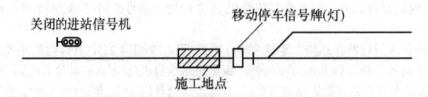

图4.25 进站道岔外方施工移动停车信号防护示意图

③ 双线区段，在反方向进站信号机至出站道岔的线路上施工，对区间方向，以关闭的反方向进站信号机防护。对车站方向，在出站道岔外方基本轨接头处(对向道岔在警冲标相对处)线路上，设置移动停车信号牌(灯)防护，如图 4.26 所示。

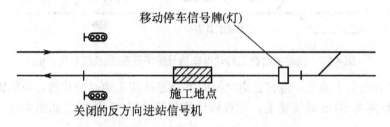

图 4.26　站界标至出站道岔施工移动停车信号防护示意图

(3) 在站内道岔上(含警冲标至道岔尾部线路、道岔间线路)施工时，使用移动停车信号防护，防护办法如下：

① 在站内道岔上施工，一端距离施工地点 50 m，另一端两条线路距离施工地点 50 m(距出站信号机不足 50 m 时，为出站信号机处)，分别在线路上设置移动停车信号牌(灯)防护，如图 4.27 所示；如一端距离外方道岔小于 50 m 时，将有关道岔扳向不能通往施工地点的位置，并加锁或紧固。

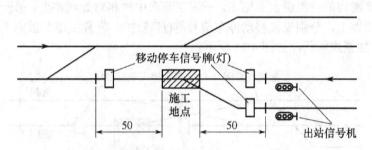

图 4.27　站内道岔施工移动停车信号防护示意图(长度单位：m)

② 在进站道岔上施工，对区间方向，以关闭的进站信号机防护；对车站方向，在距离施工地点 50 m 线路上，设置移动停车信号牌(灯)防护，如图 4.28 所示。距邻近道岔不足 50 m 时，在邻近道岔基本轨接头处设置移动停车信号牌(灯)防护，将有关道岔扳向不能通往施工地点的位置，并加锁或紧固。

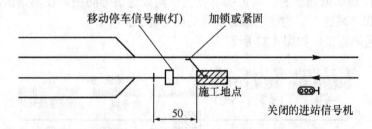

图 4.28　进站道岔施工移动停车信号防护示意图(长度单位：m)

③ 在出站道岔上施工，对区间方向，以关闭的反方向进站信号机防护；对车站方向，在距离施工地段不少于 50m 线路上，设置移动停车信号牌(灯)防护，如图 4.29 所示。距邻近道岔不足 50 m 时，将有关道岔扳向不能通往施工地点的位置，并加锁或紧固。

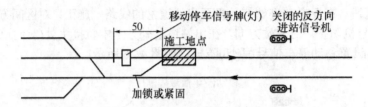

图 4.29 出站道岔施工移动停车信号防护示意图(长度单位:m)

④ 在交分道岔上施工,将有关道岔扳向不能通往施工地点的位置,并加锁或紧固,在距离施工地点两端 50 m 处线路上,设置移动停车信号牌(灯)防护,如图 4.30 所示。

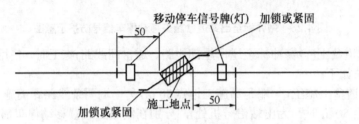

图 4.30 交分道岔施工移动停车信号防护示意图(长度单位:m)

⑤ 在交叉渡线的一组道岔上施工,一端在菱形中轴相对处线路上,另一端在距离施工地点 50 m 处线路上,分别设置移动停车信号牌(灯)防护,将有关道岔扳向不能通往施工地点的位置,并加锁或紧固,如图 4.31 所示。

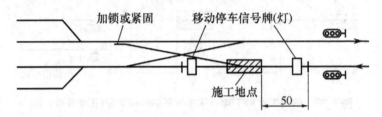

图 4.31 交叉渡线的一组道岔施工移动停车信号防护示意图(长度单位:m)

⑥ 在道岔上进行大型养路机械施工时,如延长移动停车信号牌(灯)防护距离后占用其他道岔时,对相关道岔应一并防护。

(4) 仅运行动车组列车的区间正线不设置移动减速信号防护。在其余区间正线上,使用带"T"字和"减速"字的移动减速信号的防护办法如下:

① 单线区间施工,如图 4.32 所示。

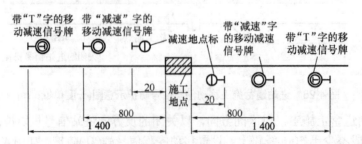

图 4.32 单线区间施工移动减速信号防护示意图(长度单位:m)

② 双线区间在一条线上施工，如图4.33所示。

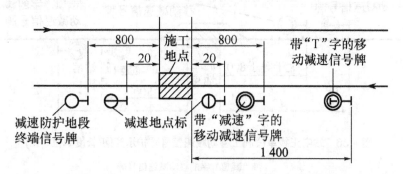

图4.33 双线区间在一条线施工移动减速信号防护示意图(长度单位：m)

③ 双线区间两条线路同时施工，如图4.34所示。

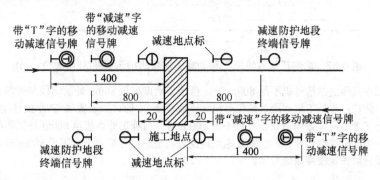

图4.34 双线区间两条线路同时施工移动减速信号防护示意图(长度单位：m)

④ 施工地点距离进站信号机(或反方向进站信号机)小于800m时，如图4.35所示。

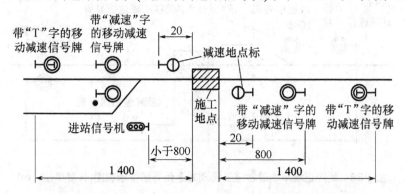

图4.35 距进站信号机(或站界标)少于800m施工移动减速信号防护示意图(长度单位：m)

注：(1) 当站内正线警冲标距离施工地点小于800m时，按800m设置移动减速信号牌(灯)；
(2) 当站内正线警冲标距离施工地点大于或等于A时，不设置带T字的特殊移动减速信号牌。

(5) 仅运行动车组列车的站内线路或道岔不设置移动减速信号防护。在其余站内线路或道岔上，使用带"T"字和"减速"字的移动减速信号的防护办法如下：

① 在站内正线线路上施工，当施工地点距进站信号机大于或等于800 m时，单线如图4.36所示，双线如图4.37所示。

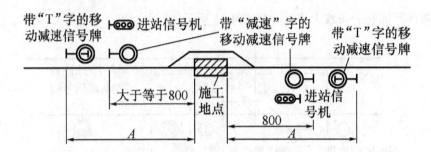

图4.36 站内正线单线施工移动减速信号防护示意图(长度单位：m)

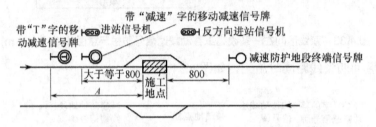

图4.37 站内正线双线施工移动减速信号防护示意图(长度单位：m)

注：当施工地点距进站信号机不足800m时，自施工地点起至800m处区间线路列车运行方左侧，设移动减速信号牌防护；当施工地点距进站信号机大于或等于 A 时，不设置带"T"字的移动减速信号牌，A 取1400m；当施工地点距反方向进站信号机不足800m时，自施工地点起至800m处区间线路列车运行方左侧，设减速防护地段终端信号牌；当施工地点距反方向进站信号机大于或等于800m时，在反方向进站信号机处，设减速防护地段终端信号牌。

② 在站内正线道岔上施工，当施工地点距进站信号机大于或等于800 m时，单线如图4.38所示，双线如图4.39所示。

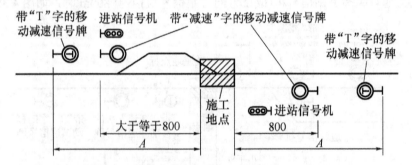

图4.38 站内正线单线道岔施工移动减速信号防护示意图(长度单位：m)

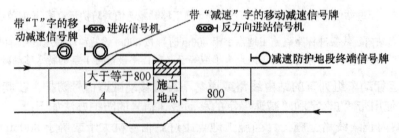

图4.39 站内正线双线道岔施工移动减速信号防护示意图(长度单位：m)

注：当施工地点距进站信号机不足800m时，自施工地点起至800m处区间线路列车运行方左侧，设移动减速信号牌防护；当施工地点距进站信号机大于或等于 A 时，不设置带"T"字的移动减速信号牌，A 取1400m；当施工地点距反方向进站信号机不足800m时，自施工地点起至800m处区间线路列车运行方左侧，设减速防护地段终端信号牌；当施工地点距反方向进站信号机大于或等于800m时，在反方向进站信号机处，设减速防护地段终端信号牌。

③ 在站线线路上施工，如图4.40所示。

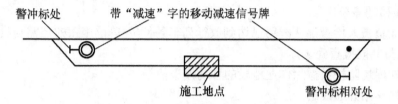

图4.40　站线施工移动减速信号防护示意图(长度单位：m)

④ 在站线道岔上施工，该道岔中部线路旁，设置两面黄色的带"减速"字的移动减速信号牌，如图4.41所示。

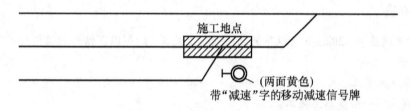

图4.41　站线道岔施工移动减速信号防护示意图(长度单位：m)

凡线间距离不足规定时，应设置矮型(1 m高)的移动减速信号牌。

2.《铁路工务安全规则》中的有关规定(摘录)

第2.2.14条　区间线路上利用列车间隔的作业，驻站联络员与现场防护员或作业负责人联系的程序规定如下。

(1) 作业负责人应通过驻站联络员与车站值班员保持密切联系，设置好防护后方可作业。在作业过程中应密切注意来车"预报"、"确报"等信号。

① 预报：车站对作业区间办理闭塞时，驻站联络员应立即向现场防护员发出预报；如系通过列车，则应提前一个车站(即邻站向本站发车时)发出预报。

② 确报：车站向作业区间发车时，驻站联络员应立即向现场防护员发出确报。

③ 作业地点距车站较近或施工条件较复杂，需提前预报、确报时，作业负责人应事先与驻站联络员商定明确，并告知全体防护员及作业人员。

④ 变更通知：预报、确报有变化时，驻站联络员应向现场防护员发出变更通知。

(2) 现场防护员接到驻站联络员发出的预报、确报、变更通知后，均应立即通知作业负责人，同时应加强警戒，注意瞭望，监视来车与作业情况。如设有中间联络防护员，应以上述相同方式准确及时地将信息传达给对方。

(3) 驻站联络员应加强与车站值班员的联系，双线区段反方向来车时，驻站联络员应及时通知现场防护员转报作业负责人。

第 2.2.15 条　线路上作业设置或撤除移动停车信号防护的程序规定如下。

1) 设置移动停车信号

(1) 驻站联络员抄录并确认作业封锁调度命令，通知作业负责人。

(2) 作业负责人通知现场防护员按规定在作业地点设置移动停车信号。

(3) 按规定设置好移动停车信号后作业负责人发出作业命令。

2) 撤除移动停车信号

(1) 作业负责人检查确认线路已达到放行列车条件(外单位施工的还需与设备管理单位监督检查人员共同检查确认)。

(2) 通知现场防护员撤除作业地段的移动停车信号。

(3) 通知车站开通线路。

运营线施工防护工作的内容以中国铁路总公司、各铁路局现行有关文件为准。

1. 在行车速度为 120km/h 及以下的区间线路上施工，绘制以下情形的使用移动停车信号的防护办法图示。

(1) 单线区间施工。

(2) 双线区间一条线路上施工。

(3) 双线区间两条线路同时施工。

(4) 施工地点在站外，距离进站信号机(或站界标)少于 860m 时。

2. 在站内线路或道岔上施工，绘制使用移动停车信号的防护办法图示。

1) 在站内线路上施工

(1) 施工地点距离道岔大于 50m。

(2) 施工地点距离道岔少于 50m。

(3) 在进站道岔外方线路上施工。

(4) 双线区段，在站界标至出站道岔的线路上施工。

2) 在道岔上(含警冲标至道岔尾部线路)施工

(1) 在站内道岔上施工。

(2) 在进站道岔上施工。

(3) 在出站道岔上施工。

(4) 在交分道岔上施工。

(5) 在交叉渡线的一组道岔上施工。

3. 在行车速度为 120km/h 及以下的区间线路上施工，绘制以下情形的使用移动减速信号的防护办法图示。

(1) 单线区间施工。

(2) 双线区间在一条线上施工。

(3) 双线区间两条线路同时施工。

项目4 既有铁路改造施工

(4) 施工地点距离进站信号机(或站界标)少于800 m。

4. 在站内线路或道岔上施工，绘制使用移动减速信号的防护办法图示。
(1) 在站内正线线路上施工。
(2) 在站内正线道岔上施工。
(3) 在站线线路上施工。
(4) 在站线道岔上施工。

5. 在实训场进行线路加固结构的认知练习。
(1) 绘制线路加固的施工图。
(2) 根据实物图认知。
(3) 动手拆装部分结构。
(4) 计算工程数量及材料数量。

知识拓展

2000年10月27日京九线旅客列车脱轨重大事故剖析

1. 事故概况

2000年10月27日7:59，南昌开往景德镇的K860次旅客列车运行至京九线南昌局管内横岗—向塘间K1466+400m处，机车及机后1.2位硬座车脱轨，3位硬座车前台车抬起，无人员伤亡，机车中破1台，客车中破2辆，中断行车2h。

2. 原因分析

鹰潭机械化线路段中修队临时利用列车间隔更换伤损钢轨，将K1466+17号左股钢轨拆除，新轨尚未拨入线路，机车乘务员发现后采取紧急制动停车不及，造成列车脱轨。事故纯属作业人员严重违章、盲目蛮干所致。

(1) 施工负责人鹰潭机械化线路段中修队副队长违章指挥，违反《技规》第285条、第290条和《铁路工务安全规则》第2.2.2条、第2.2.13条的规定，临时利用列车间隔施工，在未与车站值班员联系申请，未得到调度员准许施工的命令，未明确施工起止时刻，未设置移动停车信号防护的情况下，擅自进行换轨施工。

(2) 驻站联络员违反《技规》第285条、《铁路工务安全规则》第2.2.2条的规定，未沟通施工负责人和车站值班员的联系，在没有与车站值班员办理承认手续的情况下，盲目答应工地作业，未严格执行列车动态联系制度。在K860次接近横岗站时，驻站联络员明知工地更换钢轨作业未完，却忙于与无序的现场联络，未及时采取措施通知车站值班员利用关闭出站信号拦停列车。

(3) 工地北端(来车端)防护员、工地防护员违反《技规》第291条、《铁路工务安全规则》第2.2.6条使用移动停车信号防护办法的规定，明知工地在更换钢轨，却不按规定设置停车信号防护，严重失职，以致失去拦停K860次列车的机会。

(4) 轨道电路防护功能不全。该区间轨道电路不具备断轨防护功能，当京九下行线K1466+17号轨拆除后，机车信号不显示白灯，致使司机误认为信号正常，按既定速度运行。

3. 事故教训及对策

事故的主要教训包括以下方面。

(1) 基本规章制度不落实。对于临时利用列车间隔施工，从联系、承认、登记到防护，《技

学习情境 1　轨道施工

规》和《铁路工务安全规则》有关条文都有明确、具体的规定，但从施工负责人盲目安排工作任务、违章指挥开始，到驻站联络员、接近防护员、工长、安全员、工地防护员，无一人按规章办事。

(2) 基本作业标准不落实。整个防护工作均未按预报、确报、警戒、监视、联络的一次性作业标准执行。

(3) 基本管理制度不落实。中修队更换钢轨，未执行次日工作内容当天向段调度汇报的制度，擅自作主临时利用列车间隔换轨，使作业失去正常的监督、监控。

(4) 培训教育不到位。从施工负责人到工地防护人员缺乏施工安全、防护的基本知识。4 名女防护员平时未经严格的培训和考核，都不知道利用列车间隔更换钢轨作业时的防护工作。

(5) 安全责任不落实。在 2000 年 10 月 26 日的分工会和当日的班前会上，均未交代安全注意事项。整个施工作业中，工长、安全员、防护员的任务和责任都不明确。安全员未履行监督职责，防护员没有联络要求，没有岗位要求，在施工前也未通知电务和工务派人参加配合，现场作业和防护工作均处于失控状态。

(6) 施工的计划性不强，计划外施工普遍。由于施工与运输的矛盾十分突出，计划外施工存在要点难的问题，工务部门、施工部门"偷点、骗点、抢点"的心态长期存在，同时，又忽视了利用列车间隔的零小施工安全把关，形成了诱发事故的隐患。

(7) 施工安全的联控机制不健全。局管内设备管理部门与施工单位的联控，施工单位与车务部门的联控，还没有有效的卡控办法。作为线路大修施工所在地的南昌工务段未与鹰潭机械化线路段签订施工安全协议，未指派驻队领工员常驻工地，对施工安全的监控没有到位。横岗站值班员对驻站联络员在行车室内从确定施工到与现场联络拦停列车直至事故发生的一系列活动未主动了解和引起警惕，错过了防止事故的时机。

(8) 干部作风不实。铁路局及有关业务部门的领导对线路施工作业监督检查不力，对安全措施贯彻落实不够。2000 年年初至事故前，虽开展了几次安全大检查活动，但施工安全检查中重大型施工、重人身安全、重线路质量，发现严重危及行车安全的隐患不多，像鹰潭机械化线段中修队这样违章作业的严重隐患，未能及时发现，及时采取有效措施。

主要对策措施如下。

(1) 深入开展施工安全专项检查，规范施工安全管理，完善施工安全防护体系。针对事故所暴露的问题，对施工安全，从管理办法到施工方案和计划的申报审批，从施工作业的申请登记到施工命令的发布实施，都进行认真的对照检查。今后凡区间更换重伤钢轨要报段批准。除危及安全不得不修以外，取消零小施工，全面纳入计划，集中开"天窗"修。健全施工安全防护体系，在加强施工作业防护人员业务素质培训、强化防护人员队伍建设的同时，形成责任明确、联络畅通、反应灵敏、处置果断、防护到位的施工安全保障体系。

(2) 建立施工安全联控机制。一是要强化运营部门与施工部门的联控，运营部门要主动介入施工作业，指定专人参与施工的安全质量把关，并与施工部门签订安全协议。二是要强化车务部门与施工部门的联控，实行《施工派遣证》办法，今后凡施工联络员进入行车室，必须持有施工负责人填发的《施工派遣证》，注明联络人员、作业方式、作业地点、作业要求等内容，值班员确认后进行签认，以保证在作业过程中实现接发列车人员与施工单位驻站联络人员的联控。

(3) 大力改进干部作风。深入开展安全生产调查研究，提高安全管理的针对性和实效性。

要求各级干部真正深入现场，通过对一个车站、一个班组的全面调查，深刻反思在安全管理中存在的薄弱环节，认真总结经验教训，抓好正反两方面的典型，制定科学有效的决策措施。

(4) 强化安全逐级负责制。形成一级对一级负责、层层负责的安全责任保障体系。重点解决岗位向班组负责、班组向车间负责、车间向站段负责、站段向路局负责的问题。各级安全责任制考核既要检查台账，更要检查生产过程中的落实情况，尤其是在作业岗位的落实。

思考题

1. 简述拨接施工的3个阶段。
2. 简述拨接施工的行车和施工安全措施。
3. 拨接施工的实施性施工方案的主要内容是什么？
4. 简述拨接施工中的线路改善的标准划分和工作内容。
5. 简述拨接施工中以调整道床处理新老线路的交叉的方法。
6. 简述拨接施工中对拆铺线路的几种处理办法。
7. 按《铁路工务安全规则》，简述下列施工防护条件下的作业内容。
(1) 应办理封锁施工手续，设置停车信号。放行列车或单机时，限速不超过15～25km/h者。
(2) 应办理封锁施工手续或经车站值班员承认利用列车间隔时间施工，设置停车信号防护。
(3) 用电话联系，利用列车间隔施工，工地用红旗(夜间红灯)防护，放行列车或单机时不限。
8. 简述线路加固的原理及主要结构。
9. 简述线路加固的主要工艺流程(可以工字钢或低便梁等任意一种形式来说明)。
10. 简述站场改造施工组织方案的优化思路。
11. 站场改造施工应遵循的基本原则是什么？
12. 简述站场改造工程对施工的要求。
13. 简述站场改造施工方案的主要内容。
14. 防护员分为哪4种？简述防护员的基本条件。
15. 简述主要防护信号的概念及种类。
16. 简述封锁区间施工的办理流程。
17. 简述临时性利用列车间隔施工的办理流程。
18. 简述区间线路上施工，车站与施工地点用电话联系的程序。
19. 简述区间线路上施工设置或撤除移动停车信号的程序。
20. 在电气化区段上，如需在同一地点将两股钢轨同时拆下，怎么办？在有接触网的线路上，于同一地点同时更换两股钢轨或夹板，怎么办？

项目 5　轨道工程验收

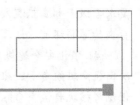

引子

施工单位作为轨道工程施工质量控制的主体，应对轨道工程施工质量进行全过程控制，建设单位、监理单位和勘察设计单位等各方应按建设工程合同及有关规定的要求对施工阶段的轨道工程质量进行监督、控制。

轨道工程过程及最终检查、验收如图 5.1 所示。

图 5.1　无砟轨道检查验收

任务

任务 5.1　工程质量验收常用术语
任务 5.2　轨道工程质量验收基本规定
任务 5.3　《铁路轨道工程施工质量验收标准》条款示例

任务 5.1　工程质量验收常用术语

工程质量验收过程中，常用到一些工程术语，在应用和解读规范和标准时，还会碰到一些条款在用词和语气上有明显区别。

1. 术语

1) 工程施工质量

工程施工质量反映工程施工过程或实体满足相关标准规定或合同约定的要求，包括其在安全、使用功能及其在耐久性能、环境保护等方面所有明显和隐含能力的特性总和。

2) 验收

工程施工质量在施工单位自行检查评定合格的基础上，参与建设活动的有关单位共同对检验批、分项、分部、单位工程的质量按有关规定进行检验，根据相关标准以书面形式对工程质量达到合格与否作出确认。

项目 5 轨道工程验收

3) 进场验收

对进入施工现场的材料、构配件、设备等按相关标准规定要求进行检验，对其达到合格与否作出确认。

4) 检验批

按同一生产条件或按规定的方式汇总起来供检验用的由一定数量样本组成的检验体。

5) 检验

对检验项目中的性能进行量测、检查、试验等，并将结果与标准规定要求进行比较，以确定每项性能是否合格所进行的活动。

6) 见证

监理单位或建设单位现场监督施工单位某过程完成情况的活动。

7) 见证取样检测

在监理单位或建设单位监督下，由施工单位有关人员现场取样，并送至具备相应资质的检测单位所进行的检测。

8) 平行检验

监理单位利用一定的检查或检测手段，在施工单位自检的基础上，按照一定的比例独立进行检查或检测的活动。

9) 旁站

在工程的关键部位或关键工序施工过程中，由监理人员在现场进行的监督活动。

10) 工序

工程施工过程的基本单元。

11) 交接检验

由施工的承接方与完成方共同检查并对可否继续施工做出确认的活动。

12) 主控项目

对安全、卫生、环境保护和公众利益起决定性作用的检验项目。

13) 一般项目

除主控项目以外的检验项目。

14) 抽样检验

按照规定的抽样方案，随机地从进场的材料、构配件、设备或工程检验项目中，按检验批抽取一定数量的样本所进行的检验。

15) 抽样方案

根据检验项目的特性所确定的抽样数量方法。

16) 计数检验

在抽样的样本中，记录每一个体有某种属性或计算每一个体中的缺陷数目的检查方法。

17) 观感质量

通过观察和必要的量测所反映的工程外在质量。

18) 返工

对不合格的工程部位采取的重新制作、重新施工等措施。

19) 返修

对工程不符合标准规定的部位采取整修等措施。

20) 一般缺陷

对结构构件的受力性能或使用性能无决定性影响的缺陷。

21) 严重缺陷

对结构构件的受力性能或使用性能有决定性影响的缺陷。

22) 合格标准。

合格标准是施工质量的最低标准。达不到标准所规定的质量要求的工程，其结构安全和使用功能就不能得到有效保证和满足，就是不合格的工程。

2．规范与标准中的用词说明

(1) 表示很严格，非这样做不可的用词：正面词采用"必须"；反面词采用"严禁"。

(2) 表示严格，在正常情况下均应这样做的用词：正面词采用"应"；反面词采用"不应"或"不得"。

(3) 允许稍有选择，在条件许可时首先应这样做的用词：正面词采用"宜"；反面词采用"不宜"。

(4) 表示有选择，在一定条件下可以这样做的，采用"可"。

任务 5.2 轨道工程质量验收基本规定

1．轨道工程施工质量控制与验收要求

铁路轨道工程施工现场质量管理应有相应的施工技术标准、健全的质量管理体系和施工质量检验制度。

1) 轨道工程施工质量的基本控制

(1) 工程采用的主要材料、构配件和设备，施工单位应对其规格、型号和质量证明文件等进行验收，并经监理工程师检查认可。凡涉及结构安全和使用功能的，施工单位应进行检验，监理单位应按规定进行平行检验或见证取样检测。

(2) 各工序应按施工技术标准进行质量控制，每道工序完成后，施工单位应进行检查，并形成记录。

(3) 工序之间应进行交接检验，上道工序应满足下道工序的施工条件和技术要求。相关专业工序之间的交接检验应经监理工程师检查认可，未经检查或经检查不合格的不得进行下道工序施工。

2) 轨道工程施工质量验收的一般要求

(1) 工程施工质量及验收应符合有关专业验收标准的规定。

(2) 工程施工质量应符合设计文件的要求。

(3) 参加工程施工质量验收的各方人员应具备规定的资格，各种检查记录签证人员应报建设单位确认、备案。

(4) 工程施工质量的验收均应在施工单位自行检查评定合格的基础上进行。

(5) 隐蔽工程在隐蔽前应由施工单位通知监理单位进行验收，应形成验收文件。

(6) 涉及结构安全的试块、试件和现场检验项目，监理单位应按规定进行平行检验、见证取样检测或见证检测。

项目5 轨道工程验收

(7) 检验批的质量应按主控项目和一般项目验收。
(8) 对涉及结构安全和使用功能的分部工程应进行抽样检测。
(9) 承担见证取样检测及有关结构安全检测的单位应具有相应的资质。
(10) 单位工程的观感质量应由验收人员通过现场检查共同评定。

2．轨道工程施工质量验收的划分单元

轨道工程施工质量验收划分为单位工程、分部工程、分项工程和检验批。

1) 单位工程

单位工程应按一个完整工程或一个相当规模的施工范围划分，并按下列原则确定。

(1) 正线轨道：一个区间(以站中心为界，含正线道岔)，当区间内含有不同类型轨道时，也可按轨道类型划分。

(2) 站场轨道：一个站或大型枢纽的一个场(以最外方咽喉道岔为界，含站线道岔)。

2) 分部工程

分部工程应按一个完整部位或主要结构及施工阶段划分，由若干个分项工程组成。

3) 分项工程

分项工程应按工种、工序、材料、施工工艺划分，由若干个检验批组成，特殊情况下仅含一个检验批。

4) 检验批

检验批是施工质量验收的基本单元，是分项工程的组成部分。可根据施工及质量控制和验收需要按长度、施工段(处)等进行划分，将一个分项工程划分成若干个检验批。

轨道的分部工程、分项工程划分和检验批检验项目应符合表 5-1 和表 5-2 的规定，表中"检验批检验项目条文号"指《铁路轨道工程施工质量验收标准》(TB10413—2003)的条文号。

表 5-1　正线轨道分部工程、分项工程、检验批划分和检验项目

分部工程		分项工程	检验批	检验批检验项目条文号	
类别	名称			主控项目	一般项目
	线路基桩	基桩测设	2km	4.0.2～4.0.5	4.0.6
道床	有砟道床(铺轨前铺砟)	铺底砟	5km(宽枕 1km)	以下略	以下略
		预铺道砟			
	板式无砟道床	底座钢筋	施工段		
		底座模板	施工段		
		底座混凝土	施工段		
		轨道板铺设	20块		
		CA 砂浆模板	施工段		
		CA 砂浆配制灌注	施工段		
		防水层、保护层及伸缩层	施工段		
	支承块式无砟道床	支承块轨排组装架设	施工段		
		道床板钢筋	施工段		
		道床板模板	施工段		
		道床板混凝土	施工段		
		防水层、保护层及伸缩层	施工段		

学习情境 1 轨道施工

续表

分部工程		分项工程	检验批	检验批检验项目条文号	
类别	名称			主控项目	一般项目
	线路基桩	基桩测设	2km	4.0.2～4.0.5	4.0.6
道床	长枕埋入式无砟道床	底座钢筋	施工段		
		底座模板	施工段		
		底座混凝土	施工段		
		隔离层铺设	施工段		
		长枕轨排组装架设	施工段		
		道床板钢筋	施工段		
		道床板模板	施工段		
		道床板混凝土	施工段		
		防水层、保护层及伸缩层	施工段		
轨道	无缝线路轨道	基地钢轨焊接	500个焊头		
		长钢轨铺设	2km		
		铺砟整道	5km		
		工地钢轨焊接	每个区间		
		线路锁定	单元轨节		
		轨道整理	5km		
		无缝道岔铺设	每组		
		道岔铺砟整道	每组		
		钢轨伸缩调整器铺设	每组		
		钢轨预打磨	5km		
	有缝线路轨道	轨排组装	2km		
		铺轨	2km		
		铺砟整道	2km		
		有缝道岔铺设	每组		
		道岔铺砟整道	每组		
		钢轨伸缩调整器铺设	每组		
线路附属	道口	道口铺设	每处		
		道口防护设施	每处		
	防护栅栏	栅栏安装	每个区间		
	护轨	护轨铺设	每处		
	标志	线路、信号标志	每个区间		
	轨道加强设备	防爬设备	每个区间		
		轨距杆、轨撑	每个区间		

注：施工段指一个班次或作业循环的施工长度，检验批长度均按单线计算。

表5-2 站场轨道分部工程、分项工程、检验批划分和检验项目

分部工程		分项工程	检验批	检验批检验项目条文号	
类别	名称			主控项目	一般项目
道床	有砟道床（铺轨前铺砟）	铺底砟	每股道	5.2.1～5.2.3	5.2.4
		预铺道砟	每股道	以下略	以下略

续表

分部工程		分项工程	检验批	检验批检验项目条文号	
类别	名称			主控项目	一般项目
道床	板式无砟道床	底座钢筋	施工段		
		底座模板	施工段		
		底座混凝土	施工段		
		轨道板铺设	20块		
		CA砂浆模板	施工段		
		CA砂浆配制灌注	施工段		
		防水层、保护层及伸缩层	施工段		
	支承块式无砟道床	支承块轨排组装架设	施工段		
		道床板钢筋	施工段		
		道床板模板	施工段		
		道床板混凝土	施工段		
		防水层、保护层及伸缩层	施工段		
	长枕埋入式无砟道床	底座钢筋	施工段		
		底座模板	施工段		
		底座混凝土	施工段		
		隔离层铺设	施工段		
		长枕轨排组装架设	施工段		
		道床板钢筋	施工段		
		道床板模板	施工段		
		道床板混凝土	施工段		
		防水层、保护层及伸缩层	施工段		
	有缝线路轨道	轨排组装	每股道		
		铺轨	每股道		
		铺砟整道	每股道		
		道岔铺设	每组		
		道岔铺砟整道	每组		
线路附属	道口	道口铺设	每处		
		道口防护设施	每处		
	防护栅栏	栅栏安装	每个区间		
	护轨	护轨铺设	每处		
	标志	线路、信号标志	每个站场		
	轨道加强设备	防爬设备	每个站场		
		轨距杆、轨撑	每个站场		

注：施工段指一个班次或作业循环的施工长度。

3．轨道工程检验批的质量验收内容

1）实物检查

实物检查按下列方式进行。

(1) 对原材料、构配件和设备等的检验，应按进场的批次和标准(《铁路轨道工程施工质量验收标准》，下同)，规定的抽样检验方案执行。

(2) 对混凝土强度等，应按国家现行有关标准和标准规定的抽样检验方案执行。

(3) 对标准中采用计数检验的项目，应按抽查总点数的合格点率进行检查。

2) 资料检查

资料检查包括原材料、构配件和设备等的质量证明文件(质量合格证、规格、型号及性能检测报告等)和检验报告、施工过程中重要工序的自检和交接检验记录、平行检验报告、见证取样检测报告、隐蔽工程验收记录等。

4．施工质量验收合格的判定

1) 检验批合格质量应符合下列规定

(1) 主控项目的质量经抽样检验全部合格。

(2) 一般项目的质量经抽样检验全部合格。当采用计数检验时，有允许偏差的抽查点，除有专门要求外，合格点率应达到 80%及以上，且不合格点的最大偏差不得大于规定允许偏差的 1.5 倍。

(3) 具有完整的施工操作依据、质量检查记录。

2) 分项工程质量验收合格应符合下列规定

(1) 分项工程所含的检验批均应符合合格质量的规定。

(2) 分项工程所含的检验批的质量验收记录应完整。

3) 分部工程质量验收合格应符合下列规定

(1) 分部工程所含分项工程的质量均应验收合格。

(2) 质量控制资料应完整。

(3) 分部工程中有关安全及功能的检验和抽样检测结果应符合有关规定。

4) 单位工程质量验收合格应符合下列规定

(1) 单位工程所含分部工程的质量均应验收合格。

(2) 质量控制资料应完整。

(3) 单位工程所含分部工程有关安全和功能的检测和抽样检资料应完整。

(4) 主要功能的抽查结果应符合有关标准规范的规定。

(5) 观感质量验收应符合要求。

5．检验批质量不合格

(1) 当检验批质量不符合要求时，应按以下规定进行处理。

① 经返工重做的或更换构配件、设备的检验批，应重新进行验收。

② 当检验批的试块、试件强度不能满足要求时，经有资质的法定检测单位检测鉴定，能够达到设计要求的检验批，应予以验收。

(2) 通过返修或加固处理仍不能满足安全和使用功能要求的分部工程、单位工程，严禁验收。

6．工程施工质量验收的程序和组织

(1) 检验批应由施工单位自检合格后，报监理单位，由监理工程师组织施工单位专职质量检查员等进行验收。监理单位应对全部主控项目进行检查，对一般项目的检查内容和数量可根据具情况确定。检验批质量验收记录应按表 5-3 填写。

项目 5　轨道工程验收

表 5-3　　　　检验批质量验收记录

单位工程名称				
分部工程名称				
分项工程名称			验收部位	
施工单位			项目负责人	
施工质量验收标准名称及编号				
施工质量验收标准的规定		施工单位检查评定记录	监理单位验收记录	
主控项目	1			
	2			
	3			
	4			
	5			
	6			
一般项目	1			
	2			
	3			
	4			
	5			
施工单位检查评定结果		专职质量检查员	年　月　日	
		分项工程技术负责人	年　月　日	
		分项工程负责人	年　月　日	
监理单位验收结论		监理工程师	年　月　日	

(2) 分项工程应由监理工程师组织施工单位分项工程技术负责人等进行验收，并按表 5-4 填写记录。

表 5-4　　　　分项工程质量验收记录

单位工程名称			
分部工程名称		检验批数	
施工单位		项目负责人	
序号	检验批部位	施工单位检查评定结果	监理单位验收结论

说明：

施工单位检查评定结果	分项工程技术负责人	年　月　日
监理单位验收结论	监理工程师	年　月　日

学习情境1 轨道施工

(3) 分部工程应由监理工程师组织施工单位项目负责人和技术、质量负责人等进行验收，线路基桩分部工程进行验收时，勘察设计单位项目负责人应参加，并按表5-5填写记录。

表5-5 ＿＿＿分部工程质量验收记录

单位工程名称					
施工单位					
项目负责人		项目技术负责人		项目质量负责人	
序号	分项工程名称	检验批数	施工单位检查评定结果	监理单位验收结论	
	质量控制资料				
	安全和功能检验(检测)报告				
验收单位	施工单位	项目负责人		年 月 日	
	勘察设计单位	项目负责人		年 月 日	
	监理单位	监理工程师		年 月 日	

(4) 单位工程完工后，施工单位应自行组织有关人员进行检查评定，并向建设单位提交单位工程验收报告(按照建设单位要求的样式)。

(5) 建设单位收到单位工程验收报告后，应由建设单位项目责人组织施工、设计、监理单位项目负责人进行单位工程验收，并按表5-6～表5-9填写记录。

表5-6 单位工程质量验收记录

单位工程名称				
开工日期			竣工日期	
施工单位				
项目负责人		项目技术负责人		项目质量负责人
序号	项目	验 收 记 录		验 收 结 论
1	分部工程	共 分部 经查，符合标准规定及设计要求 分部		
2	质量控制资料核查	共 项 经查，符合要求 项 不符合要求 项		

续表

3	安全和主要使用功能核查及抽查结果	共核查、抽查　项 符合要求　项 不符合要求　项	
4	观感质量验收	共检查　项 评定为合格的　项 评定为差的　项	
5	综合验收结论		
验收单位	施工单位 (公章) 单位负责人 年　月　日	监理单位 (公章) 总监理工程师 年　月　日	勘察设计单位 (公章) 项目负责人 年　月　日	建设单位 (公章) 项目负责人 年　月　日

表 5-7　单位工程质量控制资料核查记录

单位工程名称	
施工单位	

序号	资料名称	份数	核查意见	核查人
1	图纸会审、设计变更、洽商记录			
2	工程定位测量、放线记录			
3	原材料出厂合格证及进场检(试)验报告			
4	施工试验报告			
5	成品及半成品出厂合格证或试验报告			
6	隐蔽工程验收记录			
7	施工记录			
8	工程质量事故及事故调查处理资料			
9	施工现场质量管理检查记录			
10	分项、分部工程质量验收记录			
11	新材料、新工艺施工记录			

结论：

　　施工单位项目负责人　　　　　　　　　　　　总监理工程师
　　　　年　月　日　　　　　　　　　　　　　　年　月　日

注：核查人为验收组的监理单位人员。

表 5-8　单位工程安全和功能检验资料及主要功能核查记录

单位工程名称	
施工单位	

序号	检查、抽查项目	份数	检查、抽查意见	核查、抽查人
1	锚固抗拔试验记录			
2	CA砂浆试验记录			

学习情境1 轨道施工

续表

3	钢轨焊接型式检验记录			
4	钢轨焊接周期性生产检验记录			
5	钢轨探伤检查记录			
6	线路锁定施工记录			
7	钢轨位移观测记录			
8	有砟道床力学参数测试记录			
9	轨道静态质量检查记录			
10	轨道动态质量检查记录			

结论：

施工单位项目负责人　　　　　总监理工程师　　　　　建设单位项目负责人
　年　月　日　　　　　　　　年　月　日　　　　　　　年　月　日

注：核查、抽查项目由验收组协商确定。

核查、抽查人为验收组的监理单位人员。

表 5-9　轨道单位工程观感质量检查记录

单位工程名称				
施工单位				
序号	项目名称	质量状况	质量评定	
			合格	差
1	线路基桩			
2	有砟道床			
3	无砟道床			
4	轨枕			
5	钢轨			
6	道岔			
7	位移观测桩			
8	加强设备			
9	道口			
10	防护栅栏			
11	线路、信号标志			

检查结论：

施工单位项目负责人　　　　　总监理工程师　　　　　建设单位项目负责人
　年　月　日　　　　　　　　年　月　日　　　　　　　年　月　日

注：观感质量评定为"差"的项目应返修。

(6) 单位工程有分包单位施工时，分包单位应对所承担的工程项目按本标准规定的程序进行检查评定，总包单位应派人参加。分包工程完工后，应将有关资料移交总包单位。

(7) 当参加验收各方对工程施工质量验收意见不一致时，可请铁路建设行政主管部门或其委托的质量监督部门协调处理。

(8) 改建既有线和增建第二线工程中急需投产使用的项目，验收交接工作必须在开通使用前进行，验收不合格的工程严禁交付使用。

任务 5.3 《铁路轨道工程施工质量验收标准》条款示例

单位工程：站场轨道。
分部工程：有缝线路轨道。
分项工程：道岔铺设。
检验批：每组道岔。

1. 有缝道岔铺设

1) 主控项目

(1) 道岔及岔枕的类型、规格和质量应符合设计要求和产品标准规定，再用道岔应符合再用道岔技术条件的规定。

检验数量：施工单位、监理单位全部检查。

检验方法：施工单位查验产品合格证和质量证明文件，观察检查、尺量、点数；监理单位查验产品合格证、质量证明文件、观察检查。

(2) 混凝土岔枕螺旋道钉锚固抗拔力不得小于 60kN。

检验数量：施工单位每组道岔抽检 3 个道钉，监理单位见证检测数量为施工单位检测数量的 20%。

检验方法：施工单位进行抗拔试验；监理单位检查施工单位抗拔试验报告并见证试验。

(3) 查照间隔(辙叉心作用面至护轨头部外侧的距离)不得小于 1 391mm，护背距离(翼轨作用面至护轨头部外侧的距离)不得大于 1 348mm。

检验数量：施工单位、监理单位全部检查。

检验方法：尺量。

(4) 绝缘接头轨缝不得小于 6mm。

检验数量：施工单位、监理单位全部检查。

检验方法：尺量。

2. 一般项目

(1) 混凝土岔枕螺旋道钉位置、高度应符合规定。

检验数量：施工单位每组道岔抽检 10 个道钉。

检验方法：观察检查、尺量。

(2) 有缝道岔铺设允许偏差应符合表 5-10 的规定。

检验数量：施工单位全部检查。

检验方法：尺量。

表 5-10 有缝道岔铺设允许偏差

序号	检验项目			正线到发线	其他站线
1	道岔方向	直线(10m 弦量)/mm		4	6
		导曲线支距/mm		±2	
2	轨距	尖轨尖端/mm		±1	
		其他部位/mm		+3、-2	
3	轨距加宽及递减	尖轨尖端至基本轨接头/‰		按设计图	
		尖轨跟端(直向)向辙叉方向递减距离/m		按设计图	
		导曲线向前向后递减距离/m	直尖轨	按设计图	
			曲尖轨	按设计图	
4	尖轨非工作边最小轮缘槽/mm			-2	
5	顶铁与尖轨或可动心轨轨腰的间隙/mm			≤1	
6	尖轨跟端非工作边与基本轨工作边开口距离/mm			±1	
7	轮缘槽宽度/mm			+3、-1	
8	接头	错牙、错台/mm		≤1	≤2
		头尾接头相错量/mm		≤15	≤20
		轨缝实测平均值与设计值差/mm		±2	
9	岔枕间距、偏斜/mm			±20	
10	尖轨尖端相错量/mm			≤10	

(3) 道岔紧固螺栓扭矩应为 100~120N·m，扣件螺栓扭矩应符合本标准第 8.2.17 条规定，接头螺栓扭矩应符合本标准第 8.3.8 条规定。

检验数量：施工单位每组道岔抽检扣件、接头、紧固螺栓各 3 个，涂油全部检查。

检验方法：测力扳手检测，观察检查。

(4) 设计速度大于等于 120km/h 的道岔，接头螺栓应采用 10.9 级螺栓，扭矩应为 700~900N·m。

检验数量：施工单位每组道岔抽检扣件、接头、紧固螺栓各 3 个。

检验方法：测力扳手检测，观察检查。

(5) 道岔各类螺栓丝扣均应涂有效期不少于 2 年的油脂。

检验数量：全部检查。

检验方法：观察检查。

(6) 木岔枕端头应经捆扎后使用，并在直股外侧取齐。

检验数量：施工单位全部检查。

检验方法：观察检查。

2．单位工程观感质量评定

(1) 观感质量由建设单位组织监理单位、施工单位共同进行现场评定。

(2) 观感质量检查项目评定达不到合格标准，应进行返修。

(3) 线路基桩标识齐全、清晰。

(4) 有砟道床：道床饱满、均匀，无杂物，断面正确，边坡整齐美观，路肩无散乱道砟、无杂草。

(5) 无砟道床：道床混凝土表面平整、色泽均匀、无污染，无明显错台、跑模、蜂窝麻面，外形轮廓清晰、线角顺直、排水流畅、基本不积水。

(6) 轨枕表面清洁、无污染，枕上扣件干净无杂物；木枕一端整齐。

(7) 钢轨远视平顺，轨向直线顺直，曲线圆顺，头尾不得有反弯或"鹅头"。

(8) 道岔的岔枕端头在直股外侧应整齐划一，侧股外侧应呈有规律增减。枕面及扣件清洁、无杂物。道岔钢轨直股平直，曲股圆顺，道岔内各种标识齐全、清晰。

(9) 位移观测桩设置应便于观测，标识齐全、清晰。

(10) 防爬设备作用良好，无失效，防爬支撑安装整齐美观。

(11) 道口铺面板平稳整齐，接缝严实，护轨安装牢固，联结件齐全。道口铺面板、轮缘槽清洁无杂物，排水流畅。道口防护设施及标志齐全、位置准确、无损伤，涂料均匀色泽鲜明，图案文字清晰完整。

(12) 防护栅栏埋设位置正确、齐全、涂料均匀，栅栏高度整齐划一。

(13) 各种线路、信号标志埋设端正，涂料均匀、色泽鲜明，图像字迹清晰完整。

职业贴士

工程质量评定资料的填写是现场技术员及资料员的基本工作，要求与工程同步验收、填写；现场一般都应用相关软件进行编制，大大降低了填写资料的繁杂与劳动强度。

学岗互通

1. 轨道工程的施工质量验收划分为单位工程、分部工程、分项工程和检验批，根据给定的轨道工程施工图纸列表说明其正线、站线轨道单位工程、分部工程、分项工程、检验批划分和检验项目。

2. 根据给出的《铁路轨道工程施工质量验收标准》部分条款，练习填写检验批质量验收记录、分项工程质量验收记录、分部工程质量验收记录、单位工程质量验收记录、单位工程质量控制资料核查记录表、单位工程安全和功能检验资料核查及主要功能抽查记录、轨道单位工程观感质量检查记录。

知识拓展

工程项目管理

1. 基本建设程序

基本建设可分为 7 个阶段，具体如下。

1) 建议书阶段(包括立项评估)

项目建议书是由投资者(或建设单位、建设指挥部、代建单位等)对准备建设项目提出的大体轮廓性设想和建议。项目建议书主要确定拟建项目必要性和是否具备建设条件及拟建规模等，为进一步研究论证工作提供依据。

2) 可行性研究阶段(包括可行性研究报告评估)

根据项目建议书的批复进行可行性研究工作。对项目在技术上、经济上和财务上进行全面论证、优化和推荐最佳方案，与这一阶段相联系的工作还有由工程咨询公司对可行性研究报告进行评估。

3) 设计阶段

根据项目可行性研究报告的批复，进入项目设计阶段。由于勘察工作是为设计提供基础数据和资料的工作，这一阶段也可称为勘察设计阶段。这是项目决策后进入建设实施的主要阶段。设计阶段主要工作通常包括扩大初步设计和施工图设计两个阶段，对于技术复杂的项目还要增加技术设计文件。以上设计文件和资料是国家安排建设计划和项目组织施工的主要依据。

4) 准备阶段

项目开工准备阶段的工作较多，主要工作包括申请列入固定资产投资计划及开展各项施工准备工作。这一阶段的工作质量对保证项目顺利建设具有决定性作用。这一阶段工作就绪后，即可编制开工报告，申请正式开工。

5) 建设实施阶段

建设实施阶段对建筑安装企业来说是产品的生产阶段。在这一阶段里，还要完成生产准备工作。

6) 验收阶段

这一阶段是项目建设实施全过程的最后一个阶段，是考核项目建设成果，检验设计和施工质量的重要环节，也是建设项目能否由建设阶段顺利转入生产或使用阶段的重要阶段。

7) 后评价阶段

在竣工验收若干年后，要进行后评价工作，并将它正式列为基本建设的程序之一。这主要是为了总结项目建设成功和失败的经验教训，供以后项目决策借鉴。

2. 建设项目管理的主体

建设项目管理的主体一般包括业主(建设单位)、承包商、设计单位、监理咨询机构、政府主管部门等。

1) 业主(监理)方的项目管理

业主方的项目管理是全过程全方位的，包括项目实施阶段的各个环节，主要为组织协调、合同管理、信息管理和投资、质量、进度三大目标控制，可概括为"一协调二管理三控制"。业主(监理)方属于监控主体，对施工质量负监控责任。

2) 设计方的项目管理

设计单位受业主委托承担工程项目的设计任务，以设计合同所界定的工作目标及其责任义务作为该项工程设计管理的对象、内容和条件。设计方属于自控主体，对设计质量负责。

3) 施工方的项目管理

施工单位通过工程施工投标取得工程施工承包合同，并以施工合同所界定的工程范围，组织项目管理，简称"施工项目管理"。施工方属于自控主体，对施工质量负主体责任。

4) 供货方的项目管理

从建设项目管理的系统分析角度看，建设物资供应工作也是工程项目实施的一个子系统，它有明确的任务和目标，明确的制约条件以及项目实施子系统的内在联系。供货方属于自控主体，对供货质量负主体责任。

5) 工程项目总承包方的项目管理

业主在项目决策之后，通过招标择优选定总承包商全面负责建设工程项目的实施全过程，直至最终交付使用功能和质量标准符合合同文件规定的工程项目管理。

6) 项目管理公司的项目管理

业主在项目决策之后，通过招标择优选定项目管理公司全面负责建设工程项目的实施全过

项目5 轨道工程验收

程,直至最终交付使用功能和质量标准符合合同文件规定的工程项目管理。

7) 建设管理部门的项目管理

建设管理部门的项目管理就是对项目实施的可行性、合法性、政策性、方向性、规范性、计划性进行监督管理。建设管理部门属于监控主体,对施工质量负监控责任。

3. 施工项目管理

1) 施工项目管理的内容

(1) 建立施工项目管理的组织。

① 由企业选聘称职的施工项目经理。

② 组建施工项目管理机构,明确责、权和利。

③ 制订施工项目管理制度。

(2) 进行施工项目管理规划(施工组织设计)。

① 形成施工对象分解体系,确定阶段控制目标。

② 建立管理工作体系(图)和信息流程图。

③ 编制施工管理规划(或施工组织设计)。

(3) 进行施工项目的目标控制。

① 进度目标控制。

② 质量目标控制。

③ 成本目标控制。

④ 安全目标控制。

⑤ 施工现场目标控制。

(4) 对生产要素进行优化配置和动态管理。

① 分析各项生产要素的特点。

② 对生产要素进行优化配置,并进行评价。

③ 对各项生产要素进行动态管理。

(5) 施工项目的合同管理。

① 依法签订合同,进行履约经营。

② 高度重视涉及国内和国际上有关法规和合同文本、合同条件。

③ 搞好索赔工作,讲究方法和技巧,提供充分的证据。

(6) 施工项目的信息管理。

① 现代化管理要依靠信息。

② 依靠计算机进行辅助。

③ 注意信息的收集与储存,使本项目的经验和教训得到记录和保留,建立档案及保管制度为以后的项目管理服务。

2) 施工项目管理的程序

(1) 投标签约阶段的管理。

① 施工企业做出是否投标争取承包该项目的决策。

② 决定投标以后,从多方面掌握有关信息。

③ 编制既盈利、又有竞争力可望中标的投标书。

④ 如果中标,则与招标方进行谈判,依法签订工程施工合同。

· 129 ·

学习情境 1　轨道施工

(2) 施工准备阶段的管理。
① 组建项目经理部，建立机构，配备管理人员。
② 制订施工项目管理实施规划(或组织设计)。
③ 进行施工现场准备，使现场具备施工条件。
④ 编写开工申请报告，待批开工。
(3) 施工阶段的管理。
① 按施工组织设计的安排进行施工。
② 作好动态控制，保证质量、进度、造价、安全和现场目标的实现。
③ 严格履行工程承包合同，处理好内外关系，管好合同变更，搞好索赔。
④ 作好记录、协调、检查、分析工作。
(4) 竣工验收阶段的管理。
① 竣工验收准备。
② 编制竣工验收计划。
③ 组织现场验收。
④ 进行竣工结算。
⑤ 移交竣工资料。
⑥ 办理交工手续。
(5) 回访保修阶段的管理。
① 回访保修工作纳入计划实施。
② 适时召开座谈会，增进双方友好感和信赖感。
③ 听取发包人的意见，树立社会信誉。
④ 为发包人提供各种跟踪服务。
⑤ 妥善处理与发包人、监理单位和外部的关系。
⑥ 组织质量问卷调查，收集工程质量保修信息。

思考题

1. 简述以下工程质量验收常用术语。
(1) 验收、检验批。
(2) 旁站、见证取样检测、平行检验。
(3) 观感质量。
(4) 主控项目、一般项目。
(5) 一般缺陷、严重缺陷。
(6) 返工、返修。
(7) 合格标准。
2. 简述说明标准用词中"必须"、"严禁"、"应"、"不应"、"不得"、"宜"、"不宜"、"可"等用词。
3. 简述轨道工程的施工质量验收要求。
4. 轨道工程的施工质量验收划分为单位工程、分部工程、分项工程和检验批，简述其划分规定。

5. 简述轨道工程检验批的质量验收内容。
6. 简述轨道工程施工质量验收为"合格"的具体规定。
7. 简述轨道工程检验批施工质量验收为"合格"的具体规定。
8. 简述轨道工程分项工程施工质量验收为"合格"的具体规定。
9. 简述轨道工程施工质量验收为"合格"的具体规定。
10. 简述轨道工程分部工程施工质量验收为"合格"的具体规定。
11. 简述轨道工程单位工程施工质量验收为"合格"的具体规定。
12. 简述轨道工程检验批施工质量验收为"不合格"的处理规定。
13. 简述工程施工质量验收(检验批、分项工程、分部工程、单位工程)的程序和组织。

情境小结

1. 主要内容

(1) 有缝轨道的施工，主要介绍了人工和机械铺轨的一般方法及流程。

(2) 无缝轨道的施工，从长轨条焊接、无缝线路的铺设、应力放散与调整三大方面予以阐述。长轨条焊接主要介绍了铝热焊法、气压焊法、接触焊法等3种焊接方法的一般原理及工艺流程，无缝线路的铺设则分有砟轨道、无砟轨道分别介绍其铺设方法，并介绍无缝线路应力放散与调整的方法。

(3) 单开道岔的施工，从新线铺设道岔、运营线铺设道岔两大方面予以阐述。新线铺设道岔主要介绍了人工和机械铺设道岔的一般方法及流程，运营线铺设道岔则抓住现场常见而技术要求较高的整组道岔预铺滑移就位施工方法予以重点阐述。

(4) 既有铁路改造的轨道铺设抓住现场常见而技术要求较高的线路拨接、线路扣轨与加固施工予以介绍，对与道岔铺设紧密联系的站场施工过渡，从站场改造施工组织方案出发，对站场改造工程施工过渡及其密切相关的施工行车安全工作、施工防护工作进行了介绍。

(5) 简单介绍了轨道工程验收的相关知识。

2. 重点难点及对策

1) 重难点

本项目的重点是人工和机械铺设有缝轨道及温度应力式无缝线路轨道的一般流程、新线及运营线铺设道岔的一般流程，难点是无缝线路缓冲区预留轨缝的计算方法、长轨条的焊接方法、整组道岔预铺滑移就位施工方法和站场改造工程施工过渡。

2) 对策

通过施工工艺视频建立工艺概念，从大样图片、示意简图、文字说明等方面建立"立体化"的工艺印象，通过施工流程图片及视频、动手绘制流程图建立流程概念。

学习情境 2 线路维护

引子

铁路轨道的荷载具有随机性与重复性,轨道结构具有组合性与散体性,运营铁路线路不仅发生弹性变形,而且产生永久变形。永久变形又可分为两类:一类是轨道各组件的磨损,如钢轨的磨耗等;另一类是轨道几何形位的改变,如轨距、水平、方向、高低偏差等。

因此,铁路轨道是一种需要边工作边维修的工程结构物,没有经常维修和定期维修,就不可能有一个保证列车安全运行的轨道结构,如图1所示。

由于客观条件的限制,要完全制止轨道变形是不可能的,但可以把它控制在一定的范围内,以保证列车按照规定的速度安全、平稳地运行,这就是铁路线路维护工作的基本任务。

图1 线路设备修理

岗位要求

工务系统是铁路"车、机、工、电、辆"联动系统中的主要子系统之一。作为轨道线路技术员或线路工,工作中首先要具备认知轨道结构的能力,熟悉各结构的施工工艺流程,了解线路维修管理制度及规则;能按图铺设线路及道岔,具有根据轨道检测数据进行起、捣、拨、改等线路基本作业的能力,熟悉各种不同结构条件的线路养护维修方法,了解大型养路机械的作业特点。

学习目标

知识:熟悉轨道构造知识及其工艺流程,了解线路维修管理和大型养路机械的作业特点,理解各种不同结构条件的线路养护维修方法。

技能:能进行轨道构造认知,掌握按图铺设线路及道岔、轨道状态检测和线路起、捣、拨、改等基本作业技能。

情境案例

焦柳线列车脱轨重大事故

1. 事故概况

1998年7月12日12:40，2833次货物列车运行至焦柳线程祥至富用间K1470+251m～K1470+492m处时，机后第29-37位车辆脱轨（其中第32-34位车辆颠覆），中断行车，构成列车脱轨颠覆重大事故。

2. 事故损失

车辆中破7辆、小破2辆，轨枕报废447根，钢轨报废243 m，脱轨颠覆车辆均系装载黄磷的重车。事故影响旅客列车7列、货物列车45列，中断行车29 h 7 min。

3. 线路状况

脱轨点位于曲线的圆曲线上，该曲线半径为1 001m，曲线全长529.58m，超高55mm，轨距无加宽，曲线起终点里程分别为K1470+007m和K1470+536.58m，曲线纵坡为零，铺设50kg/m钢轨无缝线路，长轨长度为950.801m，锁定轨温为：左30.8℃，右30.7℃，脱轨地点位于固定区内，脱轨点前3m为中板江桥，该桥中心里程为K1470+205m，全长83.7m，为3孔23.8m预应力钢筋T型梁（有砟、木枕），木枕与混凝土轨枕的分界点为K1470+252m。事后检查脱轨点前后100 m线路几何尺寸无超限。

4. 施工作业情况

当日10:16至12:40，柳局第二线路大修段按施工计划对K1470+650m～K1469+000地段逆里程进行大型养路机械维修作业，由融安工务段配合（随机验收作业质量），完成任务后大型养路机械于12:26返回富用站，12:29开通线路。开通后第一列列车即为2833次货物列车。

5. 事故的原因及责任

经柳州铁路局事故调查委员会调查分析，对该事故发生的原因形成以下结论：

(1) 融安工务段融安桥梁工区利用大机作业的"天窗"，在大机作业地点的中板江桥上进行维修作业（更换挡砟板）。移动桥枕时，事先未通知第二线路大修段施工负责人，况且该项施工作业按《铁路工务安全规则》第2.1.12条规定，应限速放行列车而没有办理施工慢行手续，就盲目"搭车"共用天窗施工。

(2) 该处是无缝线路，大机作业正值高温时间，中午轨温高达50℃，工务段未测定轨温，大修段又盲目进行起拨道作业，严重违反了无缝线路作业要求。

(3) 脱轨处木枕线路经大机起道后，道钉连续9根轨枕松动、浮离，又未及时打紧牢固，轨距无法保持。

(4) 工务段在发现大机第一次作业后正矢超限时，即通知大机作业人员返工，返工后再次检查时，虽曲线正矢仍不合格（比较差、连续差、最大最小差的最大值分别为8mm、15mm和18mm），超限一倍以上，但未坚持要求返工整修合格，就盲目开通线路，放行列车。

根据调查分析,铁路局事故调查委员会认定:主要责任为融安工务段,重要责任为第二线路大修段。

6. 其他货物列车行车事故的图片

其他货物列车行车事故图片如图2所示。

图2 其他货物行车事故图片

项目 6　线路维修与大修

引子

铁路线路维护宜实行"养修分开"的线路维护体制，将以大型机械作业为主体的线路维修和以人工零星作业为主体的线路养护分开管理。

我国线路设备修理分为线路设备大修和线路设备维修，执行《铁路线路修理规则》（下称《修规》）。如图 6.1、图 6.2 所示。

图 6.1　线路设备大修

图 6.2　线路设备维修

任务

任务 6.1　线路设备大修
任务 6.2　线路设备维修

任务 6.1　线路设备大修

线路设备大修应贯彻"运营条件匹配，轨道结构等强，修理周期合理，线路质量均衡"的原则，坚持全面规划、适度超前、区段配套的方针，并应采用无缝线路。

线路设备大修的基本任务是根据运输需要及线路设备损耗规律，有计划、按周期地对线路设备进行更新和修理，恢复和提高线路设备强度，增强轨道承载能力。

6.1.1　分类及工作内容

1. 线路设备大修分类

1）分类

(1) 线路设备大修分为：线路大修、成段更换再用轨、成组更换道岔和岔枕、成段更换混凝土枕、道口大修、隔离栅栏大修、其他大修、线路中修。

(2) 线路大修分为普通线路换轨大修和无缝线路换轨大修。无缝线路换轨大修按施工阶段可分为铺设无缝线路前期工程和铺设无缝线路。

(3) 一般情况下，线路大修周期取决于钢轨伤损发展情况，以全面更换新钢轨为主要标志，故常称换轨大修。以解决道床脏污、板结及轨枕失效为重点，全面恢复线路弹性，但不全面更换新钢轨的修理称为线路中修。中修除了不全面换轨外，其他工作内容和要求与大修基本一致。

2) 关于大修与中修的规定

(1) 线路上的钢轨疲劳伤损，轨型不符合要求，不能满足铁路运输需要时，必须进行线路大修。

(2) 在线路大修周期内，道床严重板结或脏污，其弹性不能满足铁路运输需要时，应进行线路中修。石灰岩道砟应结合中修有计划地更换为一级道砟。

(3) 在无路基病害、一级道砟、道床污染较轻、使用大型养路机械按周期进行修理的区段，通过有计划地进行边坡清筛，应取消线路中修。

2. 线路设备大修工作内容

1) 普通线路换轨大修主要内容

(1) 清筛道床，补充道砟，改善道床断面，整治基床翻浆冒泥和超过 15mm 的冻害，石灰岩道砟应结合大修有计划地更换为一级道砟。

(2) 校正、改善线路纵断面和平面。

(3) 更换 I 型混凝土枕、失效轨枕和严重伤损混凝土枕，补足轨枕配置根数，有计划地将木枕成段更换为混凝土枕(另列件名)。

(4) 全面更换新钢轨、桥上钢轨伸缩调节器、联结零件、绝缘接头及钢轨接续线，更换不符合规定的护轨。

(5) 成组更换新道岔和新岔枕(另列件名)。

(6) 安装轨道加强设备。

(7) 整修路肩、路基面排水坡，清理侧沟，清除路堑边坡弃土。

(8) 整修道口及其排水设备。

(9) 抬高因线路换轨大修需要抬高的道岔、桥梁，加高挡砟墙。

(10) 补充、修理并刷新由工务管理的各种线路标志、信号标志、位移观测桩及备用轨架。

(11) 回收旧料，清理场地，设置常备材料。

普通线路换轨大修操作如图 6.3 所示。

图 6.3 普通线路换轨大修

2) 铺设无缝线路前期工程主要内容

(1) 清筛道床，补充道砟，改善道床断面，整治基床翻浆冒泥和超过 15mm 的冻害，石灰岩道砟应结合大修有计划地更换为一级道砟。

(2) 校正、改善线路纵断面和平面。

(3) 更换Ⅰ型混凝土枕、失效轨枕、严重伤损混凝土枕，补足轨枕配置根数，有计划地将木枕成段更换为混凝土枕(另列件名)。

(4) 抽换轻伤有发展的钢轨，更换失效的联结零件。

(5) 均匀轨缝，螺栓涂油，锁定线路。

(6) 整修路肩、路基面排水坡，清理侧沟，清除路堑边坡弃土。

(7) 整修道口及其排水设备。

(8) 抬高因线路换轨大修需要抬高的道岔、桥梁，加高挡砟墙。

(9) 补充、修理并刷新由工务管理的各种线路标志、信号标志、位移观测桩及备用轨架。

(10) 回收旧料，清理场地，设置常备材料。

3) 铺设无缝线路主要内容

(1) 焊接、铺设新钢轨，更换联结零件、桥上钢轨伸缩调节器及不符合规定的护轨，铺设胶接绝缘钢轨(接头)并按设计锁定轨温锁定线路，埋设位移观测桩。

(2) 整修线路，安装轨道加强设备。

(3) 整修道口。

(4) 回收旧料，清理场地，设置常备材料。

4) 普通线路成段更换再用轨(整修轨)主要内容

(1) 更换再用轨(整修轨)、联结零件、绝缘接头及钢轨接续线，更换不符合规定的护轨。

(2) 更换失效轨枕、严重伤损混凝土枕。

(3) 整修线路，安装轨道加强设备。

(4) 整修道口及其排水设备。

(5) 回收旧料，清理场地，设置常备材料。

5) 无缝线路更换再用轨(整修轨)主要内容

(1) 清筛道床，补充道砟，改善道床断面，整治基床翻浆冒泥，石灰岩道砟应结合大修有计划地更换为一级道砟。

(2) 校正、改善线路纵断面和平面。

(3)更换失效轨枕、严重伤损混凝土枕，补足轨枕配置根数，有计划地将木枕成段更换为混凝土枕(另列件名)。

(4) 焊接、铺设再用轨(整修轨)，更换联结零件，更换不符合规定的护轨，铺设胶接绝缘钢轨(接头)并按设计锁定轨温锁定线路，埋设位移观测桩。

(5) 整修线路，安装轨道加强设备。

(6) 整修路肩、路基面排水坡，清理侧沟，清除路堑边坡弃土。

(7) 整修道口及其排水设备。

(8) 补充、修理并刷新由工务管理的各种线路标志、信号标志及备用轨架。

(9) 回收旧料，清理场地，设置常备材料。

无缝线路更换再用轨操作如图 6.4 所示。

图 6.4　无缝线路更换再用轨

6) 线路中修主要内容

(1) 清筛道床，补充道砟，改善道床断面，整治基床翻浆冒泥。

(2) 校正、改善线路纵断面和平面。

(3) 更换失效轨枕和严重伤损混凝土枕。

(4) 普通线路(含无缝线路缓冲区)抽换轻伤有发展的钢轨，更换失效的联结零件。

(5) 均匀轨缝，螺栓涂油，整修补充防爬设备，对无缝线路进行应力放散或调整，按设计锁定轨温锁定线路。

(6) 整修路肩、路基面排水坡，清理侧沟，清除路堑边坡弃土。

(7) 整修道口及其排水设备。

(8) 补充、修理并刷新由工务管理的各种线路标志、信号标志、位移观测桩及备用轨架。

(9) 回收旧料，清理场地，设置常备材料。

清筛道床操作如图 6.5 所示。

图 6.5　清筛道床

7) 成组更换道岔和岔枕主要内容

(1) 铺设新道岔和岔枕；铺设无缝道岔时，含焊接钢轨、铺设胶接绝缘钢轨(接头)并按设计锁定轨温锁定道岔，埋设位移观测桩。

(2) 更换道砟。

(3) 整修道岔及其前后线路，做好排水工作。

(4) 回收旧料，清理场地。

成组更换道岔和岔枕操作如图 6.6 所示。

图 6.6 成组更换道岔和岔枕

8) 成段更换混凝土枕主要内容
(1) 全面更换混凝土枕及扣件，螺栓涂油，整修再用枕螺旋道钉。
(2) 清筛道床，补充道砟，整治基床翻浆冒泥和超过 15mm 的冻害。
(3) 整修线路，安装轨道加强设备。
(4) 整修路肩、道口及其排水设备。
(5) 封闭宽枕间的缝隙。
(6) 回收旧料，清理场地，设置常备材料。

成段更换混凝土枕操作如图 6.7 所示。

图 6.7 成段更换混凝土枕

9) 道口大修主要内容
(1) 整修道口平台。
(2) 更换道口铺面、护轨。
(3) 改善防护设备。
(4) 清筛道床，更换失效轨枕、严重伤损混凝土枕，整修线路及排水设备。
(5) 回收旧料，清理场地。

10) 隔离栅栏大修主要内容：
(1) 更换隔离栅栏网。
(2) 更换或整修隔离栅栏立柱。
(3) 回收旧料，清理场地。

道口大修操作如图 6.8 所示。

图 6.8　道口大修

6.1.2　修理周期和计划

1．修理周期

(1) 铁路线路大、中修周期应按照表 6-1 规定的线路累计通过总重确定，并可根据各线的实际设备状况、线路条件、运输条件和自然条件等具体情况调整。

表 6-1　线路设备修理周期表

轨道条件			周期(通过总重，Mt)		
轨型	轨枕	道床	大修	中修	维修
75kg/m 无缝线路	混凝土枕	碎石	900	400~500	120~180
75kg/m 普通线路	混凝土枕	碎石	700	350~400	60~90
60kg/m 无缝线路	混凝土枕	碎石	700	300~400	100~150
60kg/m 普通线路	混凝土枕或木枕	碎石	600	300~350	50~75
50kg/m 无缝线路	混凝土枕或木枕	碎石	550	300	70~100
50kg/m 普通线路	混凝土枕或木枕	碎石	450	250	40~60
43kg/m 及以下钢轨普通线路	混凝土枕或木枕	碎石	250	160	30

注：当钢轨累计疲劳重伤平均达到 2~4 根/km 时，应安排线路大修。

2．大、中修计划的编制

1) 编制依据

编制大、中修计划的依据主要是线路大、中修周期，线路大、中修任务，线路大、中修费用及现场调查资料和技术经济分析比较资料。

2) 编制程序

(1) 建议计划。大修部门应根据铁路局线路大中修规划，并结合线路实际状态填报大、中修工程申请书。申请书的主要内容有工程名称及地点，大、中修工程项目名称及数量，估算费用，大、中修理由等。铁路局综合平衡报批。

(2) 下达正式计划。根据批复线路大、中修计划，铁路局正式下达次年线路大、中修任务，分管单位及时下达至基层。

3) 计划实施

(1) 组织实施计划。计划下达后，由大修设计单位编制设计文件。施工单位根据审批的设计文件等编制施工组织设计并组织施工。

学习情境2　线路维护

（2）由于施工因素的变化，可能造成工程变更。应按管理权限的规定，合理调整与变更计划。

6.1.3　线路设备大修设计与施工

线路设备大修应由大修设计和施工专业队伍承担，采用必要的施工机械和运输车辆，并安排与施工项目相适应的施工天窗。

1．线路设备大修设计

1）大修设计文件的编制、审批、变更

（1）线路设备大修设计工作应由专业大修设计单位承担。

（2）大修设计文件是指导施工和进行技术经济考核的主要依据，应严格执行有关技术标准和规章制度。

（3）大修设计文件的编制应以铁路局工务处批准的"大修设计任务书"或大修计划件名表为依据，并由铁路局工务处审批。工作量小、技术较简单的件名可由基层单位设计和编制预算，报铁路局工务处审批。

（4）设计单位在勘测设计中，应征集有关工务段的意见，以供设计参考。投资大、技术复杂的，应先提出方案比较，经铁路局工务处组织有关部门共同审定后编制。

（5）设计文件必须经批准后方可交付施工。

（6）在施工过程中，由于各种原因引起预算总额的变动，或更改设计标准和方案时，应由施工单位提出变更理由，报原设计单位签署意见后，由原批准单位批准。

2）大修设计任务书的主要内容

（1）任务范围。

（2）施工单位及施工期限。

（3）基本技术要求。

（4）投资控制额。

（5）提出设计文件的日期。

（6）其他。

3）大修设计文件的组成

大修设计文件由设计说明书、设计图表和施工预算3部分组成，文件内容应做到资料齐全、数据准确、图表清晰、文字简明。

（1）设计说明书应按照不同的工程性质，分别说明以下内容。

① 工程名称及施工地段的起讫里程。

② 原有设备状态及主要技术标准，病害情况和原因分析。

③ 设计依据。

④ 主要工程内容、数量及采用的技术标准，对施工的技术要求。如因特殊情况有不符合大修技术条件的项目时，应说明原因和解决办法。

⑤ 有关施工方法、质量要求、安全措施及其他注意事项。

⑥ 旧轨料使用数量。

⑦ 有关附属工程和施工单位的配合要求。

(2) 线路大、中修工程主要有以下图表。
① 纵断面设计图。
② 平面拨量表、曲线表、水准基点表以及各项工程数量表(如轨料数量计算表、补充道砟数量计算表、轨枕抽换补充数量表、路基整修工程数量表、道口及桥梁整修表等)。
③ 铺设无缝线路应有无缝线路铺设位置配轨图表、锁定轨温范围、预留轨缝表及有关设计计算书。
(3) 施工预算应根据设计说明书、设计图表、工程数量、施工方法和有关规定及定额进行编制。

2．线路设备大修施工

线路设备大修施工应由专业队伍承担，并有固定的生产人员作为基本队伍。
1) 大修施工组织设计
线路设备大修施工单位应依据设计文件进行现场调查和施工测量，研究制定施工方案，按工程件名及批准的施工计划编制施工组织设计。其主要内容如下。
(1) 设备现状。
(2) 施工技术条件和技术标准。
(3) 工程数量及材料供应。
(4) 施工方法、劳动组织、机具使用和施工配合。
(5) 按工序编制的施工进度图表。
(6) 保证施工安全、质量和进度的措施。
(7) 施工临时设施。
(8) 职工生活安排。
2) 大修施工管理
线路设备大修施工必须认真贯彻执行安全第一、预防为主的方针，严格执行各项施工作业标准，科学组织施工，确保施工安全、质量和进度。
(1) 施工单位应按照设计文件、有关技术标准和施工工艺流程组织施工，合理控制施工和慢行长度；施工负责人应深入现场，落实安全责任制。
(2) 线路设备大修施工实行安全监督制度。负责设备管理的工务段必须派人常驻施工工地，协助检查施工安全和施工质量，对施工全过程进行监督，发现施工安全隐患及质量问题时应责令施工单位立即纠正，危及行车安全时有权责令其停止施工。
(3) 编制施工计划。
① 线路设备大修施工必须编制年度、季度和月度施工计划。
② 线路设备大修施工必须以正式批准的设计文件和施工计划为依据。封锁线路或限制行车速度的施工、长轨列车和工程列车运行、道砟运输等，均应纳入铁路局的运输方案。
(4) 施工单位必须建立以下制度。
① 施工三检制——在每次开工前、施工中和线路开通前，施工负责人应组织有关人员分别按分工地段对施工准备、施工作业方法和线路设备状态进行检查。
② 巡查养护制——施工现场应设置巡养人员，对施工地段进行巡查和养护，发现并及时消除危及行车安全的处所。

③ 工序交接制——前一工序应给后一工序打好基础，在前一工序完成后，应由施工负责人组织工序负责人进行交接。

④ 隐蔽工程分阶段施工制度——每阶段完成后，施工单位应会同接管单位共同检查，并填写记录，确认符合设计要求，方准开始下一阶段施工。

⑤ 岗前培训制度——新工人上岗前必须经过安全教育和技术培训，经考试合格方准上岗。采用新工艺、使用新设备时，必须首先制定安全保证措施和操作规程，并对职工培训后方准进行操作和调试。

⑥ 安全检查分析制度——施工安全工作应抓早、抓小、抓苗头、抓薄弱环节，应定期加强检查，重点加强季节性、节假日和工地转移前后的检查，及时消除隐患。对事故苗头和事故应及时分析、处理，吸取教训。

(5) 大修施工物资设备管理。

① 机械管理。施工单位应建立健全各种施工、运输和装卸机械的管理制度，严格执行设备检修保养制度，保证配件储备，提高设备完好率。

② 材料管理。施工单位应建立健全材料管理制度，不得使用质量、规格不符合标准或出厂证件不符合要求的材料；下道旧料应及时回收，做到工完料净。

6.1.4 线路设备修理验收办法

铁路局应配备专职验收人员，对主要大修工程的安全、质量进行监督检查，并组织验收工作；验收其他工程时，应参照线路大修进行质量评定。具体验收办法由铁路局自定。

1. 线路大、中修验收单元

(1) 线路大、中修正线为千米(始终点不是整千米时可按实际长度合并验收)，站线为一股道。

(2) 铺设无缝线路为一个区间(包括相衔接的普通线路)，特殊情况为一段。

(3) 其他各项线路设备大修由铁路局自定。

2. 大型养路机械施工作业验收

(1) 大型养路机械施工作业验收主要项目包括清筛、起道、拨道、捣固、动力稳定和钢轨打磨等。

(2) 大型养路机械施工作业应采用静态和动态相结合的验收办法，以其中最差成绩作为该千米线路的验收结果。

① 静态验收——使用大型养路机械施工作业时，工务机械段应及时提供大型养路机械记录仪的检查记录数据，与工务段共同随同大机检查，发现失格处所应立即组织返工。返工后仍有 4 处及以上达不到作业验收标准、2 处及以上达不到保养标准或无法返工的(每处长度不超过 5m，超过 5m 按 2 处计)，判该千米线路为失格，并于当日填写验收记录。

② 动态验收——使用大型养路机械施工作业后 15d 内，铁路局轨检车进行动态检查评定。

③ 静态与动态检查合格，大型养路机械作业项目齐全，质量优良，施工作业质量评为优良；大型养路机械作业项目不全，质量合格，施工作业质量评为合格。

3．线路大修工程竣工资料

1) 线路大、中修
(1) 施工日期、时间。
(2) 主要材料使用数量表。
(3) 竣工后的线路平纵断面图。
(4) 钢轨配轨表(其中包括钢轨的钢种、熔炼炉号、生产厂、淬火厂、出厂年月等资料)。
(5) 无缝线路的锁定轨温及应力放散资料。
(6) 隐蔽工程记录。
(7) 其他有关技术资料。

2) 铺设无缝线路工程除上述资料外，还需备齐以下资料
(1) 无缝线路布置图、观测桩位置。
(2) 位移观测记录。
(3) 工地焊接、探伤及外观检查记录。
(4) 钢轨编号和焊接编号表、现场胶接绝缘接头记录。
(5) 应力放散记录。
(6) 厂焊单位及出厂时间。

3) 其他各项线路设备大修
(1) 施工日期、时间。
(2) 主要工程数量表。
(3) 隐蔽工程记录。
(4) 其他有关技术资料。

4．大修验收组织和程序。

(1) 线路大修每完成3～5km(铺设无缝线路为一个区间)，经施工单位自验并做好记录，及时向铁路局提请验收。
(2) 铁路局应及时组织施工单位和设备接管单位，按照设计文件及有关验收标准进行验收。
(3) 如因季节影响，无缝线路不能在工程交验前按设计锁定轨温锁定线路时，应先组织交验，再适时组织应力放散。

任务6.2 线路设备维修

线路设备维修是在线路大、中修的间隔时期内，对线路设备进行综合维修、经常保养和临时补修活动的总称。

线路设备维修应贯彻"预防为主，防治结合，修养并重"的原则，按线路设备技术状态的变化规律和程度，相应地进行综合维修、经常保养和临时补修，有效地预防和整治线路病害，有计划地补偿线路设备损耗，以取得较好的技术经济效益。

线路设备维修的基本任务是保持线路设备完整和质量均衡，使列车能以规定速度安全、平稳和不间断地运行，并尽量延长线路设备使用寿命。

6.2.1 分类及工作内容

线路设备维修分为综合维修、经常保养和临时补修。

1. 综合维修

1) 概念

综合维修是根据线路变化规律和特点，以全面改善轨道弹性、调整轨道几何尺寸和更换、整修失效零部件为重点，以大型养路机械为主要作业手段，按周期、有计划地对线路进行的综合性修理，以恢复线路完好技术状态。

2) 线路、道岔综合维修基本内容

(1) 根据线路、道岔状态起道、拨道和改道，全面捣固。混凝土枕地段，捣固前要撤除所有调高垫板；混凝土宽枕地段，垫砟要与垫板相结合。

(2) 调整线路、道岔各部尺寸，拨正曲线。

(3) 清筛枕盒不洁道床和边坡，整治道床翻浆冒泥，补充道砟和整理道床。

(4) 更换、方正和修理轨枕。

(5) 调整轨缝，整修、更换和补充轨道加强设备，整治线路爬行，锁定线路、道岔。

(6) 矫直、焊补、打磨钢轨，综合整治接头病害。

(7) 有计划地采用打磨列车对钢轨、道岔进行预防性或修理性打磨。

(8) 整修、更换和补充联结零件，并有计划地涂油。

(9) 整修路肩，疏通排水设备，清除道床杂草和路肩大草。

(10) 修理、补充和刷新线路标志，整修道口及其排水设备，收集旧料。

(11) 其他病害的预防和整治。

在综合维修作业中，与起道有关的各项作业可合并进行，其他作业可几项配合进行或单项进行。如有的单项作业已在综合维修作业前完成，综合维修时不需再做，但应按综合维修标准验收。

2. 经常保养

1) 概念

经常保养是根据线路变化情况，以养路机械为主要作业手段，对全线进行有计划、有重点的经常性养护，以保持线路质量处于均衡状态。

2) 线路、道岔经常保养的基本内容

(1) 根据轨道几何尺寸超过经常保养容许偏差管理值的状态，成段整修线路。

(2) 整治道床翻浆冒泥，均匀道砟，整理道床。

(3) 更换和修理轨枕。

(4) 调整轨缝，锁定线路。

(5) 焊补、打磨钢轨，整治接头病害。

(6) 有计划地成段整修扣件，螺栓涂油。

(7) 无缝线路应力放散或调整。

(8) 更换伤损钢轨，断轨焊复。

(9) 整修防沙、防雪设备，整治冻害。

(10) 整修道口，疏通排水设备，清除道床杂草和路肩大草。
(11) 季节性工作、周期短于综合维修的其他单项工作。

3) 经常保养的季节性工作

线路设备变化和作业内容与季节特点密切相关，除按公里(组)安排线路(道岔)综合维修以外，还要针对不同地区、季节特点，加强季节性工作。

(1) 春融时期。
(2) 夏季高温时期。
(3) 秋季防洪时期。
(4) 冬季作业。

3．临时补修

1) 概念

临时补修是指以小型养路机械为主要作业手段，及时对线路几何尺寸超过临时补修容许偏差管理值及其他不良处所进行的临时性整修，以保证行车安全和平稳。

2) 线路、道岔临时补修的主要内容

(1) 整修轨道几何尺寸超过临时补修容许偏差管理值的处所。
(2) 更换(或处理)折断、重伤钢轨及桥上、隧道内轻伤钢轨。
(3) 更换达到更换标准的伤损夹板，更换折断的接头螺栓、道岔护轨螺栓、可动心轨凸缘与接头铁联结螺栓、可动心轨咽喉和叉后间隔铁螺栓、长心轨与短心轨联结螺栓、钢枕立柱螺栓等。
(4) 调整严重不良的轨缝。
(5) 疏通严重淤塞的排水设备，处理严重冲刷的路肩和道床。
(6) 整修严重不良的道口设备。
(7) 其他需要临时补修的工作。

临时补修要做到消灭超过临时补修容许偏差管理值处所的时间不过夜。

6.2.2 管理体系与组织

1．管理体系

铁路局下设工务处作为工务归口业务管理部门，实行工务段、车间、工区等多级管理体系。

1) 管辖范围

(1) 工务段：正线延长单线以 500～700km 为宜，双线以 800～1 000km 为宜，特殊情况下由铁路局规定；山区铁路或管辖范围内有编组站或一等及以上车站时，管辖正线长度可适当减少。
(2) 线路车间：正线延长单线以 60～80km 为宜，双线以 100～120km 为宜。
(3) 线路工区的管辖范围：正线延长以 10～20km 为宜。

2) 组织机构

(1) 工务段应按检修分开的原则，下设线路车间、检查监控车间和综合机修车间，根据需要还可设机械化维修、道口、路基等车间。

学习情境 2　线路维护

(2) 线路车间下设线路工区和机械化维修工区，未设检查监控车间的工务段应在线路车间设置检查监控工区。其他车间可根据需要设置工区。

(3) 工务段设有路基工区时，路基维修工作由路基工区负责；未设路基工区时，路基维修工作由线路工区负责，并根据路基设备数量配置相应定员。

2．管理制度与组织

线路设备维修应实行天窗修制度，并实行检修分开的管理体制。

1) 管理制度

(1) 检修分开的基本原则是实行专业检查和机械化集中修理，实现检查与维修的异体监督。

(2) 检查监控车间(工区)应按规定的项目和周期进行设备检查分析，并及时传递检查信息；线路车间负责安全生产的组织实施；线路工区主要负责线路设备巡查、临时补修、故障处理；机械化维修车间(工区)主要负责综合维修、配合大机维修作业和经常保养；综合机修车间负责钢轨、道岔焊补，养路机械的维修保养，工具制作、修理及线路配件修理等工作。

(3) 凡影响行车的线路施工、维修作业均应在天窗内进行，用于线路大、中修及大型养路机械作业的施工天窗不少于180min，维修天窗根据维修作业需要合理安排，并应做到综合利用，平行作业。

2) 综合维修组织形式

(1) 工务机械段负责综合维修的大型养路机械作业项目，工务段配合施工，并负责其他作业项目和质量验收。

(2) 当大型养路机械维修不能覆盖时，由工务段按检修分开的原则组织综合维修和质量验收。

6.2.3　修理周期和计划

1．修理周期

(1) 正线线路综合维修周期，由铁路局按照表6-1规定的线路累计通过总重，结合线路大、中修周期，根据各线的实际设备状况、线路条件、运输条件和自然条件等具体情况规定。

(2) 道岔和站线的综合维修周期，由铁路局规定。其中正线、到发线道岔的综合维修周期可与线路同步，但不宜超过2年。

规定的综合维修周期属于宏观控制，工务段在实际执行时，还要因地制宜。在大修后的道床稳定期，综合维修周期可适当长一些；当年大修过的地段可不安排综合维修，但应加强经常保养。

2．维修计划

(1) 工务段应根据铁路局下达的年度计划，编制年度分月维修计划，下达各线路车间(机械化维修车间)。其主要内容包括：线路、道岔综合维修数量；经常保养工作的重点安排；各项技术指标；劳力和主要材料计划。

(2) 工务机械段应根据铁路局下达的年度计划，编制年度分月维修计划。

(3) 线路车间(机械化维修车间)应根据工务段下达的年度分月维修计划编制月度维修

计划。其主要内容包括：综合维修及经常保养的主要项目、数量、地点、材料和人工数；工作量调查、验收的人工数；日常巡查的主要内容、材料和人工数；临时补修人工数；天窗计划。

(4) 检查监控车间(工区)应根据有关规定和要求编制月度检查计划。其主要内容包括：检查的项目、范围、数量及时间；使用的仪器、量具、材料和人工数。

(5) 检查监控工区、机械化维修工区、线路工区的日作业计划，由工长负责调查与编制。

6.2.4 维修验收

1．线路、道岔综合维修验收

1) 验收单元

(1) 正线为 1km(月综合维修不足 1km 的也可验收)，无缝线路可为 1 个单元轨条。

(2) 站线为 1 股道。

(3) 道岔为 1 组。

2) 验收程序

(1) 机械化维修车间(工区)完成综合维修后，应及时进行自验并做好记录，报请线路车间初验。

(2) 线路车间应及时组织初验并做好记录，报请工务段组织验收。

(3) 工务段应及时组织验收。

2．其他验收

(1) 当月经常保养地段的作业项目由工区自验，车间验收，工务段抽验。具体验收办法由铁路局规定。

(2) 代维修专用线的线路、道岔维修标准和验收办法，按其他站线办理(代维修合同中有特殊规定者除外)。

> **职业贴士**
>
> 一般来说，线路设备大修、维修由工务机械段（大修段、大修中心等）和工务段负责，各铁路局可因地制宜实施管理。

> **学岗互通**
>
> 1. 假如由你来组织普通线路换轨大修，简述其主要内容。
> 2. 假如由你来组织成组更换道岔和岔枕，简述其主要内容。
> 3. 假如由你来组织编制线路大修计划，简述其主要程序。
> 4. 大修设计文件主要包括 3 部分，简述其主要内容。
> 5. 简述大修施工组织设计包括的主要内容。
> 6. 简述线路大、中修的验收单位和线路、道岔综合维修验收的验收单元。
> 7. 简述线路大、中修施工单位在办理工程交验时应备齐的竣工资料。

铁路线路维修验收标准

1. 铁路线路大、中修验收标准

(1) 大、中修应按设计文件及表 6-2 进行验收。

主要项目(轨向、高低、线路锁定、道床清筛、捣固质量、路基排水)一次达到标准，可评为"优良"。如有主要项目不符合标准，次要项目漏项或不合格，经整修后复验达到标准，评为"合格"。

表 6-2 线路大、中修验收标准

序号	项目	质量标准
1	轨距	(1) 符合作业验收标准 (2) 允许速度大于 120km/h 线路轨距变化率不得大于 1‰，其他线路不得大于 2‰
2	水平	符合作业验收标准
3	轨向	(1) 直线目视顺直，符合作业验收标准 (2) 曲线方向圆顺，曲线正矢符合作业验收标准 (3) 曲线始、终端不得有反弯或"鹅头"
4	高低	(1) 目视平展，符合作业验收标准 (2) 轨顶标高与设计标高误差不得大于 20mm
5	三角坑	符合作业验收标准
6	捣固	(1) 捣固、夯拍均匀 (2) 空吊板：无连续空吊板；连续检查 50 头，正线、到发线空吊板率不得超过 8%，其他站线空吊板率不得超过 12%
7	路基及排水	(1) 路肩平整，无大草，并有向外流水横坡 (2) 侧沟排水畅通 (3) 符合设计要求
8	道床	(1) 清筛清洁，道砟中粒径小于 25mm 的颗粒质量不得大于 5% (2) 清筛深度达到设计要求 (3) 道床密实、符合设计断面。边坡整齐
9	轨枕	(1) 位置方正、均匀，间距和偏斜误差不得超过 40mm (2) 无失效，无严重伤损 (3) 混凝土宽枕间距和偏斜误差均不得超过 30mm
10	扣件	1. 混凝土枕 (1) 螺旋道钉无损坏。丝扣及螺杆全面涂油 (2) 弹条扣件的弹条中部前靖下颚应靠贴轨距挡板(离缝不大于 1mm)或螺栓扭矩为 120~150N·m，Ⅲ型扣件扣压力为 11~13.2kN (3) 扣件位置正确，平贴轨底，顶紧挡肩，扣板歪斜及不密贴大于 2mm 者不得超过 6%(连续检查 100 头) (4) 橡胶垫板、垫片及衬垫无缺少、损坏，歪斜者不得超过 8%(连续检查 100 头) 2. 木枕 (1) 垫板歪斜及不密贴者不得超过 6%(连续检查 100 头) (2) 道钉浮离或螺纹道钉未拧紧不得超过 8%(连续检查 100 头)

续表

序号	项目	质 量 标 准
11	新钢轨及配件	(1) 钢轨无硬弯,接头轨面及内侧错牙不得超过 1mm (2) 接头相错：直线不得超过 20mm,曲线不得超过 20mm 加缩短轨缩短量的一半 (3) 轨缝每千米总误差：25m 钢轨不得超过 80mm (4) 接头螺栓涂油,扭矩达到标准
	再用轨及配件	(1) 钢轨无硬弯,接头轨面及内侧错牙不得超过 1mm (2) 接头相错：直线不得超过 40mm,曲线不得超过 40mm 加缩短轨缩短量的一半 (3) 轨缝每千米总误差：25 m 钢轨不得超过 80 mm,12.5m 钢轨不得超过 160mm (4) 接头螺栓涂油,扭矩达到标准
	无缝线路钢轨及配件	(1) 轨条端头位移不得大于 20mm,固定区位移不得大于 5mm (2) 缓冲区接头相错不得大于 40mm (3) 焊缝质量符合《钢轨焊接技术条件》(TB/T 1632.1～TB/T 1632.4)的要求 (4) 联合接头位置符合《修规》第 3.10.10 条的规定 (5) 在设计锁定轨温上、下限范围内,缓冲区接头轨缝与设计轨缝相比,误差不得大于 2mm (6) 锁定轨温应符合设计要求 (7) 缓冲区接头螺栓涂油,采用 10.9 级螺栓,螺栓扭矩 900～1 100N·m
12	防爬设备	(1) 安装齐全,无失效 (2) 普通线路爬行量不得超过 20mm
13	道口	(1) 木枕地段铺面下全为新木枕 (2) 铺面平整牢固,轮缘槽符合标准 (3) 两侧平台平整 (4) 排水设施良好
14	线路外观	(1) 标志齐全、正确,字迹清晰 (2) 钢轨上的标记齐全、正确、清晰 (3) 弃土清除干净 (4) 无散失道砟
15	旧料回收	旧料如数回收,运至指定地点,堆码整齐,并按规定移交

(2) 成组更换新道岔应按设计文件及表 6-3 进行验收。

主要项目(轨向、高低、道床清筛和捣固质量、尖轨、可动心轨、辙叉与护轨状态、道岔锁定轨温)一次达到标准,可评为"优良"。如有主要项目不符合标准,次要项目漏项或不合格,经整修后复验达到标准,评为"合格"。

表 6-3 更换新道岔验收标准

序号	项目	质 量 标 准
1	轨距	(1)符合作业验收标准 (2) 允许速度大于 120km/h 线路轨距变化率不得大于 1‰。其他线路不得大于 2‰(不含构造轨距加宽顺坡)
2	水平	符合作业验收标准,导曲线内股不得高于外股

续表

序号	项目	质 量 标 准
3	轨向	(1) 直线目视直顺，符合作业验收标准 (2) 导曲线支距符合作业验收标准 (3) 连接曲线用 10m 弦量，连续正矢差不得超过 2mm
4	高低	符合作业验收标准
5	道床	道床密实、清洁，道砟中粒径小于 25mm 的颗粒质量不得大于 5%，符合设计断面，边坡整齐
6	岔枕	(1) 间距误差不得超过 20mm，配置符合要求 (2) 无失效，无失修 (3) 无连续空吊板；连续检查 50 头，空吊板不得超过 6% (4) 混凝土岔枕符合标准
7	基本轨、导轨	钢轨无硬弯。钢轨接头轨面及内侧错牙不得超过 1mm
8	尖轨	(1) 尖轨竖切部分与基本轨密贴 (2) 尖轨动程符合设计要求
9	轨缝	平均轨缝误差不得大于 3mm，绝缘接头轨缝不得小于 6mm
10	转辙联结零件	(1) 连接杆不得脱节、松动，销子齐全、有效 (2) 滑床板平直并与尖轨密贴，每侧不密贴的不得超过 1 块 (3) 轨撑与钢轨不密贴的，每侧不得超过 1 个
11	辙叉与护轨	(1) 查照间隔不得小于 1 391mm (2) 护背距离不得大于 1 348mm (3) 可动心轨竖切部分与翼轨密贴 (4) 可动心轨动程符合设计要求 (5) 可动心轨辙叉尖趾距离误差在容许误差范围内
12	其他联结零件	(1) 螺栓齐全，无松动，扭矩符合要求，涂油 (2) 道钉浮离不得超过 8% (3) 铁垫板及橡胶垫板、橡胶垫片齐全，歪斜的不得超过 6% (4) 扣件齐全、密靠，离缝不得超过 6%
13	防爬设备	齐全、有效，尖轨与基本轨、尖轨与尖轨间的相错量不得超过 10mm
14	焊缝	位置符合设计要求，焊接质量符合《钢轨焊接技术条件》(TB/T 1632.1～TB/T 1632.4) 的要求
15	锁定轨温	锁定轨温符合设计文件要求
16	位移观测桩	埋设齐全、牢靠，观测标记清楚
17	无缝道岔位移	不得大于 5mm
18	外观	(1) 道岔钢轨编号，各部尺寸用油漆标记正确，字迹清晰 (2) 旧料收集干净

(3) 铺设无缝线路应按设计文件及表 6-4 进行验收。

表6-4 无缝线路铺设验收标准

序号	项目	要 求
1	锁定轨温	轨条始、终端入槽时的轨温均在设计锁定轨温范围内，同一单元轨条左、右两股锁定轨温差不得大于5℃；跨区间或全区间无缝线路相邻单元轨条的锁定轨温差不得大于5℃，区间内单元轨条的锁定轨温差不得大于10℃
2	轨条轨端相错量	轨条端头相错量不得超过40 mm
3	联合接头	符合设计要求
4	位移观测桩	埋设齐全、牢靠，观测标记清楚
5	无缝线路位移量	铺设后5天内观测，伸缩区两端不得大于20mm，固定区不得大于5mm
6	钢轨硬弯	校直后用1m直尺测量，允许速度大于120km/h的线路，其矢度不得超过0.3mm，其他地段矢度不得超过0.5mm
7	缓冲区钢轨接头	轨顶面及内侧面要求平齐，误差不得超过1 mm
8	缓冲区轨缝	与设计轨缝相比，误差不得大于2mm(设计锁定轨温范围内)
9	缓冲区钢轨接头螺栓	使用M24的10.9级螺栓，数量齐全，涂油，扭矩应保持在900~1 100N·m。扭矩不足者不得超过8%
10	扣件	轨距挡板，挡板座顶严、密靠、压紧，不密贴(缝隙大于2mm)的数量不超过6%(连续检查100头)，且无连续失效；弹条扣件的弹条中部前端下颚应靠贴轨距挡板(离缝不大于1mm)或螺栓扭矩为120~150N·m，Ⅲ型扣件扣压力为11~13.2kN，不符合标准的不超过8%(连续检查100头)，且无连续失效；胶垫无缺损，歪斜量大于5mm者不超过8%(连续检查100头)，螺栓涂油
11	轨枕位置	轨枕方正、均匀，其误差不得超过40 mm
12	道床	道床断面符合规定
13	焊接接头	焊缝质量符合《钢轨焊接技术条件》(TB/T 1632.1~TB/T 1632.4)的要求
14	线路几何状态	符合作业验收标准

(4) 验收其他线路设备大修工程时，应参照线路大、中修进行质量评定。具体验收标准由铁路局自定。

2．线路综合维修、道岔综合维修验收评分

1) 线路综合维修验收评分

标准如表6-5的规定。满分为100分，100~85分为优良，85(不含)~60分为合格，60

分以下为失格。失格线路整修复验后，在 60 分及以上者为合格。

2) 道岔综合维修验收评分

标准如表 6-6 的规定。满分为 100 分，100～85 分为优良，85(不含)～60 分为合格，60 分以下为失格。失格线路整修复验后，在 60 分及以上者为合格。

表 6-5 线路综合维修验收评分标准

项目	内容	编号	扣 分 条 件		抽验数量	单位	扣分(分)	说 明
			正线及到发线	其他站线				
轨道几何尺寸	轨距、水平、三角坑	1	超过作业验收标准容许偏差	同左		处	4	选择质量较差地段，有曲线时检测一个曲线的正矢，曲线正矢超过作业验收标准容许偏差每处扣4分
		2	超过经常保养标准容许偏差	同左		处	41	
		3	允许速度大于120km/h线路轨距变化率大于1‰。其他线路大于2‰(不含规定的递减率)	轨距变化率大于3‰(不含规定的递减率)	连续检测100m	处	2	
	轨向、高低	4	超过作业验收标准容许偏差	同左	全面查看，重点检测	处	4	
		5	超过经常保养标准容许偏差	同左		处	41	
钢轨	接头错牙	6	轨面及内侧错牙大于1mm	轨面及内侧错牙大于2mm	同上	处	4	错牙大于3mm时扣41分
	接头相对	7	直线偏差大于40mm，曲线偏差大于40mm加缩短量的一半	直线偏差大于60mm，曲线偏差大于60mm加缩短量一半	同上	处	4	轨缝在调整轨缝轨温限制范围以内检查
	轨缝	8	连续瞎缝或大于构造轨缝，普通绝缘接头轨缝小于6mm	同左	同上	处	8	
		9	轨端肥边大于2mm	同左	同上	处	8	含胶接绝缘钢轨
	焊缝	10	新焊接的焊缝符合《钢轨焊接技术条件》(TB/T 1632.1～TB/T 1632.4)的标准；原焊缝打磨后，应符合钢轨打磨作业验收标准		全面检测	处	8	
轨枕	位置	11	位置、间距偏差或偏斜大于50mm	位置、间距偏差或偏斜大于60mm	全面查看，重点检测	处	1	枕上或枕下离缝大于2mm者为吊板，枕下暗吊板不明显者，可拔起道钉或松开扣件查看
	失效	12	接头或焊缝处失效，其他处连续失效	同左	同上	处	8	
	修理	13	应修混凝土枕未修，木枕应削平及劈裂者未修	同左	全面查看	根	1	
	空吊率	14	大于8%	大于12%	连续检测50头	每增加1%	2	

项目 6 线路维修与大修

续表

项目	内容	编号	扣分条件 正线及到发线	扣分条件 其他站线	抽验数量	单位	扣分(分)	说明
联结零件	接头螺栓	15	缺少/松动或扭矩不符合规定	同左	全面查看,抽测4个接头扭矩	个	16/2	
	铁垫板、胶垫	16	铁垫板和橡胶垫板、橡胶垫片缺少	同左	连续查100头	块	2	
		17	橡胶垫板或橡胶垫片失效超过8%	橡胶垫板或橡胶垫片失效超过16%	连续查看,检测100头	每增1%	1	
	道钉、扣件	18	道钉、扣件缺少	同左	连续查看100头	个	2	一组扣件的零件不全,按缺少一个计算
		19	道钉浮离或扣板(轨距挡板)前、后离缝大于2mm者,超过8%	道钉浮离或扣板(或距挡板)前、后离缝大于2mm者,超过12%	连续检测50个	每增2%	1	
		20	扣件扭矩(扣压力)不符合规定或弹条扣件中部前端下颚离缝大于1mm者,超过8%	扣件扭矩(扣压力)不符合规定或弹条扣件中部前端下颚离缝大于1mm者,超过12%	同上	每增1%	1	
轨道加强设备	轨距杆、轨撑	21	缺损或松动	同左	全面查看,重点检测	根、个	2	区间正线无观测桩或观测桩不起作用按爬行超限计算;站内线路爬行检查道岔及绝缘接头前后
	防爬设备	22	防爬器缺损、松动或离缝大于2mm	同左	连续查看,检测50个	个	2	
		23	支撑缺损、失效、尺寸不合标准	同左	同上	个	1	
	线路爬行	24	菁通线路爬行量大于20mm,无缝线路位移观测无记录	同左	全面检测	km	41	
道床	脏污	25	枕盒或边坡清筛深度不足,清筛不翻浆冒泥	同左	全面查看。重点扒开道床检查	每10m/孔	2/41	按工务段下达的计划验收
	尺寸	26	I型混凝土枕中部道床凹下尺寸不符合规定	同左	连续查看,检测100m	每10m	1	
	外观	27	道床断面不符合标准、不均匀、不整齐、有杂草	道床断面不符合标准、不均匀、不整齐、有杂草	全面查看	每10m	1	
路基	路肩	28	不平整、有反坡、有大草	不平整	全面查看	每20m	1	单侧计算
	排水	29	侧沟未疏通或弃土不符合规定	同左	同上	每10m	2	
道口	铺面	30	不平整、松动	同左	查看检测	块	4	
	轮缘槽	31	尺寸不符合《修规》第3.11.5条规定	同左	同上	处	16	
	护桩	32	缺损、歪斜	同左	全面查看	个	2	

学习情境2 线路维护

续表

项目	内容	编号	扣分条件 正线及到发线	扣分条件 其他站线	抽验数量	单位	扣分(分)	说明
标志标记	标志	33	缺损、歪斜、字迹不清	同左	同上	个	2	
标志标记	标记	34	钢轨上各种标记不齐全,位置不对,不清晰或错误	同左	同上	处	1	

表6-6 道岔综合维修验收评分标准

项目	内容	编号	扣分条件 正线及到发线道岔	扣分条件 其他站线道岔	抽验数量	单位	扣分(分)	说明
轨道几何尺寸	轨距、水平、支距	1	超过作业验收标准容许偏差	同左	全面检测	处	4	同时检测两线间距小于5.2 m的连接曲线轨向。用10m弦测量。连续正矢差超过2mm,每处扣4分
轨道几何尺寸	轨距、水平、支距	2	超过经常保养标准容许偏差	同左		处	41	
轨道几何尺寸	轨向、高低	3	超过作业验收标准容许偏差	同左	全面查看,重点检测	处	4	
轨道几何尺寸	轨向、高低	4	超过经常保养标准容许偏差	同左		处	41	
轨道几何尺寸	查照间隔	5	超过容许限度	同左	全面检测	处	4	尖趾距离指可动心轨辙叉长心轨尖端至叉趾的距离
轨道几何尺寸	护背距离	6	同上	同左	同上	处	41	
轨道几何尺寸	尖趾距离	7	同上	同左	同上	处	41	
钢轨	尖轨、可动心轨靠贴	8	尖轨尖端与基本轨、可动心轨尖端与翼轨不靠贴	同左	全面检查	组	4	不靠贴指二者之间的缝隙大于1mm
钢轨	接头错牙	9	轨顶面或内侧面错牙大于1mm	同左	全面查看,重点检测	处	4	错牙大于3mm时扣41分
钢轨	轨缝	10	连续瞎缝或大于构造轨缝,普通绝缘接头轨缝小于6mm	同左	同上	处	8	
钢轨	轨缝	11	轨端肥边大于2mm	同左	同上	处	8	含胶接绝缘钢轨
岔枕	位置	12	位置或间距偏差大于40mm(钢轨为20mm)	位置或间距偏差大于50mm	同上	处	2	
岔枕	失效	13	接头处失效,其他处连续失效	同左	全面查看,重点检测	处	8	枕上或枕下离缝大于2mm者为吊板,枕下暗吊板可根据道床与岔枕间状态判断。不明显者可扒开道床查看
岔枕	修理	14	应修混凝土岔枕未修,木岔枕未削平或劈裂未修	同左	全面查看	根	2	
岔枕	空吊率	15	大于8%(钢枕不得有空吊)	大于12%	连续检测50头	每增1%	2	

项目6 线路维修与大修

续表

项目	内容	编号	扣分条件 正线及到发线道岔	扣分条件 其他站线道岔	抽验数量	单位	扣分(分)	说明
联结零件	滑床板	16	尖轨、可动心轨与滑床板缝隙大于2mm	同左	同上	块	2	
联结零件	滑床板	17	滑床板及护轨弹片上反或离缝大于2mm,销钉离缝大于5mm	同左	同上	块	2	
联结零件	螺栓	18	接头、连杆、顶铁、间隔铁及护轨螺栓缺少/顶铁离缝大于2mm	同左	全面查看	个、块	16/8	
联结零件	螺栓	19	接头螺栓松动或扭矩不合规定,连杆、顶铁、间隔铁及护轨的螺栓松动	同左	查看检测	个、块	2	
联结零件	螺栓	20	心轨凸缘螺栓缺少、松动	同左	查看检测	个	41	
联结零件	螺栓	21	长心轨与短心轨联结螺栓缺少、松动	同左	查看检测	个	41	
联结零件	螺栓	22	其他各种螺栓缺少、松动	同左	同上	个	1	
联结零件	铁垫板	23	铁垫板或橡胶垫板、橡胶垫片缺少	同左	连续查看50块	块	2	
联结零件	胶垫	24	橡胶垫板或橡胶垫片失效超过8%	橡胶垫板或橡胶垫片失效超过12%	连续查看,检到50块	每增1%	1	
联结零件	道钉扣件	25	道钉、扣件缺少	同左	连续查看50个	个	2	一组扣件的零件不全,按缺少一个计算
联结零件	道钉扣件	26	扣件扭矩(扣压力)不符合规定或弹条扣件中部前端下颚离缝大于1mm者,超过8%	扣件扭矩(扣压力)不符合规定或弹条扣件中部前端下颚离缝大于1mm者,超过12%	连续查看,检测50个	每增1%	1	一组扣件的零件不全,按缺少一个计算
轨道加强设备	轨撑、轨距杆	27	转辙或辙叉部位轨撑离缝大于2nm,其他部位轨撑或轨距杆缺损、松动	同左	查看检查	个、根	2	轨撑离缝系指轨撑与轨头下颚或轨撑与垫板挡肩之间的间隙
轨道加强设备	防爬设备	28	防爬器缺损、松动或离缝大于2mm。支撑缺损、失效、尺寸不符合标准	同左	查看检查	个	2	
轨道加强设备	爬行	29	道岔两尖轨尖端相错量大于20mm、无缝道岔位移无观测记录	同左	检测	组	41	

学习情境2 线路维护

续表

项目	内容	编号	扣分条件 正线及到发线道岔	扣分条件 其他站线道岔	抽验数量	单位	扣分(分)	说　明
道床	脏污	30	枕盒内或边坡道床不清洁、翻浆冒泥	同左	全面查看。重点扒开检查	组/孔	6/41	
道床	外观	31	道床断面不符合标准、不均匀、不整齐、有杂草	道床断面不符合标准、不均匀、不整齐、有杂草	全面查看	组	4	
路基	路肩	32	不平整、有反坡、有大草	同左	同上	组	2	
路基	排水	33	侧沟未疏通或弃土未清理	同左	同上	组	4	
标志标记	标志	34	警冲标损坏或不清晰	同左	查看检查	组	8	警冲标缺少或位置不对扣41分
标志标记	标记	35	钢轨上各项标记不全、位置不对、不清晰或错误	同左	全面查看	处	1	含钢轨编号、轨距、支距、钢轨伤损等标记

思考题

1. 线路设备修理分为哪两大类？它们的基本任务分别是什么？它们分别应贯彻哪些原则？
2. 简述线路设备大修的分类，说说大修和中修的区别。
3. 线路设备维修可分为哪3类？并简述它们的概念和基本内容。
4. 简述普通线路成段更换再用轨(整修轨)、无缝线路更换再用轨(整修轨)的主要内容。
5. 简述线路中修的主要内容。
6. 简述成组更换道岔和岔枕、成段更换混凝土枕的主要内容。
7. 简述道口大修的主要内容。
8. 简述线路设备大修设计文件的编制、审批、变更有关规定。
9. 大修设计任务书包括哪些内容？
10. 大修施工单位必须建立哪些主要制度？
11. 简述线路大、中修的验收单元和线路、道岔综合维修验收的验收单元。
12. 简述大型养路机械施工作业验收的主要项目及验收办法。

项目 7　线路设备检查

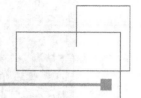

引子

线路设备检查是线路维修工作的主要环节。它是获得线路设备状态信息,掌握线路设备变化规律,编制维修作业计划和分析设备病害的主要依据。

线路设备检查一般分为线路静态检查和线路动态检查,如图 7.1、7.2 所示。

图 7.1　线路工检查线路

图 7.2　0 号高速综合检测列车检测线路

任务

任务 7.1　线路静态检查
任务 7.2　线路动态检查
任务 7.3　钢轨及轨枕检查
任务 7.4　春秋季检查及线路质量评定
任务 7.5　巡道与看守道口

任务 7.1　线路静态检查

线路静态检查是利用检测工具沿线路逐点进行检测,包括线路和道岔几何形位检测,如图 7.3 所示。

图 7.3 线路静态检查

7.1.1 静态检查的组织

1．检查周期

(1) 正线线路和道岔，每月应检查 2 次(当月有轨检车检查的线路可减少 1 次)；其他线路和道岔，每月应检查 1 次。轨距、水平、三角坑应全面检查，轨向、高低及设备其他状态应全面查看，重点检查，对伤损钢轨、夹板和焊缝应同时检查。

(2) 曲线正矢每季应至少全面检查 1 次。

(3) 对无缝线路轨条位移，每月应观测 1 次。

(4) 对钢轨焊接接头的表面质量及平直度，每半年应检查 1 次。

2．检查分工

(1) 设有检查监控车间的工务段，应由检查监控车间有计划地对工务段管辖线路设备进行月度周期性检查，线路车间参加月度周期性检查并负责检查监控车间检查内容以外的检查工作。

(2) 未设检查监控车间的工务段，应由线路车间组织检查监控工区，有计划地对线路车间管辖线路设备进行月度周期性检查，组织线路工区参加月度周期性检查并进行检查监控工区检查内容以外的检查工作。

3．检查要求

(1) 工务段段长、副段长、指导主任、检查监控车间主任、线路车间主任和线路工长应定期检查线路、道岔和其他线路设备，并重点检查薄弱处所，具体办法由铁路局规定。

(2) 养路工长对管内曲线正矢每季至少应结合线路检查全面检查 1 次并填写记录。同时对线路高低和直线轨向用弦线重点检查，做好记录。

(3) 检查结果应认真分析，对超过临时补修管理值的处所应及时处理。

(4) 应积极采用轨道检查仪检查线路，提高线路静态检查质量，加强线路设备状态分析，指导线路养修工作。

7.1.2 静态检查项目及标准

1．静态检查项目

(1) 线路几何形位检测项目主要有：轨距(含曲线轨距加宽)、水平(含曲线外轨超高、线路扭曲或三角坑)、轨向(含曲线圆顺程度)、高低及轨底坡。

(2) 道岔几何形位的检测项目主要有：道岔各部分轨距、水平、高低、导曲线支距、查照间距、尖轨与基本轨的密贴程度等。

2．静态检查标准

(1) 线路轨道静态几何尺寸容许偏差管理值见表 7-1。

表 7-1　线路轨道静态几何尺寸容许偏差管理值

项目		$V_{max}>160km/h$ 正线			$160km/h \geqslant V_{max} > 120km/h$ 正线			$V_{max} \leqslant 120km/h$ 正线及到发线			其他站线		
		作业验收	经常保养	临时补修	作业验收	经常保养	临时补修	作业验收	经常保养	临时补修	作业验收	经常保养	临时补修
轨距/mm		+2 −2	+4 −2	+6 −4	+4 −2	+6 −2	+8 −4	+6 −2	+7 −4	+9 −4	+6 −2	+9 −4	+10 −4
水平/mm		3	5	8	4	6	8	4	6	10	5	8	11
高低/mm		3	5	8	4	6	8	4	6	10	5	8	11
轨向(直线)/mm		3	4	7	4	6	8	4	6	10	5	8	11
三角坑(扭曲)/mm	缓和曲线	3	4	6	4	5	6	4	5	7	5	7	8
	直线和圆曲线	3	4	6	4	6	8	4	6	9	5	6	10

注：① 轨距偏差不含曲线上按规定设置的轨距加宽值，但最大轨距(含加宽值和偏差)不得超过 1 456 mm。

② 轨向偏差和高低偏差为 10m 弦测量的最大矢度值。

③ 三角坑偏差不含曲线超高顺坡造成的扭曲量，检查三角坑时基长为 6.25m，但在延长 18m 的距离内无超过表列的三角坑。

④ 专用线按其他站线办理。

(2) 道岔轨道静态几何尺寸容许偏差管理值见表 7-2。

表 7-2　道岔轨道静态几何尺寸容许偏差管理值

项目		$V_{max}>160km/h$ 正线			$160km/h \geqslant V_{max} > 120km/h$ 正线			$V_{max} \leqslant 120km/h$ 正线及到发线			其他站线		
		作业验收	经常保养	临时补修	作业验收	经常保养	临时补修	作业验收	经常保养	临时补修	作业验收	经常保养	临时补修
轨距/mm		+2 −2	+4 −2	+5 −2	+3 −2	+4 −2	+6 −2	+3 −2	+5 −3	+6 −3	+3 −2	+5 −3	+6 −3
水平/mm		3	5	7	4	5	8	4	6	9	6	8	10
高低/mm		3	5	7	4	5	8	4	6	9	6	8	10
轨向(mm)	直线	3	4	6	4	5	8	4	6	9	6	8	10
	支距	2	3	4	2	3	4	2	3	4	2	3	4
三角坑(扭曲)/mm		3	4	6	4	6	8	4	6	9	5	8	10

注：① 支距偏差为现场支距与计算支距之差。

② 导曲线下股高于上股的限值：作业验收为 0，经常保养为 2mm，临时补修为 3mm。

③ 三角坑偏差不含曲线超高顺坡造成的扭曲量，检查三角坑时基长为 6.25m，但在延长 18m 的距离内无超过表列的三角坑。

④ 尖轨尖处轨距的作业验收容许偏差管理值为 ±1mm。

⑤ 专用线道岔按其他站线道岔办理。

(3) 轨道静态几何尺寸容许偏差管理值中，作业验收管理值为线路设备大修、综合维修、经常保养和临时补修作业的质量检查标准；经常保养管理值为轨道应经常保持的质量管理标准；临时补修管理值为应及时进行轨道整修的质量控制标准。

7.1.3 静态检查的实施与记录

1. 静态检查前的准备工作

(1) 准备检查量具和用品：道尺、支距尺、方尺、弦线、木折尺(或小钢尺)、石笔、安全防护用品等。

(2) 检查前，一切量具须由检查人确认无误后方准使用。道尺和支距尺等须在校验期内使用，严禁非标量具上道检查。

(3) 检查人员应掌握检查要领。

(4) 记录簿上的表头应事先填写好里程、股道、钢轨编号、曲线半径、超高、加宽、顺坡率、车站名、道岔类型、道岔编号、线别等，以方便记录人员使用，防止漏查漏记。

2. 检查水平时标准股的确定

(1) 直线线路：顺里程方向以左股为标准股，左股水平比右股高时，记录为"＋"，反之记录为"－"。

(2) 曲线线路：曲线以下股(曲线内轨)为标准股，曲线上股(曲线外轨)水平比曲线超高值高时，记录为"＋"，反之记录为"－"。

(3) 道岔：以导曲线上股及外侧直股为标准股，标准股比内股高时，记录为"＋"，反之记录为"－"(含辙叉部分)。

3. 静态检查的具体工作

1) 轨距、水平检查

(1) 全面检查时，25m 轨应均匀检查 8 处，12.5m 轨应均匀检查 4 处。

(2) 重点检查时，25m 轨应均匀检查 4 处，12.5m 轨应均匀检查 2 处。

(3) 接头必须检查。

2) 三角坑检查

线路三角坑是指检查 18m 范围内的轨道水平扭曲状况，即水平误差变化量。

3) 轨向检查

(1) 直线方向，以 10m 弦不定点检查。

(2) 曲线方向，以 20m 弦检查中央点正矢值，除缓和曲线应定点检查外，圆曲线部分可定点或不定点检查。

(3) 道岔导曲线方向采用支距法检查。

(4) 岔后连接曲线方向以 10m 弦定点或不定点检查正矢值。

4) 高低检查

高低以 10m 弦不定点检查。

5) 道岔检查

(1) 从尖轨接头轨距顺坡终点开始，至辙叉曲股前止。

(2) 道岔连接曲线按线路检查要求，记录在线路(曲线)检查记录本上。

4. 静态检查的记录表

表 7-3～表 7-8 为检查结果记录表。

表 7-3 线路检查记录簿

正线_____km 至_____km   站线___股道   曲线半径_____m   超高____mm   顺坡率____%

检查日期	检查项目	钢轨编号					
		接头	中间	接头	中间	接头	中间
	轨距						
	水平、三角坑						
	轨向、高低及其他						
	临时补修日期及内容						

表 7-4 曲线正矢检查记录簿

曲线位置_____km+_____～_____km+_____   曲线半径_____m   直缓点位置：___号测点+___m
缓和曲线长____m   曲线全长_____m   缓直点位置：___号测点+___m

测点号	计算正矢	年 月 日			年 月 日			年 月 日			年 月 日			年 月 日			年 月 日			记事
		现场正矢	拨道量	拨后正矢	现场正矢	拨道量	拨后正矢	现场正矢	拨道量	拨后正矢	现场正矢	拨道量	拨后正矢	现场正矢	拨道量	拨后正矢	现场正矢	拨道量	拨后正矢	

表 7-5 无缝线路长钢轨位移观测记录簿

___线___行___km+___～___km+___   锁定轨温___℃

检查日期	检查时间	气温/℃	轨温/℃	左股/mm									右股/mm									原因分析
				始端轨缝	各观测点位移量							终端轨缝	始端轨缝	各观测点位移量							终端轨缝	
					1	2	3	4	5	6	7			1	2	3	4	5	6	7		

注：① 在单线上各测点顺计算里程方向编号，在双线上各测点顺列车运行方向编号。
② 顺编号方向位移为"＋"号，逆编号方向位移为"－"号。
③ 顺编号方向分左右股。

学习情境 2 线路维护

表 7-6 单开道岔检查记录簿

站名_____ 道岔编号_____ 型号_____

检查日期	检查项目	转辙部分				导曲线部分						辙叉部分						查照间隔		护背距离		支距	记事
		前顺坡终点	尖轨尖端处	尖轨中	尖轨跟端	直线			曲线			叉心前		叉心中		叉心后							
					直	曲	前	中	后	前	中	后	直	曲	直	曲	直	曲	直	曲	直	曲	
	轨距																						
	水平		×										×	×			×	×	×	×			
	轨向、高低及其他																						
	临时补修日期及内容																						

表 7-7 交分道岔检查记录簿

站名_____ 道岔编号_____ 道岔类型_____

检查日期	部位	项目	前锐角辙叉				前双转辙器			钝角辙叉				后双转辙器			后锐角辙叉			
			叉后端	叉心中	查照间隔	护背距离	顺坡终点	尖轨尖	尖轨中	尖轨跟	可动心直股	短中轴	导曲线中	曲中外矢	可动心跟端	尖轨跟直股	尖轨跟曲股	尖轨中	尖轨尖	顺坡终点	查照间隔	护背距离	叉心中	叉后端
										曲股	跟端	中间												
甲股	轨距																							
	水平		×	×	×		×			×			×		×			×	×	×			
乙股	轨距																							
	水平		×	×	×		×			×			×		×			×	×	×			
	其他及临时补修日期																							

项目7 线路设备检查

表7-8 可动心轨单开道岔检查记录簿(18号及以上)

站名_____ 道岔编号_____ 道岔类型_____

检查日期	检查项目		转辙部分						导曲线部分				辙叉部分					支距	记事
			尖轨前顺坡终点	尖轨尖端处	尖轨中前部	尖轨中前部*	尖轨中部	尖轨中后部	尖轨中后部*	尖轨跟端	前部	中前部	中部	中后部	后部	辙叉前部	辙叉中前部	查照间隔	辙叉中后部	弹性可弯中心后部*	辙叉后部		
	轨距	直																					
		曲																					
	轨距	直																					
		曲																					
	轨向、高低及其他																						
	临时补修日期及内容																						
	轨距	直																					
		曲																					
	轨距	直																					
		曲																					
	轨向、高低及其他																						
	临时补修日期及内容																						

注：① *指该项在道岔号数为30号及以上时应检查。

② 18号及以上号码的可动心轨道岔在尖轨中部与尖轨尖端、尖轨跟端之间增加了对尖轨中前部、尖轨中后部的检查，具体位置应根据道岔类型均匀布置。

③ 18号及以上号码的可动心轨道岔在导曲线部分增加了对导曲线部分中前部、中后部的检查，具体位置应根据道岔类型均匀布置。

④ 辙叉中部指可动心轨辙叉长心轨轨顶宽20mm左右处。

⑤ 弹性可弯中心后部指在长心轨弹性可弯中心后第一间隔铁处及侧股对应位置。

⑥ 18号及以上号码的可动心轨道岔在辙叉中部与弹性可弯中心后部之间增加了对辙叉中后部的检查，具体位置应在辙叉中部与弹性可弯中心后部之间根据道岔类型均匀布置。

线路检查特别是道岔检查一定要按照规定的检查部位进行检查。

7.1.4 量具检查

1. 轨距尺、支距尺

1) 检定器

轨距尺、支距尺检定器是检定轨距尺、支距尺的专用检具，实行铁路局、工务段(工务机械段、大修段等)两级管理。无专用检具应到附近工务段检定。

2) 检定依据及周期

铁路轨距尺、支距尺必须按《铁路轨距尺检定规程》和《铁路支距尺检定规程》进行检定。轨距尺检定周期为一个季度，支距尺检定周期为半年。

3) 管理规定

轨距尺、支距尺应由工务段(工务机械段、大修段等)负责检定，经检定符合要求的轨距尺、支距尺，应填写登记表，并在尺身上粘贴合格标签和标注检定日期。

不符合要求或未经检定的轨距尺、支距尺严禁使用。

2. 扭矩扳手

工务段应备有扭矩扳手检定装置，其误差不得大于1%。

接头螺栓扭矩扳手和扣件扭矩扳手每年应至少检定1次，容许误差不得大于4%。

3. 钢轨温度计

工务段应备有钢轨温度计检定装置，其误差不得大于0.1℃。

钢轨温度计每年应按照《钢轨测温计检定规程》的要求至少检定1次。

4. 轨道检查仪

轨道检查仪每季度(或累计运行里程达到1 000 km)应检定一次。

任务7.2　线路动态检查

线路动态不平顺是指线路不平顺的动态质量反映。轨道几何形位动态检测的设备主要是轨道检查车，简称轨检车，如图7.4所示。

图7.4　轨道检查车

7.2.1 动态检测原理及系统

1. 动态检测原理

线路动态检测采用惯性基准原理，利用光电、陀螺、电子等新技术，用计算机处理各种线路设备检查数据，实现检测与数据处理自动化。

2. 动态检测系统

动态检测系统的主要设备为轨道检查车(简称轨检车)。

1) 系统组成

轨检车由检测装置和数据处理系统两大部分组成。

(1) 检测装置包括：惯性基准轨道不平顺测量装置、光电轨距测量装置和多功能振动测量装置等。

(2) 数据处理系统包括：模数转换器、计算机、打印机等。

2) 系统运转

(1) 轨检车检测装置对轨道几何形位进行动态测试。

① 测量前后高低和左右水平时，采用惯性基准轨道不平顺测量装置，对轨道不平顺和水平进行测量。

② 轨距检测采用光电式轨距测量装置，应用电学、磁学和光学原理，实现动态条件下轨距的无接触测量。

③ 车体和轴箱振动加速度检测采用多功能振动测量装置。

(2) 轨检车车载数据处理系统对测试结果进行实时处理。

① 由各检测装置测得的模拟信号通过模数转换器转化为数字信号。

② 将数字信息输入计算机进行分析和处理。

③ 将处理结果打印成图表，给出某段线路各检测项目的平均值、标准差、各级超限峰值及最大超限值、累计超限罚分值等。

④ 同时，模拟信号还被记录在波形记录仪或模拟磁带机上，供进一步分析和处理用。

3) 系统功能

(1) 轨检车不但使检查结果真实可靠，而且还能对线路质量进行综合分析。

(2) 通过轨检车的检查，检测人员可了解和掌握线路局部不平顺(峰值管理)和线路区段整体不平顺(均值管理)的动态质量，指导线路养护维修工作。

3. 轨道检测列车

轨检车的类型很多，这里仅简单介绍京津城际铁路的 0 号高速综合检测列车。

CRH5 型 0 号高速检测列车由通信信号检测车、会议车、接触网检测车、数据综合处理车、轨道检测车、餐车、卧铺车和信号检测车 8 辆组成，5 动 3 拖，是由两个动力单元组成的动力分散型动车组，最高检测速度 250km/h，最大牵引功率 5 500kW，具有对线路轨道、牵引供电、通信信号等基础设施、轮轨和弓网接触状态及列车舒适性指标等进行高速动态时同步检测，并具有实时数据传输、存储和分析处理功能。

图 7.5 所示为京津城际铁路的 0 号高速综合检测列车。

学习情境 2　线路维护

图 7.5　京津城际铁路 0 号高速综合检测列车

随着我国高速铁路的发展，轨道检测列车也在不断改进，我国先后研制出时速 300km 的 CRH2-068C 高速综合检测列车、时速 350km 的 CRH2-150C 高速综合检测列车、时速 400km 的 CRH380A-001 高速综合检测列车、时速 400km 的 CRH380B-002 高速综合检测列车等。

7.2.2　轨检车动态检测查评定方法

1. 线路局部不平顺(峰值管理)动态检查评定

1) 检查项目

线路局部不平顺动态检查主要检测轨距、水平、高低、轨向、三角坑、车体垂向振动加速度和横向振动加速度等 7 项。

(1) 我国 GJ-4 型和 XGJ-3 型轨检车可检测左右轨的前后高低、左右轨的轨向、轨距、动态水平、扭曲(三角坑)、车体水平和垂直振动加速度，此外，还可以显示出接头震动、曲线状态和地面标志等。

(2) 我国 XGJ-Ⅰ准高速(140～160km/h)轨检车可检测 13 项内容，包括：左右轨的前后高低、左右轨的轨向、水平、左右轨面的不平顺、曲线外轨超高、曲线半径、轨距、线路扭曲、车体水平和垂直加速度、左右轴箱垂直振动加速度等。

2) 检查评定标准

(1) 各项偏差等级扣分标准如下。

① Ⅰ级为保养标准，每处扣 1 分。
② Ⅱ级为舒适度标准，每处扣 5 分。
③ Ⅲ级为临时补修标准，每处扣 100 分。
④ Ⅳ级为限速标准，每处扣 301 分。

其中三级超限标准为临时补修的动态管理值，凡超过Ⅲ级超限处所必须立即整修，以确保行车安全和平稳。

(2) 线路动态评定标准如下。

① 线路动态评定以千米为单位，每千米扣分总数为各级、各项偏差扣分总和。
② 每千米线路动态评定标准：优良——扣分总数在 50 分及以内；合格——扣分总数在 51～300 分；失格——扣分总数在 300 分以上。

3) 检查偏差管理值

轨道动态检查偏差管理值见表 7-9。

表 7-9 轨道动态质量容许偏差管理值

项目	$V_{max}>160$km/h 正线				160km/h$\geqslant V_{max}>120$km/h 正线				$V_{max}\leqslant 120$km/h 正线			
	Ⅰ级	Ⅱ级	Ⅲ级	Ⅳ级	Ⅰ级	Ⅱ级	Ⅲ级	Ⅳ级	Ⅰ级	Ⅱ级	Ⅲ级	Ⅳ级
轨距/mm	+4 −3	+8 −4	+12 −6	+15 −8	+6 −4	+10 −7	+15 −8	+20 −10	+8 −6	+12 −8	+20 −10	+24 −12
水平/mm	5	8	12	14	6	10	14	18	8	12	18	22
高低/mm	5	8	12	15	6	10	14	20	8	12	20	24
轨向/mm	5	7	10	12	5	8	12	16	8	10	16	20
扭曲(三角坑)/mm	4	6	9	12	5	7	10	14	8	10	14	16
车体垂向加速度/g	0.10	0.15	0.20	0.25	0.10	0.15	0.20	0.25	0.10	0.15	0.20	0.25
车体横向加速度/g	0.06	0.10	0.15	0.20	0.10	0.15	0.20	0.06	0.10	0.15	0.20	

注：① 表中各种偏差限值为实际幅值的半峰值。
② 高低、轨向不平顺按实际值评定。
③ 水平限值不含曲线上按规定设置的超高值及超高顺坡量。
④ 三角坑限值包含缓和曲线超高顺坡造成的扭曲量，基线 2.4m。
⑤ 固定型辙叉的有害空间部分不检查轨距、轨向，其他检查项目及检查标准与线路相同。

2. 线路区段整体不平顺(均值管理)的动态质量检测质量评定

线路区段整体不平顺用轨道质量指数(TQI)评定。

1) 概念

以 200m 的轨道区段作为单元，分别计算单元区段上左右轨高低、左右轨轨向、轨距、水平、三角坑等 7 项几何不平顺幅值的标准差，各单项几何不平顺值的标准差称为单项指数；将 7 个单项指数之和作为评价该单元区段轨道平顺性综合质量状态的指标，称为轨道质量指数。

2) 轨道质量指数 TQI 的计算

(1) 计算单项几何不平顺的标准差

$$\sigma_i = \sqrt{\frac{1}{n}\sum_{j=1}^{n}(x_{ij}^2 - \overline{x_{ij}}^2)} \qquad 其中 \overline{x_{ij}} = \frac{1}{n}\sum_{j=1}^{n}x_{ij}$$

(2) TQI 的计算公式：$TQI = \sum_{i=1}^{7}\sigma_i$

式中：$\sigma_i(i=1, 2, \cdots, 7)$——单项指数，即单项几何不平顺采样值的标准差；

$\overline{x_{ij}}$——单元区段中各项几何不平顺采样值的平均值；

n——采样点个数(一个区段为 800)。

3) 轨道质量指数(TQI)的管理值

主要干线轨道质量指数(TQI)的管理值见表 7-10。

表 7-10 轨道质量指数(TQI)管理值

	项目	高低	轨向	轨距	水平	三角坑	TQI
管理值	$V_{max} \leqslant 160$km/h	2.5×2	2.2×2	1.6	1.9	2.1	15.0
	$V_{max} > 160$km/h	1.5×2	1.6×2	1.1	1.3	1.4	10.0

7.2.3 动态检查周期及报告处置

1. 动态检查周期

检查周期根据运量和线路状态确定。

(1) 铁路总公司轨道检查车，对允许速度大于 120 km/h 的线路及其他主要繁忙干线进行定期检查。

(2) 铁路局轨道检查车，对允许速度大于 120 km/h 的线路每月检查不少于 2 遍(含铁路总公司轨道检查车检查)，对年通过总重不小于 80Mt 的正线 15～30 天检查 1 遍，对年通过总重为 25～80Mt 以内的正线每月检查 1 遍，对年通过总重小于 25Mt 的正线每季检查 1 遍，对状态较差的线路可适当增加检查遍数。

(3) 工务段段长(或副段长)和线路车间主任对管内正线每月应用添乘仪至少检查 1 遍。发现超限处所和不良地段，应及时通知线路车间或工区进行整修，并在段添乘检查记录簿上登记。

(4) 机车轨道动态检测装置对年通过总重不小于 25Mt 或允许速度大于 120km/h 的线路每天应至少检查 1 遍。具体使用及管理办法由铁路局规定。

2. 动态检查报告

(1) 铁路总公司轨道检查车检测中发现的问题，应及时通知有关单位，检查后及时将检查报告提交有关单位，每月末(或年底)向铁路总公司提报月度(或年度)检测、分析报告(含轨检车线路评分统计报告表)。

(2) 铁路局轨道检查车检查中发现的问题，应立即通知工务段，检查后向有关单位通报检查结果，每月上旬(或年初)向铁路总公司提报上月(或上年度)检查、分析报告(含轨检车线路评分统计报告表)。

(3) 轨检车检查结果应分线、分段汇入轨检车线路评分统计报告表中(具体格式见《修规》)。

轨道检查车检测可提供的资料如下。

(1) 轨检记录图纸。可在纸上确定超限等级和超限长度。也可按图纸比例核对超限位置。

(2) 千米小结报告。以每千米为单元，对各检查项目的各级超限处所和超限长度进行统计，并给出千米的扣分数，同时提供本千米检查时的行车速度。大部分轨道检查车还同时提供超限地点、不平顺数值及超限长度。

(3) 三级超限报告表。对三级超限处所按不同检查项目提供超限位置、最大峰值及超限长度，便于工区查对和整修。

(4) 区段总结报告表，提供各级超限个数、超限长度、扣分数及该项扣分占总扣分的百分比数据。

(5) 曲线摘要报告表。

(6) 轨道质量指数（TQI）表。

3．不平顺及Ⅲ级、Ⅳ级超限处所处理

1) 重视以下轨道不平顺的判别并及时处理

(1) 周期性连续三波及多波的轨道不平顺中，幅值为大于 10mm 的轨向不平顺、12mm 的水平不平顺、14mm 的高低不平顺。

(2) 在 50m 范围内有 3 处大于以下幅值的轨道不平顺：12mm 的轨向不平顺、12mm 的水平不平顺、16mm 的高低不平顺。

(3) 轨向、水平逆向复合不平顺。

(4) 速度大于 160km/h 区段，高低、轨向的波长在 30m 以上的长波不平顺，当轨道检查车检查其高低幅值达到 11 mm 或轨向幅值达到 8mm 时。

2) Ⅲ级、Ⅳ级超限处所处理

工务段(或由工务段通知管内施工的责任单位)应对轨检车查出的Ⅲ级超限处所及时处理，对查出的Ⅳ级超限处所立即限制行车速度并及时处理。

4．轨道质量指数(TQI)超过管理值

(1) 按照单元轨道区段质量状态，选择单项参数或综合指数 TQI 由大到小顺序排列，质量较差的区段应尽早安排整修，以改善线路质量状态。

(2) 对线路区段整体不平顺(均值管理)动态质量指标——轨道质量指数(TQI)超过管理值的线路，应有计划地安排维修或保养。

任务 7.3　钢轨及轨枕检查

7.3.1　钢轨伤损

钢轨伤损是指在铁道线路上的钢轨在列车和环境多种因素作用下所产生的宏观破损，钢轨既有在冶炼过程中的缺陷，也有在运输、使用过程中的破损。

1．主要伤损分析

钢轨伤损种类很多，有锈蚀、磨耗、折断、剥落掉块、裂纹、压溃及核伤等，如图7.6 所示。

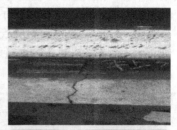

图 7.6　钢轨伤损组图

下面简单介绍钢轨的折断和磨耗。

1) 折断

钢轨折断是在运营中突然发生的,故对行车安全威胁极大。

造成钢轨折断的主要原因:一是钢轨材质问题,钢轨生产中存在缺陷(如裂纹、气泡等),使用中发展扩大导致钢轨折断;二是钢轨在巨大重复动荷载作用下造成疲劳伤损。此外,因钢材具有冷脆性,在气候寒冷季节更易折断。

2) 磨耗

钢轨磨耗是轮轨间滚动摩擦和滑动摩擦作用的结果。钢轨的磨耗是决定钢轨使用寿命的主要因素。为确保行车安全,我国铁路对不同等级的线路规定了不同的磨耗限度。

轨头的磨耗指标有垂直磨耗、侧面磨耗和总磨耗 3 项。总磨耗=垂直磨耗+侧面磨耗/2,垂直磨耗在钢轨顶面宽 1/3 处(距标准工作边)测量,侧面磨耗在钢轨踏面(按标准断面)下 16mm 处测量,用专用的轨头磨耗测量仪量测,如图 7.7 所示。

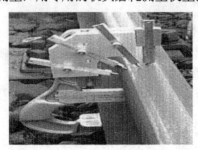

图 7.7　轨头的磨耗测量仪

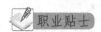

对钢轨、道岔磨耗情况,每年结合秋检应全面检查 1 次;对磨耗接近轻伤或重伤的钢轨和道岔,每季至少应组织检查 1 次。

2. 钢轨伤损分类

我国铁路将钢轨伤损根据其在钢轨断面上的位置、伤损外貌及伤损原因等分为 9 类 32 种,用两位数编号,十位数表示伤损的部位和状态,个位数表示造成伤损的原因。

实际工作中,还可将钢轨伤损按程度分为轻伤、重伤和折断 3 类。

(1) 我国铁路按轨头的磨耗程度分为轻伤和重伤两类,标准见表 7-11~7-13。

表 7-11　钢轨轻伤、重伤标准

伤损项目	伤损程度						备注
	轻伤			重伤			
	$V_{max}>$ 160km/h	160km/h$\geq$ $V_{max}>$ 120km/h	$V_{max}\leq$ 120km/h	$V_{max}>$ 160km/h	160km/h$\geq$ $V_{max}>$ 120km/h	$V_{max}\leq$ 120km/h	
钢轨头部磨耗	磨耗量超过表 7-12 所列限度之一者			磨耗量超过表 7-13 所列限度之一者			
轨端或轨顶面剥落掉块	长度超过 15mm 且深度超过 3mm	长度超过 15mm 且深度超过 3mm	长度超过 15mm 且深度超过 4mm	长度超过 25mm 且深度超过 3mm	长度超过 25mm 且深度超过 3mm	长度超过 30mm 且深度超过 8mm	

项目7 线路设备检查

续表

伤损项目	伤损程度						备注
	轻伤			重伤			
	$V_{max}>$160km/h	160km/h$\geqslant V_{max}>$120km/h	$V_{max}\leqslant$120km/h	$V_{max}>$160km/h	160km/h$\geqslant V_{max}>$120km/h	$V_{max}\leqslant$120km/h	
钢轨顶面擦伤	深度超过0.5mm	深度超过0.5mm	深度超过1mm	深度超过1mm	深度超过1mm	深度超过2mm	
钢轨低头	超过1mm	超过1.5mm	超过3mm	超过1.5mm	超过2.5mm	超过3.5mm	用1m直尺测量最低处矢度,包括轨端轨顶面压伤和磨耗在内
波浪形磨耗	谷深超过0.3mm	谷深超过0.3mm	谷深超过0.5mm				
钢轨表面裂纹				有	有	有	包括螺孔裂纹、轨头下颚水平裂纹(透锈)、轨腰水平裂纹、轨底裂纹等(不含轮轨接触疲劳引起的轨顶面表面或近表面的鱼鳞裂纹)
钢轨内部裂纹				有	有	有	包括核伤(黑核、白核)、钢轨纵向裂纹等
钢轨变形				有	有	有	轨头扩大、轨腰扭曲或鼓包等,经判断确认内部有暗裂
钢轨锈蚀				经除锈后,轨底厚度不足8mm或轨腰厚度不足14mm		经除锈后,轨底厚度不足5mm或轨腰厚度不足8mm	

表7-12 钢轨头部磨耗轻伤标准

钢轨/kg/m	总磨耗/mm				垂直磨耗/mm				侧面磨耗/mm			
	$V_{max}>$160km/h 正线	160km/h$\geqslant V_{max}>$120km/h 正线	$V_{max}\leqslant$120km/h 正线	其他站线	$V_{max}>$160km/h 正线	160km/h$\geqslant V_{max}>$120km/h 正线	$V_{max}\leqslant$120km/h 正线	其他站线	$V_{max}>$160km/h 正线	160km/h$\geqslant V_{max}>$120km/h 正线	$V_{max}\leqslant$120km/h 正线	其他站线
75	9	12	16	18	8	9	10	11	10	17	16	18
75以下~60	9	12	14	16	8	9	9	10	10	12	14	16
60以下~50			12	14			8	9			12	14

续表

钢轨/kg/m	总磨耗/mm			垂直磨耗/mm			侧面磨耗/mm		
	$V_{max}>$160km/h 正线	160km/h$\geqslant V_{max}>$120km/h 正线	$V_{max}\leqslant$120km/h 正线	其他站线	$V_{max}>$160km/h 正线	160km/h$\geqslant V_{max}>$120km/h 正线	$V_{max}\leqslant$120km/h 正线	其他站线	

钢轨/kg/m	$V_{max}>$160km/h 正线	160km/h$\geqslant V_{max}>$120km/h 正线	$V_{max}\leqslant$120km/h 正线	其他站线	$V_{max}>$160km/h 正线	160km/h$\geqslant V_{max}>$120km/h 正线	$V_{max}\leqslant$120km/h 正线	其他站线	$V_{max}>$160km/h 正线	160km/h$\geqslant V_{max}>$120km/h 正线	$V_{max}\leqslant$120km/h 正线	其他站线
50以下~43			10	12			7	8			10	12
43以下			9	10			7	7			9	11

表 7-13 钢轨头部磨耗重伤标准

钢轨/kg/m	垂直磨耗/mm			侧面磨耗/mm		
	$V_{max}>$160km/h 正线	160km/h$\geqslant V_{max}>$120km/h 正线	$V_{max}\leqslant$120km/h 正线及到发线其他站线	$V_{max}>$160km/h 正线	160km/h$\geqslant V_{max}>$120km/h 正线	$V_{max}\leqslant$120km/h 正线及到发线其他站线
75	10	11	12	12	16	21
75以下~60	10	11	11	12	16	19
60以下~50			10			17
50以下~43			9			15
43以下			8			13

2) 钢轨折断标准

(1) 钢轨全截面断裂。

(2) 裂纹贯通整个轨头截面。

(3) 裂纹贯通整个轨底截面。

(4) 允许速度不大于 160km/h 区段，钢轨顶面上有长度大于 50mm 且深度大于 10mm 的掉块；允许速度大于 160km/h 区段，钢轨顶面上有长度大于 30mm 且深度大于 5mm 的掉块。

7.3.2 超声波钢轨探伤检查

钢轨探伤检查是用超声波钢轨探伤仪、探伤车对钢轨进行伤损检查。

1．钢轨探伤原理

(1) 钢轨探伤是依据超声波在介质中的传播特性，以超声脉冲反射法和超声脉冲穿透法对钢轨进行非破坏性的无损探伤。

(2) 在探测过程中遇伤损缺陷时，仪器能迅速地由示波管荧光屏显示出伤损脉冲波形，同时发出伤损报警信号，且能用数字显示伤损位置。

2．钢轨探伤方式

1）钢轨探伤仪探伤

人工操作探伤仪探测钢轨内部缺陷，有在钢轨上推行或其他便携式的探伤仪，如图7.8所示。

图7.8 钢轨探伤仪

2）钢轨探伤车

除钢轨探伤仪外，还可用装有检测钢轨伤损设备的专用车辆或专用列车进行探伤检测，如图7.9所示。

图7.9 钢轨探伤车

3．钢轨探伤检查项目

探测钢轨的核伤、螺孔裂纹、轨腰的水平或纵向裂纹以及焊缝裂纹等各种伤损。

4．钢轨探伤周期

1）钢轨探伤仪检查

钢轨探伤检查应实行定期检查制度，依据年通过总重、轨型等条件确定钢轨探伤周期。

(1) 正线、到发线线路和道岔钢轨探伤周期见表7-14。

表7-14 正线、到发线线路和道岔钢轨探伤周期

年通过总重/Mt	年探伤遍数		
	75kg/m、60kg/m 轨	50kg/m 轨	43kg/m 及以下轨
≥80	10	/	/
50~80	8	10	/
25~50	7	8	9
8~25	6	7	8
<8	5	6	7

注：冬季应缩短探伤间隔时间。

(2) 其他站线、专用线的线路和道岔每半年应检查1遍。

2) 钢轨探伤车检查

(1) 铁路总公司和铁路局钢轨探伤车，对年通过总重不小于50Mt或允许速度大于120km/h的线路每年应至少检查2遍，对年通过总重不小于25Mt的干线每年应至少检查1遍。特殊地段增加检查频次由铁路局确定。

(2) 钢轨探伤车检查的伤损应采用探伤仪进行复核。

3) 下列情况应适当增加探伤频次

(1) 冬季。

(2) 在桥梁上、隧道内、小半径曲线、大坡道及钢轨状态不良地段。

(3) 伤轨数量出现异常，连续两个探伤周期内都发现疲劳伤损(如核伤、鱼鳞伤、螺孔裂纹、水平裂纹等)地段。

(4) 大修换轨初期(75 kg/m、60 kg/m钢轨为累计通过总重50Mt，50kg/m钢轨为累计通过总重25Mt)、超过大修周期地段、钢轨与运量不匹配地段。

4) 焊缝

无缝线路和道岔钢轨的焊缝除按规定周期探伤外，应用专用仪器对焊缝进行全断面探伤，每半年不少于1次。

5．钢轨探伤检查报告

(1) 铁路总公司钢轨探伤车检查中发现问题，应及时向有关单位发出通知要求处理，有关单位于每月末(或年底)向铁路总公司提报月度(或年度)检测、分析报告。

(2) 铁路局钢轨探伤车检查中发现问题，应立即通知工务段处理，检查后向有关单位通报检查结果，每月上旬(或年初)向铁路总公司提报上月(或上年度)检查、分析报告。

6．伤损钢轨的处理

(1) 线路上的伤损钢轨应作标记，见表7-15。

表7-15　钢轨伤损标记

伤损种类	伤损范围及标记		说明
	连续伤损	一点伤损	
轻伤	|←△→|	↑△	用白铅油作标记
轻伤有发展	|←△△→|	↑△△	用白铅油作标记
重伤	|←△△△→|	↑△△△	用白铅油作标记

重伤钢轨的现场标记如图7.10所示。

图7.10　重伤钢轨的标记

(2) 发现重伤钢轨应立即通知线路车间和工务段调度。

(3) 工务段每月应将钢轨探伤进度及结果和其他方法检查发现的钢轨伤损情况经分析后报铁路局，铁路局应每月汇总分析后报铁路总公司。

(4) 普通线路和无缝线路缓冲区的重伤和折断钢轨应及时更换。换下的重伤和折断钢轨应有明显的标记，防止再用。在桥上或隧道内的轻伤钢轨应及时进行更换或处理。

(5) 曲线地段钢轨侧面磨耗在未达到轻伤标准前，应有计划地调边或与直线地段钢轨倒换使用。

> 职业贴士

钢轨探伤工必须经过相关培训、考证，持证上岗，如图 7.11 所示。

图 7.11 钢轨探伤工培训

7.3.4 轨枕伤损检查

1．混凝土轨枕失效及严重伤损标准

1) 混凝土轨枕(含混凝土宽枕、岔枕等)失效标准
(1) 明显折断。
(2) 严重掉块。
(3) 挡肩破损，接近失去支承能力(破损长度超过挡肩长度的 1/2)。
(4) 横裂(或斜裂)接近环状裂纹(残余裂缝宽度超过 0.5mm 或长度超过 2/3 枕高)。
(5) 纵向通裂：挡肩顶角处缝宽大于 1.5mm；纵向水平裂纹基本贯通(缝宽大于 0.5mm)。

2) 混凝土轨枕严重伤损标准
(1) 严重网状龟裂和掉块。
(2) 承轨槽压溃，深度超过 2mm。
(3) 挡肩破损长度为挡肩长度的 1/3～1/2。
(4) 钢筋(或钢丝)外露(钢筋未锈蚀，长度超过 100mm)。
(5) 横裂裂纹长度为枕高的 1/2～2/3。
(6) 斜裂长度为枕高的 1/2～2/3。
(7) 纵裂：两螺栓孔间纵裂(挡肩顶角处缝宽不大于 1.5mm)，纵向水平裂纹基本贯通(缝宽不大于 0.5mm)。

2．木枕(含木岔枕)失效标准及处理措施

1) 木枕(含木岔枕)失效标准
(1) 折断或拼接的接合部分离，不能保持轨距。
(2) 腐朽失去承压能力，钉孔腐朽无处改孔，不能持钉。
(3) 劈裂或其他伤损不能承压、持钉。
(4) 机械磨损，经削平或除去腐朽木质后，容许速度大于 120km/h 的线路，其厚度不足 140mm，其他线路不足 100mm。

2) 木枕失效的原因及处理措施
木枕失效的原因主要是腐朽、机械磨损和开裂。三者互为因果，机械磨损和开裂会加速木枕的腐朽，腐朽也会加剧机械磨损和开裂。为延长木枕的使用寿命，应对三者进行综合治理。

防腐处理是延长木枕使用寿命的主要措施。此外，为减少机械磨损，木枕上必须铺设铁垫板，并预钻道钉孔。一旦出现裂缝，应根据裂缝大小采取补救措施，或用防腐浆膏掺以麻筋填塞，或加钉 C 形钉、S 形钉、组钉板及用铁丝捆扎，使裂缝愈合。

> **职业贴士**
>
> 旧轨枕可分为 3 类：一类为再用轨枕（可不经修理或稍加修理即能使用的轨枕），二类为待修轨枕（经过修理才能再用的轨枕），三类为废轨枕（不能修理再用的轨枕）。

任务 7.4　春秋季检查及线路质量评定

1．春秋季检查

(1) 每年 3～4 月应由铁路局组织工务段进行一次春季设备检查，检查内容和要求由铁路局根据具体情况规定。

(2) 每年 9 月末以前，按铁路总公司规定的秋检内容，应由铁路局组织工务段进行一次秋季设备检查，并结合设备检查进行线路设备状态评定。铁路局应于 10 月 20 日前汇总并分析秋季设备检查结果，报铁路总公司。

2．线路质量评定

1) 线路设备状态评定

(1) 线路设备状态评定是对正线线路设备质量基本状况的检查评定，是考核各级线路设备管理工作和线路设备状态改善情况的基本指标。线路设备状态评定结合秋检资料分析，是安排线路大、中维修计划的主要依据。

(2) 每年 9 月份，铁路局应组织工务段结合秋季设备检查，对管内正线全面评定一次。每年 10 月 20 日前，由铁路局汇总和分析评定结果，并报铁路总公司。

(3) 线路设备状态评定应以千米为单位（评定标准见表 7-16），满分为 100 分，100～85 分为优良，85(不含)～60 分为合格，60 分以下为失格。

表 7-16　线路设备状态评定评分标准

编号	项目	扣分条件	计算单位	扣分(分)	说　明
1	慢行	线路设备不良(不含路基)	处	41	检查时现存慢行处所
2	道床	翻浆冒泥	每延长 10m	4	
		道床不洁率大于 25%(在枕盒底边向下 100mm 处取样)	每延长 100m	8	道床不洁率指通过边长 25mm 筛孔的颗粒的质量比
3	轨枕	木枕失效率超过 8%	每增 1%	8	
		混凝土枕失效率超过 4%	每增 1%	8	
4	钢轨	一年内新生轻伤钢轨(不含曲线磨耗)	根	2	长轨中 2 个焊缝间为 1 根
		现存曲线磨耗轻伤钢轨	每延长 100m	4	按单股计算
		一年内新生重伤钢轨(不含焊缝)	根	20	长轨中 2 个焊缝间为 1 根
		无缝线路现存重伤钢轨(不含焊缝)	根	20	同上
		无缝线路现存重伤焊缝	个	20	

2) 线路设备保养质量评定

(1) 线路、道岔保养质量评定是考核线路、道岔养护质量的基本指标,也是安排维修计划的主要依据之一。

(2) 正线线路和正线、到发线道岔的保养质量评定应由工务段组织,采取定期抽样的办法进行。具体组织办法由各铁路局制定。

(3) 线路保养质量评定应以千米为单位(评定标准见表7-17),满分为100分,100～85分为优良,85(不含)～60分为合格,60分以下为失格。

(4) 道岔保养质量评定应以组为单位(评定标准见表7-18),满分为100分,100～85分为优良,85(不含)～60分为合格,60分以下为失格。

表7-17 线路保养质量评定标准

项目	编号	扣分条件	抽查数量	单位	扣分(分)	说明
轨道几何尺寸	1	超过经常保养标准容许偏差	轨距、水平、三角坑连续检测100m;轨向、高低全面查看,重点检测	处	4	选择线路质量较差地段检查。曲线正矢全面检测。曲线正矢超过容许偏差,每处扣4分
	2	超过临时补修标准容许偏差		处	4l	
	3	允许速度大于120km/h线路轨距变化率大于1‰,其他线路大于2‰(不含规定的递减率)		处	2	
钢轨	4	钢轨接头顶面或内侧面错牙大于2mm	全面查看,重点检测	处	4	错牙大于3mm时,每处扣4l分
	5	轨缝大于构造轨缝或连续3个及以上瞎缝。普通绝缘接头轨缝小于6mm	全面查看,重点检测	处	8	轨缝在调整轨缝轨温限制范围以内时检查。"未及时"是指钢轨折断后超过一天未进行临时处理或进入设计锁定轨温季节超过一个月未进行永久处理
	6	轨端肥边大于2mm	全面查看,重点检测	处	4	
	7	无缝线路钢轨折断未及时进行临时处理或插入短轨未及时进行永久性处理	全面查看	处	16	
轨枕	8	钢轨接头或焊缝处轨枕失效,其他处轨枕连续失效	全面查看,重点检测	处	6	
	9	每处调高垫板超过2块或总厚度超过10mm	连续查看,检测100头	头	1	使用调高扣件,每头超过3块或总厚度超过25mm
联结零件	10	铁垫板、橡胶垫板、橡胶垫片道钉、扣件缺少	连续查看100头	块、头	1	一组扣件的零件不全,按缺少一个扣件计算
	11	道钉浮离或扣件前、后离缝大于2mm的超过12%	连续检测50头	每增2%	1	
	12	扣件扭矩(扣压力)不符合规定或弹条扣件中部前端下颚离缝大于1mm的超过12%	同上	每增1%	1	
	13	接头螺栓缺少/松动或扭矩不符合规定	全面查看,抽测4个接头扭矩	个	8/2	

学习情境2 线路维护

续表

项目	编号	扣分条件	抽查数量	单位	扣分(分)	说明
防爬设备	14	防爬器、支撑缺损或失效	连续查看,检测防爬器、支撑各50个	个	2	
	15	爬行量超过20mm,观测桩缺损、失效,无缝线路位移观测无记录	全面检测	km	16	爬行超过30mm扣41分
道床	16	翻浆冒泥 $v_{max}>160km/h$	全面查看	孔	5	
		$160km/h≥v_{max}>120km/h$	全面查看	孔	3	
		$v_{max}≤120km/h$	全面查看	孔	1	
	17	肩宽不足、不饱满、有杂草	全面查看	每20m	2	单侧计算
路基	18	排水沟未疏通	全面查看	每10m	1	单侧计算
	19	路肩冲沟未修补	全面查看	每10m	1	单侧计算
	20	路肩有大草	全面查看	每10m	1	单侧计算
道口	21	铺面缺损、松动,护桩缺损	全面查看	块、个	4	
	22	护轨不符合标准	全面检测	处	16	
标志	23	线路标志缺少或不规范、不清晰或错误	全面查看	个	1	

表7-18 道岔保养质量评定标准

项目	编号	扣分条件	抽查数量	单位	扣分(分)	说明
轨道几何尺寸	1	轨距、水平、轨向、支距、高低超过经常保养标准容许偏差	轨距、支距、水平全面检测;轨向、高低全面查看,重点检测	处	4	同时检测线间距小于5.2m的连接曲线,用10m弦测量,连续正矢差超过4mm,每处扣4分
	2	轨距、水平、轨向、支距、高低超过临时补修标准容许偏差		处	41	
	3	查照间隔、护背距离、尖趾距离超过容许限度	全面检测	组	41	
钢轨	4	钢轨接头顶面或内侧面错牙超过2mm	全面查看,重点检测	处	4	错牙大于3mm时,每处扣41分
	5	存在《修规》第3.9.7条一、三、五、六项病害之一	全面查看,重点检测	组	41	
	6	存在《修规》第3.9.7条二、四、七项和第3.9.8条病害之一	全面查看,重点检测	组	16	
	7	轨缝大于构造轨缝或有连续3个及以上瞎缝,普通绝缘接头轨缝小于6mm	全面查看,重点检测	处	4	
	8	轨端肥边大于2mm	全面查看,重点检测	处	4	含胶接绝缘钢轨
岔枕	9	接头岔枕失效,其他处岔枕连续失效	全面查看,重点检测	处	6	
联结零件	10	尖轨、可动心轨与滑床板间缝隙大于2mm	全面检测	块	2	一组扣件的零件不全,按缺少一个扣件计算
	11	连杆、顶铁、间隔铁及护轨螺栓缺少,顶铁离缝大于2mm	全面检测	个、块	8	
	12	心轨凸缘螺栓缺少、松动	查看检测	个	41	
	13	长心轨与短心轨联结螺栓缺少/松动	查看检测	个	41/16	

项目 7 线路设备检查

续表

项目	编号	扣分条件	抽查数量	单位	扣分(分)	说 明
联结零件	14	接头螺栓缺少/松动或扭矩不足	全面查看	个	8/2	
	15	其他螺栓缺少、松动	全面查看	个	1	
	16	垫板、道钉、胶垫、扣件缺少	全面查看	个、块	1	
	17	道钉浮离、扣件扭矩(扣压力)不符合规定或弹条扣件中部前端下颚离缝大于1mm者、轨距挡板前、后离缝大于2mm，不良者超过12%	各连续检测50个	每增1%	1	
轨道加强设备	18	转辙和辙叉部分轨撑离缝大于2mm，其他部分轨撑或轨撑杆损坏、松动	全面查看、检测	个、根	1	
	19	防爬器、支撑缺损或失效	全面查看	个	2	
	20	道岔两尖轨尖端相错量大于20mm、无缝道岔位移超过10mm或无观测记录	全面查看	组	16	
道床	21	翻浆冒泥 $v_{max}>160km/h$	全面查看	孔	5	
		$160km/h \geqslant v_{max}>120km/h$	全面查看	孔	3	
		$v_{max} \leqslant 120km/h$	全面查看	孔	1	
	22	肩宽不足，不饱满，有杂草	全面检测	组	4	
警冲标	23	损坏或不清晰	全面查看	组	8	缺少或位置不对，扣41分
标记	24	缺少、不清晰或错误	全面查看	处	1	

任务 7.5 巡道与看守道口

1. 巡道

1) 巡守制度

(1) 线路巡守人员(巡道工、道口工)应具备下列条件。

熟悉有关规章制度及线路业务；有单独处理故障的能力；巡守人员(含替班人员)应经工务段考试合格，持证上岗。

(2) 线路巡守人员应执行下列工作制度。

① 交接班制度：线路巡守人员交接班时，应交清和接清下列事项：发现的问题和处理情况以及需要继续处理的问题，并记入交接班记录簿内；信号用品、巡道牌、工具、材料及其他备品等。

② 汇报制度：发现影响行车安全的故障和其他重要情况时，应及时报告工长或车间主任，危及行车安全时应立即采取防护措施并向车站和工务段调度报告；经常向工长汇报行车安全及人身安全情况、线路设备变化情况。

2) 巡道

(1) 工务段应根据管内设备情况合理设置巡回区，每个巡回区一般实行三班巡道制；线路设备条件较好或列车次数较少的，可实行昼间一班或两班巡道制；在自然条件很差、

学习情境2　线路维护

沿线人烟稀少且列车次数不多的区段，可实行定期巡道制。巡道班制由铁路局根据各线具体情况决定。

(2) 巡道工在当班巡道时，应穿戴防护服，按照工务段编制的巡回图巡道，以3km/h左右的速度全面查看线路，掌握重点列车运行时刻，注意瞭望，及时下道避车，目送本线运行列车。

(3) 巡道工重点检查：钢轨、道岔及主要联结零件是否缺损，原有标记的伤损是否变化；是否有侵入限界、胀轨跑道等线路故障；是否有路基沉陷、塌方落石、水害、雪害、沙害、冻害等情况；桥头护锥是否出现异常；道口铺面及护桩是否缺损。

(4) 如线路发生故障，应立即按有关规定进行防护、处理。

(5) 线路允许速度大于120km/h区段或遇降雾、暴风雨(雪)、扬沙等恶劣天气、瞭望困难时，巡道工应行走路肩，察看线路状态。

(6) 巡道工在当班巡回时，应打紧浮起道钉，拧紧松动的螺栓，清扫无人看守道口的轮缘槽。

2．道口看守

(1) 道口工值班应注意瞭望列车，注意信号显示、警铃音响和道口交通情况，在列车通过前后适时关、开栏杆或栏门。

(2) 双线和多线地段的道口，列车通过后，必须确认其他线路无列车驶来，多人看守道口应先互对信号后方可开放栏杆或栏门。

(3) 如道口发生故障，应按《铁路工务安全规则》的规定首先进行防护，然后迅速组织力量排除故障。

(4) 道口工应清扫轮缘槽，平整道口铺面，定期对栏杆或栏门转动设备涂润滑油，清理道口排水设备，保持道口和附近线路整洁。

职业贴士

《修规》用词说明如下。

(1) 表示很严格，非这样做不可的用词：正面词采用"必须"；反面词采用"严禁"。

(2) 表示严格，在正常情况下均这样做的用词：正面词采用"应"；反面词采用"不应"或"不得"。

(3) 表示允许稍有选择，在条件许可时首先应这样做的用词：正面词采用"宜"；反面词采用"不宜"。

(4) 表示有选择，在一定条件可以这样做的，采用"可"。

学岗互通

1. 分别使用道尺、轨道检测仪进行以下训练。
   (1) 在实训场进行铁路线路轨道几何状态检查并填写有关记录。
   (2) 在实训场进行铁路道岔检查并填写有关记录。
2. 调查实训场钢轨、轨枕的伤损情况。

项目7 线路设备检查

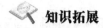

轨道结构力学

1. 轨道结构力学分析

铁路轨道是由不同力学性能的材料组成的工程结构物。多种运营条件和自然界的各种环境使轨道结构及其部件承受着非常复杂的力和变形,而且具有强烈的随机性和重复性。

轨道结构力学分析包括静力分析和动力分析,一般来讲,轨道承受的力包括各种垂直力、纵向水平力和横向水平力等。

1) 垂直力

垂直力指静轮重和附加动压力。静轮重与机车车辆的类型及其载重有关;附加动压力包括机车车辆的构造和车轮踏面的不圆顺、车轮安装偏心引起的机车车辆簧上部分质量振动、轨道的各种不平顺(如不均匀下沉、钢轨波磨、各种原因引起的刚度不匹配、轨缝和焊缝、道岔等)引起的附加动力,随着不平顺的加剧和行车速度、轴重的增加而增大。

2) 纵向水平力

纵向水平力指沿轨道方向的水平力,包括列车启动、制动、加速产生的纵向水平力,轨道爬行力,因钢轨温度变化而产生的温度力,坡道上列车重力的水平分力等。

3) 横向水平力

横向水平力指轨道平面上与轨道方向垂直的水平力。横向水平力与机车车辆脱轨、钢轨的侧面磨耗密切相关。

直线轨道横向水平力主要是由机车车辆的蛇行运动而引起的,曲线轨道横向水平力主要是由车轮通过曲线时的导向力引起的,与行车速度、曲线半径的大小、轨道的侧向平顺性及轨道侧向刚度、轮轨摩擦系数、轨道结构的类型、机车车辆走行部分的结构等因素有关。

2. 轨道结构竖向受力的计算模型及检算项目

1) 基本假设

(1) 轨道和机车车辆均处于正常良好的状态,符合相关的标准和要求,车轮运行时不脱离钢轨。

(2) 钢轨是一根支承在连续弹性基础上的无限长梁;轨枕视为支承在连续弹性基础上的短梁。

(3) 基础或支座的沉落值与它所受的力成正比,基础刚度均匀且对称于轨道中心线。

(4) 轮载作用于钢轨的对称面上,而且两股钢轨上的荷载相等。

(5) 将两股钢轨分开计算。

(6) 不考虑钢轨、扣件及轨枕本身的自重。

2) 计算模型与计算参数

(1) 计算模型。

目前,轨道结构竖向受力的静力计算模型有:连续弹性基础梁模型和连续弹性点支承梁模型。用连续弹性基础梁模型可求得理论严密的解析解。

现在世界各国和我国行业标准 TB 2034—1988《铁路轨道强度检算法》均采用连续弹性基础梁模型。

(2) 计算参数。

计算时一般由钢轨支座刚度、钢轨基础弹性模量和道床系数3个参数来表征轨道基础的弹性。

学习情境2　线路维护

钢轨支座刚度：使钢轨支座顶面产生单位下沉时所必须施加于支座顶面上的钢轨压力，表征支座的弹性特征。

钢轨基础弹性模量：钢轨基础产生单位弹性下沉时施加于单位长度钢轨上的压力，表征基础的弹性特征。

道床系数：使道床顶面产生单位沉陷所必须施加于道床顶面单位面积上的压力，表征道床及路基的弹性特征。

(3) 轨道各部分强度检算项目。

① 钢轨强度检算。钢轨内的应力包括基本应力、附加应力、局部应力和残余应力等。其中基本应力主要包括列车荷载作用下钢轨产生的动弯应力和钢轨承受的温度力。

② 轨枕强度检算。包括轨枕顶面承压、轨枕弯矩等检算。

③ 道床及路基面的强度检算。包括道床顶面应力、道床及路基面应力、道床及路基面的强度等检算。

3. 机车车辆与轨道的相互作用

在轮轨接触处钢轨产生很大的应力，称为接触应力。轮轨接触状态有在钢轨踏面上的一点接触，也有在曲线上的两点接触。随着轴重的增加，接触应力增大，有时会大大超过钢轨的屈服极限，出现轨头的各种伤损。

1) 车轮与钢轨踏面接触时轨头的受力分析

列车通过轨面时，除了轴重外，还传递牵引力和制动力，使轨顶接触面反复出现接触应力和摩擦力，轨面出现塑性变形，且出现疲劳磨耗、疲劳裂纹等接触疲劳伤损现象。

(1) 塑性变形和磨耗。

钢轨塑性变形与接触应力和摩擦力成正比，与钢轨硬度成反比。

(2) 剥离掉块。

在接触剪应力作用下，表面疲劳裂纹沿流变方向倾斜向下发展，当疲劳裂纹扩展速率大于磨耗速率时，在接触应力较大的轨顶内侧小圆弧处出现鱼鳞状剥离裂纹，在小半径曲线外轨处，裂纹一般可达2mm以上。曲线外轨的粘着蠕滑作用、轨道不平顺可加速裂纹的发展，钢中有非金属夹杂物时，更加快裂纹的萌生和发展。

(3) 核伤。核伤起源于轨头踏面下5～12 mm范围内的内部疲劳裂纹，这一范围是接触剪应力最大的分布区域，如果存在着氧化物夹杂物，就会形成条状疲劳裂纹。

(4) 波磨。波磨是指在钢轨踏面上出现周期性高低不平的波状变形。在曲线上时，一侧车轮产生重复粘着与滑动，滑动使钢轨表面有塑性变形和磨耗，形成波谷，粘着过程中出现波峰。波谷处接触应力急剧增加，金属塑性流动变形增大，加剧了波磨发展。

2) 曲线上车辆转向架与轨道的受力分析

(1) 导向力与钢轨侧磨。

机车车辆通过曲线时，轮轨间会产生较大的摩擦力，摩擦力与摩擦距离相乘的摩擦功是曲线钢轨轨头侧磨的主要原因。

(2) 横向水平力与脱轨。

车辆通过曲线时，由于车辆状态或线路状态的不良、车辆偏载、列车编组或机车操作不当，均可能造成列车脱轨，从车轮脱离钢轨的形态来看大致可分为：车轮爬轨脱轨、车轮滑上钢轨脱轨、车轮跳轨脱轨、车轮悬浮脱轨、轨道破坏脱轨、列车横向振动脱轨。

项目7 线路设备检查

思考题

1. 简述线路静态检查与动态检查。
2. 简述线路静态检查程序及要求。
3. 简述线路、道岔静态检查项目、内容及周期。
4. 动态检测的轨检车由哪两大部分组成?简述各自的组成。
5. 简述轨检车对线路局部不平顺(峰值管理)的检查项目、评定标准。
6. 简述轨道质量指数的概念。
7. 简述轨道检查车的检查周期。
8. 钢轨伤损的种类有哪3种?简述其分类表示方法。
9. 简述应适当增加钢轨探伤遍数的具体情况。
10. 简述伤损钢轨的处理。
11. 旧轨枕可分为哪3类?
12. 简述混凝土轨枕失效及严重伤损标准。
13. 简述木枕(含木岔枕)失效标准及处理措施。
14. 简述春秋季检查及线路质量评定的时机。
15. 简述巡道巡守制度及工作制度。
16. 简述巡道工重点检查的内容。

项目 8　线路维修主要作业

引子

线路作业质量直接影响线路设备的质量状态,还涉及行车和劳动安全。线路作业是由许多单项作业组成的,包括起、捣、拨、改等线路基本作业和其他主要作业,如图 8.1 所示。只有按照作业标准做好每项单项作业,才能保证线路维修作业的总体质量。

图 8.1　线路作业组图

任务

任务 8.1　养路工作一日作业标准化
任务 8.2　线路基本作业
任务 8.3　其他线路主要作业

任务 8.1　养路工作一日作业标准化

线路作业一定要加强施工领导,实行记名修,避免无效劳动,消灭有害劳动。车间主任、工长应按规定参加有关线路作业。

线路作业须贯彻作业标准化,养路工作一日作业标准化如下。

1. 出工前

工作预报:按日计划在作业牌上公布作业项目和分工,准备好机具、备品和材料。出库机具材料及时做好登记。

列队点名:布置当日工作计划(地点、项目、工作量)、质量要求以及安全措施和注意事项。

根据作业的内容,按规定办理登记签认手续,联系有关单位配合施工。

按规定办理乘车或列队行走去施工地点，施工负责人在队前，安全员(安全值日)在队后，推起道机必须有二人，一人负责瞭望，按规定设置防护信号。

2．作业中

听从工班长统一指挥，按岗位责任制和操作规则及时上道作业，做到不简化、不留病害，按规定工料定额完成任务。

随时注意瞭望列车，听从防护员、安全员指挥。带好工具及时按规定下道避车。

严格执行规章制度，实行安全生产，杜绝违章作业。中间休息时，人员机具必须撤离轨道。

复线地段作业时，应面向来车方向。复线及站场内作业，邻线来车本线也应下道。

执行作业前检查和随时抽查制度，保证质量，杜绝无效劳动。

按半日清和当日清的作业要求，结束施工。认真执行回检制度，不合质量要求应返工重做。

3．作业后

(1) 撤除防护，按规定乘车办法或列队行走返回。

(2) 整理机具材料入库，对号定位，堆码整齐。

(3) 根据当日完成数量、质量核算工料消耗，填写日计划完成情况

(4) 分析当日安全、质量、数量、纪律等情况，进行评比记分；编制次日工作计划并组织安全预想。

单项作业的标准化应按铁路局的有关规定执行。

任务 8.2　线路基本作业

8.2.1　起道作业

概念：起道作业是用起道器(图 8.2)将轨道(钢轨连同轨枕)抬起一定高度的作业，其后一般紧跟着要进行捣固作业，是线路作业中技术要求较高的作业。

图 8.2　各式起道器

目的：提高轨面标高，保证道床厚度；或找平轨面，消灭或减少轨道下沉的残余变形，改善道床弹性。

要求：每次起道长度根据作业条件、列车间隔时间确定，通车前完成捣固顺撬工作。

学习情境2　线路维护

1．作业类型

起道作业分重起(重点起道)和全起(全面抬高)两种。

(1) 重起：将轨道坑洼处抬平、凸包处顺坡的起道方法。

(2) 全起：将轨面普遍抬起一定高度的起道方法。

2．作业范围

(1) 整正线路水平、三角坑及高低超限。

(2) 整治线路坑洼，增加道床厚度，调整线路纵断面，局部或全面起道。

3．作业条件

(1) 根据起道量大小，办理封锁慢行施工手续，尽量减少重复作业。

(2) 按规定指定专人担任施工负责人，认真执行放行列车条件。

(3) 起道地段要备足道砟。

(4) 全面起道，起道量普遍超过40mm时，一般应按测量的标桩起道。

(5) 无缝线路的起道应按作业轨温条件执行。

4．作业程序及要领

1) 准备(作业前)

(1) 由起道负责人检查、核对量具，由起道器手检查起道器状态。

(2) 按计划撤除或保留垫板，然后压打道钉，调整胶垫和拧紧扣件。

2) 标准股起道量标记

直线以左股(重点起道时，直线以水平高的一股为标准股)、曲线以下股为标准股，每隔20m或25m将计划起道量标记在钢轨上。

3) 调查找撬工作

(1) 全起时，画好每撬的撬头、撬尾、坑底的位置，将钢轨低头、拱腰、死坑、吊板等画上增减镐标记。

(2) 重起时，画好坑洼头尾和钢轨低接头、拱腰、空吊板等轻、重捣符号。

4) 指挥起道

指挥起道时，一般距起道器不少于20m看道，起道负责人俯身在钢轨上，目测钢轨外侧下颚，用手势指挥起道。先将标准股上各点起够，各点之间用目测起平；返回起好对面股水平，来车前做好顺坡。

(1) 起标准股：起道器手按起道负责人的手势，扒好起道器窝，放置起道器，直线和曲线下股放在钢轨里口，曲线上股放在外口，混凝土枕地段和无缝线路应放在接缝、铝热焊缝以外不少于一个轨枕孔内。

全起时，在接头处起一次，混凝土枕每隔6根，木枕每隔6～8根起一次；重起时，在坑底起一次，漫坑按长度增加次数；打塞时用道镐在钢轨外口枕下串实，接缝处在接缝两侧轨枕下打塞，起过量时，应用镐尖透塞。

(2) 起对面股：轨距尺放在靠近起道器已起完的一端，起完一段水平后(由起道负责人掌握，视列车密度情况，一般起完2～4撬后)，起道负责人俯在钢轨上回看轨道纵平，如有高低不平情况，先在标准股目测补撬，后找对面股水平高低。

项目 8 线路维修主要作业

5. 作业要求

(1) 除经批准的调整纵断面外,起道时应保持既有坡度、变坡点位置和竖曲线半径,同时应考虑建筑接近限界和与相邻线的最大高度差。

(2) 起道组对打塞处不方正的轨枕应同时予以方正。

(3) 为防止捣固不良影响起道质量,起道负责人要与捣固组保持密切联系,对加重或减轻捣固处所要随时监督指导。

8.2.2 捣固作业

概念:捣固作业是使用工具或机具(图 8.3)将轨道轨枕下的道砟打实或者抬高后打实的作业,多数为紧跟着起道作业进行,是线路作业中体能要求较高的作业。

目的:消除轨道下沉及坍砟。

要求:通车前完成捣固顺撬工作。

图 8.3 道镐、捣固机

1. 作业类型

捣固作业分手捣(手工捣固)和机捣(机械捣固)两种。

(1) 手捣:用道镐捣固的方法。

(2) 机捣:用电动捣镐或液压捣固机捣固的方法。

2. 作业范围

(1) 捣实线路水平、三角坑及高低超限处所道床。

(2) 整治线路暗坑、吊板和低接头等病害。

(3) 其他需要捣实枕底道床的作业。

3. 作业条件

(1) 配合起道时,按起道作业条件设置防护。

(2) 无缝线路应按照作业轨温条件执行。

4. 手提电镐或内燃捣固作业程序及要领

1) 扒道床

一般起道量在 20mm 以下时,扒出枕盒内 1/2 石砟;起道量超出 20mm 时,扒出枕盒内 1/3 石砟;如石砟清洁,能插入捣固镐或起道量超过 30mm 时,也可不扒石砟。

2) 捣固姿势

两脚站在被捣固轨枕前或后的两根相邻轨枕上,成 80°～85°角,前脚距钢轨约 400mm,并与之平行,后脚尖向着钢轨,身体垂直,两手紧握手把。捣固时,首先使电镐与轨枕垂线成 45°,以后逐渐增大,到结束时为 80°角。在捣固中,还必须将电镐沿中心线向四周摆动和左右倾斜约 20°,这样可使镐头进入道床,提高捣固质量。

3) 捣固顺序

为加强轨底,先将镐头放在轨底处捣固,以后再向两边移动捣固,最后再向轨底中间方向捣固。

4) 捣固时间

捣固时间与起道量有关,起道量在 20mm 以下时,一般捣固时间为 40s,混凝土枕地段接头 4 根或坑底每根轨枕捣固 45s,每面排 3 个镐位;起道量在 20～40mm 时,一般捣固时间为 55s,每面排 4 个镐位。轨底应适当延长捣固时间。

捣固作业如图 8.4 所示。

图 8.4 捣固作业

5. 作业要求

(1) 捣固时 4 个镐或 8 个镐在捣固时必须做到四一致:下镐位置一致,都捣固同一位置的镐位;下镐角度一致,镐板与地平面成 40°～45°角;下镐动作一致;捣固时间一致,一起下镐,一起转移。

(2) 为防止捣固不良影响起道质量,捣固组要与起道负责人保持密切联系,对加重或减轻捣固处所要按照要求实施。

8.2.3 拨道作业

概念:拨道作业是使用撬棍或起道器将钢轨和轨枕一起横向移动至一定位置的作业。

目的:修正线路的平面位置。

1. 类型

直线地段拨直线路轨向,曲线地段按计算出的拨道量拨顺曲线轨向。

2. 作业范围

(1) 临时补修时整正方向超限处所。

(2) 有计划地调整线路平面。

(3) 春秋季全面拨正线路方向。

3．作业条件

(1) 根据拨道量大小(线路拨道，一次拨道量超过 100mm)，办理封锁慢行施工手续。

(2) 按规定指定专人担任施工作业负责人，设置作业标防护。

(3) 无缝线路的拨道按作业轨温条件执行。

4．作业程序及要领

1) 施工准备

(1) 调查确定拨道量，据拨道量确定防护方法和拨正步骤。以方向较好的一股为标准股，两股方向大致相同时，以左股为标准股，曲线以上股为标准股。

(2) 将枕端道床扒开或刨松，拆除防爬设备，压打道钉和拧紧扣件。

2) 粗拨道

(1) 拨道负责人至拨道人员的距离，当拨大甩弯时应在 100 m 左右，小拨时在 50 m 左右；拨道负责人跨立在标准股上看道指挥，用手势指挥拨道，远处大方向看轨面光带，近处小方向看钢轨里口，向不动点目测穿直。

(2) 拨道时在标准股上点撬，最前面拿撬棍的人员负责点撬，当往回倒撬时，前面第一人将撬棍担在钢轨上轻轻拖着走，代替点撬。

(3) 使用撬棍时，每人拿一根撬棍，分为两组，每撬中间可隔 3～4 孔，分别在两股钢轨上拨道。握撬棍准备插入道床时，上手握在撬棍嘴一端，下手握在撬棍重心处；插入撬棍时，上身稍往前倾，将撬棍斜插至钢轨底下道床内，插入深度 20 cm 左右，要轻试检查看是否插牢。拨小弯时撬棍要集中插正，防止插偏或撬位过长，成反撬；拨大弯时要一撬接一撬向前倒。

(4) 拨动线路，拨道人员上手握住撬棍的一端，另一端相距 200～300 mm 握住撬棍，腰部挺直，前膝弯曲，身体略向拨道方向倾斜，眼看拨道负责人，耳听口号，按照指示方向拨动。

(5) 用液压拨道器拨道时，拨道器不少于 3 台，前二后一，呈三角形排列。

3) 细拨道

细拨时与粗拨道程序相同，根据需要预留钢轨回弹量。

4) 整平夯实

重点捣固，安防爬设备，整平、夯实石砟。

5) 回检验收

回检，及时整修，按要求验收有关作业。

拨道作业如图 8.5 所示。

图 8.5　拨道作业

5. 作业要求

(1) 拨正大方向时应利用阴天或晴天的早晚时间,指挥人员背向阳光指挥拨道。

(2) 拨动时,指定一人负责喊口号,大家接号,以求用力一致。易拨时喊短号,难拨时喊长号,防止拨多反撬。

6. 用绳正法拨正曲线的基本要求

(1) 曲线两端直线轨向不良时,应事先拨正;两曲线间直线段较短时,可与两曲线同时拨正。

(2) 在外股钢轨上用钢尺丈量,每10m设置1个测点(曲线头尾是否在测点上不限)。

(3) 在风力较小条件下,拉绳测量每个测点的正矢,测量3次,取其平均值。

(4) 按绳正法计算拨道量,计算时不宜为减少拨道量而大量调整计划正矢。

(5) 设置拨道桩,按桩拨道。

7. 拨道的指挥手势

远离去,右臂屈举于右肩前,手掌向前,然后右臂平伸向前推去。

靠近来,右臂向前平伸,手掌向上,然后屈臂向后招来。

拨接头,屈举两臂两手握拳于头上相碰。

拨大腰,两臂微屈,两手张开,在头上比成大圆形。

拨小腰,两臂弯曲,两手张开,在胸前比成小圆形。

向左拨,左臂向左平伸。

向右拨,右臂向右平伸。

交叉拨,两臂在体前交叉。

用力拨,两臂下垂,在体前向拨动方向快速摆动。

停止拨道,两臂向右平伸。

拨道结束,右臂划大圆圈。

8.2.4 改道作业

概念:改道作业是按规定的轨距值改动另一股钢轨位置的作业。直线以左股为标准股,也可任选一股为标准股,曲线以上股为标准股。

目的:使线路的轨距符合要求。

类型:木枕线路改道、混凝土枕线路改道。下面以混凝土枕线路改道作业为例作介绍。

1. 作业范围

(1) 混凝土枕地段改正超限或接近超限的轨距及变化率。

(2) 改正轨道上出现的不良小轨向。

(3) 消除"三不密"扣件,用垫片整正线路水平、高低,整修扣件,以及其他有关松卸与组装扣件作业。

2. 作业程序

1) 确定标准股,调查划撬

(1) 先确定标准股,直线以方向较好的一股为标准股,改正对面股;曲线以外股为标准股,改正里股。同时改正小方向时,先改正标准股。

(2) 用轨距尺检查，对轨距超限和变化率不良的处所，在轨底内侧用符号划出撬长。

2) 调换扣板或轨距挡板

调换标准股扣板或轨距挡板，使各有关部分互相靠贴。

3) 改正对面股

卸掉改道范围内里外口螺帽，调换扣板或轨距挡板，按先外口后里口的顺序将轨距改好。

4) 拧紧螺栓帽

安装垫圈螺帽，用力在 80~140N·m 范围内。改道处所的扣件螺栓，当天下班前应进行一次复紧。

5) 回检找细

对当天改道处所，收工前按标准进行回检找细。

3．作业要求

(1) 改道负责人应距一根钢轨左右查看划撬处所的方向，最后确定基本股、改道方向和改道范围。

(2) 如基本股有小量碎弯，应首先改好基本股。

(3) 不得以道钉锤敲打扣板，不得以螺栓为支点撬动钢轨，不得以挡肩为支点挤动螺栓。

(4) 在道岔转辙部分改道时，应将曲股基本轨弯折尺寸和尖轨侧弯整修好；在辙叉部分改道时，应处理好查照间隔、护背距离和翼轨、护轨轮缘槽宽度之间的关系，应用打磨钢轨肥边和间隔铁加垫片等方法调整好轮缘槽宽度。

任务 8.3　线路其他主要作业

8.3.1　单根更换钢轨作业

1．作业程序

1) 检查准备

检查准备换入的钢轨是否符合要求。检查换轨处前后各不少于 5 节钢轨，如轨缝不正常应事先调整；检查轨距及小方向，在需要改道处所划好撬。

2) 运放钢轨

将准备换入的钢轨运至换轨处轨枕头外的道床上，钢轨应放置稳定，不得侵入机车车辆限界。混凝土枕地段要将新轨倒放在轨枕头上，不得侵入限界。

3) 松卸部分配件

逐个敲打道钉和拧动扣件，卸下接头处第 2、5 位螺栓，其余螺栓每次卸下一个并加垫圈重新拧紧，同时涂油与更换不良螺栓和垫圈。拆除防爬器、轨距杆或轨撑。

4) 全面起冒道钉或松卸扣件

确认承认的施工时间，按规定设置防护后，卸下接头螺栓和夹板；起下外口和需改小轨距处所的里口道钉，冒起里口其他道钉。在混凝土枕地段，卸下或松开扣件。

5) 拨进待换入钢轨

将待换出的钢轨拨至轨道外侧。在混凝土枕地段，先将钢轨起高，再拨出钢轨，避免碰伤螺栓。

6) 安装夹板、补齐配件

7) 回检找细整理

图 8.6 所示为人工换轨和上夹板操作。

图 8.6　人工换轨和上夹板

2．作业要求

(1) 摆放钢轨，外侧轨底至轨枕端部的距离不得小于 60mm。

(2) 严禁用氧气乙炔焰切割钢轨和吹烧螺栓孔，不得在未锯断钢轨前将钢轨摔断或打断。

(3) 在有轨道电路或电气化地段换轨时，应通知有关人员配合施工。

(4) 翻动钢轨时应防止压伤手脚。

(5) 凡有硬弯的钢轨，均应于铺轨前矫直。线路上的钢轨硬弯应在轨温较高的季节矫直，矫直时轨温应高于 25℃。常备轨亦应保持顺直。

8.3.2　安装、更换钢轨接头夹板作业

1．作业程序

作业一般以两人为一组。作业人员应携带扳手、道钉锤、钢丝刷、油刷、油料等，木枕地段还应携带改道工具。

1) 接头夹板更换前的准备

卸掉 2、5 位螺栓；对其他 4 个螺栓，逐个涂油，加垫垫圈，再重新上紧；钢轨内外口靠轨底各松一个道钉再打紧，其余道钉起掉。

2) 起钉、卸螺栓

起掉剩余的道钉，或卸掉轨枕扣件。将接头螺栓卸掉，其顺序为先 1、3 位，后 4、6 位。

3) 卸夹板

用扳手尖端撬出夹板，放在方便的位置。

4) 将新夹板扣入

除锈检查、涂油，并将新夹板扣入。

5) 上接头螺栓

紧固螺栓时，直线上钢轨接头 6 孔螺栓，先上紧最外侧两个螺栓，再上紧中间两个螺栓，剩下两个最后上紧，如图 8.7 所示。在曲线上，则先紧最外两个螺栓，再上紧次外两个螺栓，最后上紧中间两个螺栓，如图 8.8 所示。全部螺栓上紧后应复紧一遍。

6) 钉道钉或上扣件

```
1  2  3  4  5  6          1  2  3  4  5  6
①  ⑤  ④  ③  ⑥  ②          ①  ④  ⑤  ⑥  ③  ②
```

图 8.7　直线接头紧螺栓顺序　　　　图 8.8　曲线接头紧螺栓顺序

2．安全注意事项

(1) 来车时接头至少上足 4 个螺栓(轨缝每侧 2 个)，才能放行列车。

(2) 安装夹板和螺栓时，严禁用手指穿入螺栓孔内和轨缝内，以免夹伤手指。

8.3.3　调整与整正轨缝作业

调整与整正轨缝可使用轨缝调整器进行作业(图 8.9)。

图 8.9　轨缝调整

1．作业程序

1) 施工准备

(1) 调查轨缝及接头错差。

(2) 根据作业量，做好作业安排；检查轨缝调整器。

2) 松开配件

打松防爬器，松开轨距杆，冒起道钉和松动扣件，松动接头螺栓和夹板。

3) 串动钢轨

按计划串动钢轨，用轨缝调整器逐个接头串动钢轨。

4) 紧固配件

拧紧接头螺栓，压打道钉和拧紧扣件螺栓，安装防爬器，上紧轨距杆。

5) 回检整修

对不合格处所进行整修，列车通过后，复拧螺栓，进行其他找细整修。

2．作业要求

(1) 调整轨缝可流水作业，按工作前进方向，第一组在前边松动零件，第二组在中间串动钢轨，第三组在后边上紧各部零件。

(2) 不得用撞击夹板的方法调整轨缝。

(3) 与电务有关时，通知电务人员配合。

8.3.4 换枕作业

1. 单根更换木枕作业

更换轨枕作业如图 8.10 所示。

1) 作业程序

(1) 预钻道钉孔和捆头。预先钻好一端道钉孔，亦可用定位模具同时钻好全部道钉孔；对新木枕进行捆扎处理。

(2) 散布木枕。直线地段散布在作业方便的一侧，曲线地段散布在曲线下股一侧。

(3) 拆除防爬设备、扒砟、清筛，将枕盒道床扒成略低于原来枕底面。

(4) 起钉。起掉更换木枕上的所有道钉，起钉顺序为：①甲股钢轨外侧，②乙股内侧，③乙股外侧，④甲股内侧，并卸下铁垫板。

(5) 抽出旧枕。用撬棍将木枕拨到枕盒里，用木枕夹钳顺着扒开的道砟槽将旧枕抽出。

(6) 穿入新枕，钉道钉。将新木枕穿入，安铁垫板，拨正、钉道钉。

(7) 捣固。要串好石砟，加强捣固；隔 2～5 天后再捣固一次。

(8) 回填整理。捣固后将事先拆掉的防爬器、支撑、轨距杆等安装达到标准。

(9) 回检验收。组织回检，发现不合格当即返工重作。当日收工时应回收旧木枕等旧料，做到工完料净。

2) 注意事项

(1) 换入木枕要做到树心朝下，对断面不标准的木枕要大面朝下。

(2) 换入新木枕时，直线地段以左股对齐，曲线地段以上股对齐，间距误差和偏斜不超过 50mm。

图 8.10　更换轨枕

2. 单根更换混凝土枕作业

1) 作业程序

(1) 散布轨枕。直线地段散布在作业方便的一侧，曲线地段一般散布在曲线下股一侧。

(2) 拆除防爬设备和轨距杆，扒道床。

(3) 卸下扣件。卸下螺帽、垫圈、扣板或弹条、铁座、大小胶垫和防磨垫板、垫片等，集中存放在适当地点。

(4) 抽出旧轨枕。将旧轨枕横向拨入扒开的轨枕盒内并放倒，将旧轨枕抽出。

(5) 穿入新轨枕。将新轨枕放倒、穿入，立放并横拨至轨枕位置上。

(6) 安装扣件。

(7) 捣固。加填部分道床，扒好另一侧镐窝，串砟捣实，打八面镐。

(8) 安装防爬设备和轨距杆。
(9) 回检找细。全面检查，整修不良处所，列车通过后进行第二遍捣固。
(10) 整理料具。回收材料，将旧轨枕放在临时存放地点。
2) 作业要求
装卸、搬运、更换轨枕时，防止损伤轨枕及螺栓。

 职业贴士

线路基本作业是线路工的基本职业技能，线路工经职业技能鉴定可分别定为初级、中级、高级线路工，该职业技能鉴定包括理论考试（机试）和实作考试。

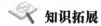 学岗互通

1. 在实训场线路进行起道、捣固等线路工基本作业技能训练。
2. 在实训场线路进行拨道等线路工基本作业技能训练。
3. 在实训场线路进行改道等线路工基本作业技能训练。
4. 在实训场进行钢轨接头夹板安装及拆除练习。
5. 在实训场进行线路工抽换轨枕单项作业练习。
6. 在实训场进行线路工换轨单项作业练习。
7. 在实训场分别使用撞轨或轨缝调整器进行线路轨缝调整练习。

知识拓展

铁道线路其他作业

1. 线路清筛施工作业

(1) 成段破底清筛应采用大型养路机械施工，施工天窗不应少于 180 min，并应连续安排施工天窗。慢行距离以日进度的 4 倍为宜。

(2) 成段破底清筛前，应根据既有线路情况和清筛施工要求预卸足够的道砟。

(3) 无缝线路地段，当预测施工轨温高于原锁定轨温 10℃以上时，线路清筛前必须进行应力放散，放散轨温应满足施工期间作业安全要求。

(4) 成组更换道岔和岔枕时，应全部更换为新道砟。

(5) 道床一般清筛枕盒清筛深度为枕底向下 50～100mm，并做好排水坡；边坡清筛为轨枕头外全部道砟，宜使用边坡清筛机施工。清筛后应及时夯实、捣固。

2. 铺设无缝线路施工作业

(1) 铺设无缝线路按流程包括焊接、装卸、运输、换轨、整修等主要作业。

(2) 钢轨焊接应严格执行《钢轨焊接技术条件》(TB/T 1632.1～TB/T 1632.4)的有关规定。

(3) 轨条装、运、卸作业严禁摔、撞，防止扭曲、翻倒，以免造成硬弯。

(4) 工地焊接：气温在 0℃以下时，不应进行工地焊接作业；轨条端头应方正，左右股轨端相错量不应大于 40mm。

(5) 在封锁前的慢行时间内(列车限速≤45km/h)，卸除部分道钉、轨枕扣件及接头螺栓。

① 接头两根轨枕和桥枕上，道钉及扣件齐全、有效；半径不大于 800m 曲线地段混凝土枕

学习情境2 线路维护

隔三卸一，木枕隔六卸一；其他部位混凝土枕隔一卸二，木枕隔二卸一。

② 接头螺栓每端卸一个(每端保证两个拧紧)。

(6) 轨条铺设锁定轨温取轨条始端入槽和终端入槽时轨温的平均值。如果铺设锁定轨温不在设计锁定轨温范围内(含轨条始端入槽或终端入槽时的轨温不在设计锁定轨温范围内)，无缝线路铺设后必须进行应力放散或调整，并重新锁定轨温。

(7) 左右两股轨条锁定轨温差不得超过5℃。

(8) 铺设跨区间和全区间无缝线路应按单元轨条长度依次分段铺设：轨温在设计锁定轨温范围及以下时采用连入法铺设，轨温高于设计锁定轨温范围时采用插入法铺设。

3. 无缝线路维修作业

(1) 无缝线路地段应根据季节特点、锁定轨温和线路状态，合理安排全年维修计划。在气温较低的季节，应安排锁定轨温较低或薄弱地段进行综合维修；在气温较高的季节，应安排锁定轨温较高地段进行综合维修。

(2) 无缝线路综合维修计划，宜以单元轨条为单位安排作业。

(3) 无缝线路作业，必须遵守作业轨温条件，具体见表9-10、表9-11。

(4) 进行无缝线路维修作业，必须掌握轨温，观测钢轨位移，分析锁定轨温变化，按实际锁定轨温，根据作业轨温条件进行作业，严格执行"维修作业半日一清，临时补修作业一撬一清"和"作业前、作业中、作业后测量轨温"制度，并注意做好以下各项工作。

① 在维修地段按需要备足道砟。

② 起道前应先拨正线路方向。

③ 起、拨道机不得安放在铝热焊缝处。

④ 列车通过前，起道、拨道应做好顺坡、顺撬。

⑤ 扒开的道床应及时回填、夯实。

4. 大型养路机械维修作业

(1) 使用大型养路机械进行线路维修作业时，应组织捣固车、动力稳定车、配砟整形车联合施工。

(2) 捣固车一次起道量不宜超过50mm，起道量超过50mm时应分两次起道捣固；一次拨道量不宜超过80mm，曲线地段上挑、下压量应尽量接近。每次作业后应进行道床动力稳定。

(3) 使用大型养路机械进行线路维修前，工务段应向施工单位提供有关线路技术资料，应做好补充道砟、更换伤损胶垫和撒除作业地段调高垫板、道口铺面、有砟桥上护轨等工作。

思考题

1. 简述起道、捣固作业的概念、主要类型和作业程序。
2. 简述拨道、改道作业的概念、主要类型和作业程序。
3. 简述更换钢轨、轨枕的作业程序和要求。
4. 简述安装、更换钢轨接头夹板的作业程序和要求。
5. 简述调整与整正轨缝的作业程序和要求。
6. 简述单根更换混凝土枕的作业程序和要求。

项目 9　不同轨道构造的线路维护

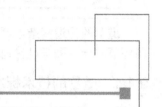

引子

铁道线路有不同的轨道构造，如图 9.1 所示。从线型上分直线和曲线轨道，从钢轨接续方式上分有缝轨道和无缝轨道，从牵引动力上分电气化铁路和内燃铁路，从轨枕上分木枕轨道和混凝土枕轨道，从道床上分有砟和无砟轨道，从轨道下部基础上分路基、桥梁、隧道等地段轨道，还可以根据具体标准再继续细分出不同构造的轨道。

图 9.1　不同轨道构造的线路

铁路道岔、曲线、接头并称为铁路的三大薄弱环节，无缝线路虽取消了绝大部分的接头，但随之带来无缝线路的维护难点，因此，在日常维护中必须对曲线、道岔、无缝线路等部位重点对待。由于电气化铁路有其特别的安全要求，在线路维护中也要充分重视。

各种不同构造的轨道线路有其内在的构造特征和随之不同的运营使用特征，其维护方法也不相同。在运营维护工作中要区别对待，采用适当的维护措施，保证轨道线路满足安全行车的根本要求。

任务

任务 9.1　道岔的维护

任务 9.2　曲线的维护

任务 9.3　无缝线路的维护

任务 9.4　电气化铁路线路的维护

任务 9.5　高速铁路无砟轨道的维护

任务 9.1 道岔的维护

道岔的构造复杂，零部件多，易于变形、磨耗，造成病害，道岔是铁路线路的三大薄弱环节之一。列车过岔速度的提高对道岔维护提出了更高的要求。

9.1.1 道岔的技术标准和要求

根据《修规》，道岔的技术标准和伤损钢轨的更换要求如下。

1．道岔技术标准

1) 单开道岔轨距

(1) 尖轨尖端轨距见表 9-1。

表 9-1 尖轨尖端轨距

尖轨种类	尖轨长度(mm)	轨距(mm)	附 注
直线型尖轨	6 250 以下	1 453	
	6 250～7 700 以下	1 450	
	7.700	1 445	
12 号道岔 AT 弹性可弯尖轨		1 437	道岔允许速度大于 120km/h 时为 1 435mm
其他曲线型尖轨		按标准图办理	无标准图时按设计图办理

(2) 尖轨跟端轨距见表 9-2。

表 9-2 尖轨跟端轨距表

尖轨种类	直向(mm)	侧向(mm)	附 注
直线型尖轨	1 439	1 439	
12 号道岔 AT 弹性可弯尖轨	1 435	1 435	尖轨轨头刨切范围内曲股轨距构造加宽除外
其他曲线型尖轨	1 435	按标准图办理	无标准图时按设计图办理

(3) 导曲线中部轨距按标准图设置。

(4) 辙叉部分轨距，直、侧向均为 1 435mm。

(5) 尖轨在第一拉杆中心处的最小动程：直尖轨为 142mm，曲尖轨为 152mm；AT 型弹性可弯尖轨 12 号普通道岔为 180mm，12 号提速道岔为 160mm；18 号道岔允许速度大于 160km/h 时为 160mm，允许速度不大于 160km/h 时为 160mm 或 180mm(具体按标准图或设计图规定办理)；其他型号道岔按标准图或设计图办理。

(6) 可动心轨第一拉杆中心处的动程按标准图或设计图办理。

特殊道岔不符合上述规定者，按标准图或设计图要求办理。

2) 各部分轨距加宽递减

(1) 尖轨尖端与根端。尖轨尖端轨距加宽，允许速度不大于 120km/h 的线路按不大于 6‰ 的递减率递减，允许速度大于 120km/h 的线路按不大于 0.7‰ 的递减率递减至基本轨接头。

尖轨尖端与尖轨跟端的轨距差数，直尖轨在尖轨全长范围内均匀递减，曲尖轨按标准图或设计图办理。

尖轨跟端直向轨距加宽，向辙叉方向递减距离为 1.5m。

(2) 导曲线：中部轨距加宽，直尖轨时，向两端递减至尖轨跟端为 3m，至辙叉前端为 4m(前三后四)；曲尖轨时，按标准图或设计图办理。

3) 导曲线支距与超高

(1) 导曲线支距按道岔标准图或设计图设置，在导曲轨与基本轨工作边之间测量。

(2) 导曲线可根据需要设置 6mm 的超高，并在导曲线范围内按不大于 2‰顺坡。

4) 轮缘槽宽度

轮缘槽宽度的量取位置与轨距量取位置相同。

(1) 护轨平直部分轮缘槽标准宽度为 42mm。侧向轨距为 1 441mm 时，侧向轮缘槽标准宽度为 48mm，容许误差为 $^{+3}_{-1}$mm。

(2) 辙叉心轮缘槽标准宽度(测量位置按标准图或设计图规定)为 46mm，容许误差为 $^{+3}_{-1}$mm。

(3) 尖轨非工作边与基本轨工作边的最小距离为 65mm，容许误差为－2mm。

5) 查照间隔、护背距离

(1) 查照间隔(辙叉心作用边至护轨头部外侧的距离)不得小于 1 391mm。

(2) 护背距离(辙叉翼作用边至护轨头部外侧的距离)不得大于 1 348mm。

(3) 测量位置按设计图纸规定。

6) 无缝道岔技术要求

(1) 可动心轨无缝道岔的钢轨接头除绝缘接头采用胶接绝缘接头外，其余接头应全部焊接。

(2) 固定型道岔除绝缘接头采用胶接绝缘接头，辙叉前后 4 个接头及曲股接头可采用冻结接头外，其余接头应全部焊接。

7) 其他

(1) 正线道岔(直向)与曲线超高顺坡终点之间的直线段长度：线路允许速度大于 160km/h 时不应小于 70m，困难条件下不应小于 30m；线路允许速度为 120km/h(不含)～160km/h 时不应小于 40m，困难条件下不应小于 25m；其他地段不应小于 20m。

(2) 站线道岔与曲线或道岔与其连接曲线之间的直线段长度不应小于 7.5m，困难条件下不应小于 6m。轨距加宽递减率不应大于 2‰，困难条件下不应大于 3‰。

(3) 连接曲线半径不应小于该道岔导曲线半径。连接曲线超高不应大于 15mm，顺坡不应大于 2‰。

2．道岔钢轨需修理或更换的技术要求

1) 尖轨、可动心轨有下列伤损或病害，应及时修理或更换

(1) 尖轨尖端与基本轨或可动心轨尖端与翼轨不靠贴大于 1mm。

(2) 尖轨、可动心轨侧弯造成轨距不符合规定。

(3) 尖轨、可动心轨顶面宽 50mm 及以上断面处，尖轨顶面低于基本轨顶面、可动心轨顶面低于翼轨顶面 2mm 及以上。

(4) 尖轨、可动心轨顶面宽 50mm 及以下断面处，尖轨顶面高于基本轨顶面、可动心轨顶面高于翼轨顶面 2mm 及以上。

(5) 尖轨、可动心轨工作面伤损，继续发展，轮缘有爬上尖轨、可动心轨的可能。

(6) 内锁闭道岔两尖轨相互脱离时，分动外锁闭道岔两尖轨与连接装置相互分离或外锁闭装置失效时。

(7) 其他伤损达到钢轨轻伤标准时。

2) 基本轨有下列伤损或病害，应及时修理或更换

(1) 曲股基本轨的弯折点位置或弯折尺寸不符合要求，造成轨距不符合规定。

(2) 基本轨垂直磨耗，50kg/m 及以下钢轨，在正线上超过 6mm，到发线上超过 8mm，其他站线上超过 10mm；60kg/m 及以上钢轨，在允许速度大于 120km/h 的正线上超过 6mm，其他正线上超过 8mm，到发线上超过 10mm，其他站线上超过 11mm(33kg/m 及其以下钢轨由铁路局规定)。

(3) 其他伤损达到钢轨轻伤标准时。

3) 辙叉伤损分轻伤和重伤两类

(1) 高锰钢整铸辙叉轻伤标准如下。

① 辙叉心宽 40mm 断面处，辙叉心垂直磨耗(不含翼轨加高部分)，50kg/m 及以下钢轨，在正线上超过 4mm，到发线上超过 6mm，其他站线上超过 8mm；60kg/m 及以上钢轨，在允许速度大于 120km/h 的正线上超过 4mm，其他正线上超过 6mm，到发线上超过 8mm，其他站线上超过 10mm；可动心轨宽 40mm 断面及可动心轨宽 20mm 断面对应的翼轨垂直磨耗(不含翼轨加高部分)超过 4mm。

② 辙叉顶面和侧面的任何部位有裂纹。

③ 辙叉心、辙叉翼轨面剥落掉块，在允许速度大于 120km/h 的线路上长度超过 15mm，且深度超过 1.5mm；在其他线路上长度超过 15mm，且深度超过 3mm。

④ 钢轨探伤人员或线路(检查)工长认为有伤损的辙叉。

(2) 高锰钢整铸辙叉重伤标准如下。

① 辙叉心宽 40mm 断面处，辙叉心垂直磨耗(不含翼轨加高部分)，50kg/m 及以下钢轨，在正线上超过 6mm，到发线上超过 8mm，其他站线上超过 10mm；60kg/m 及以上钢轨，在允许速度大于 120km/h 的正线上超过 6 mm，其他正线上超过 8mm，到发线上超过 10mm，其他站线上超过 11mm；可动心轨宽 40mm 断面及可动心轨宽 20mm 断面对应的翼轨垂直磨耗(不含翼轨加高部分)超过 6 mm(33kg/m 及其以下钢轨由铁路局规定)。

② 垂直裂纹长度(含轨面部分裂纹长度)超过《修规》表 3.9.11-1 所列限度者。

③ 纵向水平裂纹长度超过《修规》表 3.9.11-2 所列限度者。

④ 叉趾、叉跟轨头及下颚部位裂纹超过 30mm。

⑤ 叉趾、叉跟浇注断面变化部位斜向或水平裂纹长度超过 120mm，或虽未超过 120mm，但裂纹垂直高度超过 40mm。

⑥ 底板裂纹向内裂至轨腰，并超过轨腰与圆弧的连接点。

⑦ 螺栓孔裂纹延伸至轨端、轨头下颚或轨底，两相邻螺栓孔裂通。

⑧ 辙叉心、辙叉翼轨面剥落掉块长度超过 30mm，且深度超过 6mm。

⑨ 钢轨探伤人员或线路(检查)工长认为有影响行车安全的其他缺陷。

(3) 钢轨组合辙叉的垂直磨耗比照高锰钢整铸辙叉办理，其他伤损比照钢轨轻重伤标准办理。

辙叉有轻伤时，应注意检查观测，达到重伤标准时应及时更换。

9.1.2 道岔病害的分析

道岔的构造形式、制造质量、铺设施工、运营条件、维修水平等都可能影响道岔的几何状态，必须在工程实践中积累经验，才能更加准确地把握道岔病害的原因，采取更恰当的维护措施。

1. 道岔水平不良

道岔岔枕上支承着多股钢轨,担负着多个方向的行车。通常各个方向的行车密度是不相同的,有时甚至相差悬殊,造成道岔上水平的变化有着不同的规律。

(1) 各个方向的行车密度不同,造成同一根岔枕上各股钢轨的机械磨损不一致。
(2) 长岔枕中部低洼,内直股钢轨水平低,辙叉心沉落。
(3) 错开铺设的钢轨接头,易造成水平不良。
(4) 钢轨垂直磨耗不均匀。
(5) 起道和捣固作业不当。

2. 道岔方向不良

(1) 道岔的位置不正确,道岔前后衔接不良造成方向不顺。
(2) 线路爬行使道岔前后线路改变方向,有时还会将道岔拉长或挤缩,使方向无法保持。
(3) 基本轨横移,造成方向不良。
(4) 其他如轨距递减不当、钢轨硬弯等,都是造成方向不良的原因。

3. 尖轨部分的病害

(1) 尖轨不直,尖轨与基本轨不密贴,与连接部分的方向不顺。
(2) 尖轨尖端较为薄弱,易被轧伤。当轧伤的长、宽达到一定程度时,就有车轮爬上尖轨的危险。
(3) 尖轨扳动不灵活。
(4) 尖轨与滑床板不密贴。

4. 导曲线的病害

(1) 导曲线上股钢轨承受较多的垂直荷载和水平荷载,使上股钢轨磨耗加快。
(2) 导曲线各支距点位置不正确,导曲线中部轨距加宽在"前三后四"范围内递减不均匀,也会影响导曲线下股的方向。

5. 辙叉部分的病害

(1) 辙叉部分的岔枕较长,很重的辙叉又铺设在岔枕中央,辙叉心沉落,如果捣固质量不好,很容易将两侧护轨部分捣高,破坏道岔的前后高低和水平。
(2) 辙叉部分的侧线护轨部分经常产生"鼓肚"现象,与侧线线路衔接不顺,方向不良。
(3) 辙叉跟端错牙。
(4) 查照间隔和护背距离不合,车轮冲击叉心。查照间隔小于1 391mm 时,车轮将撞击叉尖,甚至可能爬上心轨;护背距离大于1 348mm 时,将加大护轨和辙叉翼轨的磨耗,严重时可能会拉断螺栓,引起不良后果。

9.1.3 道岔的维护

在道岔维护作业中,要结合道岔的构造特点,根据其技术标准和维修要求,进行详细的调查和分析,采取有针对性的维护。

1. 普通道岔的维护

1) 道岔水平和前后高低的维护

良好的道岔水平和前后高低,要求"四股平、水平好",就是要求道岔上 4 股钢轨的轨底基本上在一个平面上。在实践中要看 4 股前后高低，再量 4 股水平，同时用弦线测量在同一根岔枕上的 4 股钢轨轨底是否基本上在一个平面上。

(1) 分段起道，4 股钢轨一起抬平。

一般可分为转辙、导曲、辙叉、叉后 4 部分来起道。起外直股时，起道机放在导曲线上股轨底，把中间的钢轨和岔枕一起带起来；起内直股时，起道机放在导曲线下股轨底，防止把外直股同时带起来。

(2) 在起好前后高低和水平的情况下，能否达到预期效果，捣固质量是关键。

捣固与起道必须互相配合，对整组前后高低好的道岔，如仅有低接头和个别小坑洼存在，可先将平的部位捣固好，再将低接头和坑洼起平捣固。因为如果先起低的地方，往往会把平的部位也带高。

捣固要注意顺序，一般应自腰部向接头进行，自坑洼两端向坑洼中部进行，拱腰轨从中间向两端进行。为了保证捣固质量，对不易捣固的隐蔽部分要加打斜镐，辙叉要用起道机轻轻吊起进行二遍捣固，道心要捣实。

2) 道岔方向和轨距的维护

(1) 保持道岔与线路、道岔与道岔衔接顺直。

在道岔维护中，首先要解决好道岔的大方向，使道岔与前后线路或道岔与道岔衔接顺直，使道岔处在应有的位置上。

(2) 在拨好道岔的大方向后，要整正标准股的小方向，以取得精确的标准股。

道岔直股以外直股为标准股，导曲线以上股为标准股。

导曲线方向的整正按规定的支距点进行。在测量支距时，要先检查支距点的位置，丈量直外股支距点一定要使用长钢尺，每个支距点都要测量其至尖轨跟端的距离，以防止出现累积误差；在测量支距时，要使用专用的绝缘支距尺测量。改正导曲线上股方向以规定的支距值为依据，以精确的直外股为基准。

(3) 以标准股为基准，改正各部位的不良轨距。

改道前要消除基本轨、尖轨和辙叉部分等钢轨的飞边。

改正尖轨部分轨距时，要先固定尖轨尖端轨距；改正尖轨跟端轨距时，要先整治尖轨跟端轮缘槽；改正尖轨中部轨距时，要先以直基本轨为基准，改正曲股基本轨的位置。

导曲线轨距加宽递减要均匀，根据"前三后四"的要求，按每根岔枕计算递减数。

在改正辙叉部分轨距、查照间隔和护背距离时，要兼顾三者关系。轨距值大时会影响护背距离不合，反之，会影响查照间隔不合。

3) 尖轨的维护

尖轨的维护如图 9.2 所示。

(1) 尖轨扳动不灵活的整治。

拉方尖轨、基本轨，使尖轨跟端螺栓方正，锁定线路爬行；整平翘头的滑床板，焊补磨成凹形的滑床台；保持尖轨跟端轨缝在 6mm 左右，不允许挤成瞎缝。

(2) 尖轨跳动病害的整治。

尖轨跟端轨缝过大时，要进行调整；道岔拉杆伸入基本轨轨底部分与轨底间隙过大时，应调整到 1～2mm。

项目9 不同轨道构造的线路维护

图9.2 尖轨的维护

4) 两处特殊曲线的维护

道岔导曲线和连接曲线的维护如图9.3所示。

(1) 道岔导曲线。导曲线上股装轨撑板,支距值准确;导曲线设置超高。

(2) 道岔连接曲线。合理设置外轨超高值;按照规定配置轨道加强设备;整正轨向不良,可采用长弦矢距法或直股支距法来整正。

道岔连接曲线具有半径小、不设置缓和曲线、曲线短、与道岔之间的夹直线段短等特点,其养护是道岔养护的重要内容。

图9.3 道岔导曲线和连接曲线的维护

2. 提速道岔的维护

1) 提速道岔的管理

(1) 提速道岔车务、工务、电务部门的分工如下。

车务部门负责道岔滑床板的清扫、涂油工作;电务部门负责调整尖轨、心轨各牵引点的动程,检测绝缘部分的绝缘性能,保证锁闭杆、锁闭铁及连接铁安装平直,可动部分在转动过程中动作平稳、灵活无卡阻现象;工务部门负责紧固各类螺栓,锁定道岔,控制道岔转辙部分框架尺寸,打磨尖轨、基本轨、心轨和翼轨的飞边。

对于钢岔枕结合部,工务部门负责钢岔枕与钢轨间的联结;电务部门负责钢岔枕与电务装置间的联结。

对可动心轨辙叉第一牵引点的拉板,工务部门负责拉板及拉板与心轨的联结;电务部门负责拉板与电务装置间的联结。

(2) 提速道岔的联合检查由车站牵头,工务、电务一起参加,具体如下。

联合检查的项目为:检查道岔转辙部分(包括尖轨部分和活动心轨部分)的轨道几何尺寸;检查尖轨、心轨的爬行、窜动、伸缩情况;检查尖轨与基本轨、心轨与翼轨间的密贴情况;检查尖轨与基本轨、心轨与翼轨间的钢轨飞边情况;检查尖轨、心轨在牵引点处的动程;检查尖轨、心轨、翼轨、护轨轮缘槽内有无杂物,滑床板是否注油。

道岔是由车站使用、工务和电务部门养护的,各部门都有各自的检查周期和作业标准。

车务、工务、电务三部门应对道岔转换部分进行联合检查、处理，一般可每 3 月 1 次，夏季每月 1 次。

(3) 提速道岔的检查制度如下。

① 提速道岔的日常巡查。日常巡查由巡道工负责，每日检查不少于 1 次。

主要检查项目为：尖轨尖端与基本轨、心轨尖端与翼轨的密贴情况；尖轨、心轨转换部分与钢岔枕边缘或与钢岔枕上滑床板、耳板间的最小距离；各部螺栓的状态情况；钢轨件的伤损情况；其他影响提速道岔正常使用的病害。

② 提速道岔的月度检查。月度检查必须由工长亲自参加，每月检查 2 次。

主要检查项目为：轨距、水平、方向、高低、导曲线支距各部尺寸；尖轨、心轨转换部分与钢岔枕边缘或与钢岔枕上滑床板、耳板间的最小距离。还要检查道岔设备的其他状态：心轨转换凸缘与接头铁联结螺栓的状态。

③ 提速道岔的状态评定。状态评定必须由工长和技术人员同时参加，每年检查 1 次。

检查项目为：道岔各钢轨件的磨损情况；道岔岔枕的使用状态；道岔其他零部件的伤损情况。

2) 提速道岔综合维修的基本内容

提速道岔综合维修，技术上要求做到全面改善轨道弹性，全面调整轨道几何尺寸，全面整修和部分更换零部件；作业过程上必须遵循焊补打磨、道床轮筛、全面起道捣固三大程序。基本内容包括以下方面。

(1) 清筛不洁道床和砟肩边坡，处理道床翻浆冒泥，补充、整理道床。

(2) 更换、方正和修理混凝土枕。

(3) 全面拨正道岔方向。

(4) 全面起道捣固，整平道床。

(5) 调整道岔各部尺寸。

(6) 整治道岔爬行，锁定道岔。

(7) 矫正钢轨硬弯，焊补、打磨钢轨，综合整治接头病害。

(8) 整修、更换和补充联结零件，并有计划地涂油。

(9) 整修路肩，疏通排水设备。

(10) 修复建立爬行观测桩。

(11) 刷新标志。包括道岔编号、各部支距、爬行观测标志和"不大于 1 348mm"及"不小于 1 391mm"等标志。

3) 作业方法

(1) 起道作业：两股道同时起平，不得起高。一处起道将影响一段，要注意清除前后影响范围内的空吊板。

(2) 捣固作业：坚持以单电镐捣固为主，每根岔枕均应在岔枕两侧通长捣固，不准只捣固直股，也不准只捣一点。对钢轨接头和辙叉部分要加强捣固。对钢岔枕可先用道镐串实，用电镐捣实，要避免起高道，防止钢岔枕变形。

(3) 拨道作业：拨道时应先扒开或刨松枕端道床，拨道后再将道床复原夯实。在转辙部分拨道时，应有电务部门配合。

(4) 改道作业：改道时不准用锤从侧面敲打轨距块，以避免损坏边耳。在转辙器及护轨部分改道时，应先用冲钉器退出销钉，改完道之后再将销钉打入。

4) 提速道岔故障处理和预防

(1) 道岔转换卡阻。在提速道岔运营过程中，应经常检查各类转换杆件与钢岔枕上滑床板、耳板、钢岔枕边缘间的缝隙尺寸。发现缝隙小于 5mm 时，应及时采取措施，预防故障发生。可采取的措施有：方正、调整钢岔枕位置；调整转换杆件的位置；进行拉轨并及时锁定扣件。

(2) 道岔不密贴。道岔扳不动时，工务部门应检查转换部分与钢岔枕是否卡阻。如未发现卡阻，则故障一般与工务部门无关，应由电务部门解决。

(3) 道岔出现红光带。发现跳信号时，工务部门应首先确定钢轨是否导通。如单股钢轨与夹板或与钢岔枕导通，只说明工务设备存在隐患但不会出现红光带，应由电务部门寻找其他的原因。

(4) 道岔表示不良。道岔如出现一动拉板晃动严重现象，工务部门和电务部门应同时采取措施。

任务 9.2 曲线的维护

铁路曲线受机车车辆的冲击、推挤和摩擦较之直线要大得多，曲线的变形大且快，钢轨的磨损比较严重。曲线是铁路线路的三大薄弱环节之一，列车行车速度的提高，对曲线维护提出了更高的要求。

曲线的维护工作中，要贯彻"预防为主，防治结合，修养并重"的方针，全面安排综合维修，经常保养和临时补修，做到"无病防病，有病根治"。

9.2.1 曲线维护的技术标准

1. 外轨按规定设置超高

(1) 实设最大超高，在单线上不得大于 125mm，在双线上不得大于 150mm。如行车条件有较大变化，应通过实测行车速度，重新计算和调整超高。

(2) 两线路中心距离在 5m 以下的曲线地段，内侧曲线的超高不得小于外侧曲线超高的一半，否则，必须根据计算加宽两线的中心距离。

(3) 曲线超高应在整个缓和曲线内顺完，允许速度大于 120km/h 的线路，顺坡坡度不应大于 $1/(10v_{max})$，其他线路不应大于 $1/(9v_{max})$；如缓和曲线长度不足，顺坡可延伸至直线上；如无缓和曲线，允许速度大于 120km/h 的线路，在直线上顺坡坡度不应大于 $1/(10v_{max})$，其他线路不应大于 $1/(9v_{max})$；允许速度大于 160km/h 的线路，超高必须在整个缓和曲线内顺完；允许速度为 120km/h(不含)～160km/h 的线路，在直线上顺坡的超高不应大于 8mm；其他线路，有缓和曲线时不应大于 15mm，无缓和曲线时不应大于 25mm。

在困难条件下，可适当加大顺坡坡度，但允许速度大于 120km/h 的线路不应大于 $1/(8v_{max})$；其他线路不应大于 $1/(7v_{max})$，且不得大于 2‰。

(4) 同向曲线两超高顺坡终点间的夹直线长度应满足表 9-1 的规定，允许速度不大于 160km/h 的特殊困难地段不应短于 25m。允许速度不大于 120m/h 的线路在极个别情况下不足 25m 时，可在直线部分设置不短于 25m 的相等超高段。如设置相等超高段困难，可在直线部分从较大超高向较小超高均匀顺坡。

(5) 反向曲线两超高顺坡终点间的夹直线长度应满足表 9-1 的规定，允许速度不大于

160km/h 的特殊困难地段不应短于 25m。允许速度不大于 120km/h 的线路在极个别情况下不足 25m 时，正线不应短于 20m，站线不应短于 10m；困难条件下可按不大于 $1/(7v_{max})$ 顺坡，特殊困难条件下超高顺坡可延伸至圆曲线上，但圆曲线始终点的未被平衡欠超高不得超过规范的规定。

(6) 允许速度不大于 120km/h 的线路在特殊条件下的超高顺坡，铁路局可根据具体情况规定，但不得大于 2‰。

表 9-3 圆曲线或夹直线最小长度

线路允许速度/km·h⁻¹		200	160	140	120	100	80
圆曲线或夹直线最小长度/m	一般	140	130	110	80	60	50
	困难	100	80	70	50	40	30

2. 圆曲线最小长度、最小半径及夹直线长度

(1) 圆曲线最小长度应满足表 9-3 的规定。允许速度不大于 160km/h 的特殊困难地段不应短于 25m。

(2) 相邻两线采用反向曲线变更线间距时，如受圆曲线最小长度限制，允许速度不大于 160km/h 的线路，可不设缓和曲线，但圆曲线半径不应小于表 9-4 规定的数值。困难条件下的圆曲线最小半径，160km/h≥v_{max}>140km/h 时不得小于 8 000m，140km/h≥v_{max}>120km/h 时不得小于 6 000m。

表 9-4 反向曲线变更线间距可不设缓和曲线的最小圆曲线半径

线路允许速度/km·h⁻¹	160	140	120	100	80
可不设缓和曲线的最小圆曲线半径/m	12 800	10 000	5 000	4 000	3 000

(3) 相邻两线采用反向曲线变更线间距时，若受曲线偏角限制难于采用表 9-3 规定的圆曲线最小长度标准，允许速度不大于 160km/h 的线路，可采用较短的圆曲线长度，但不得短于 25m。

(4) 允许速度大于 120km/h 的线路，不得采用复曲线；其他线路不宜采用复曲线，在个别特殊困难情况下可保留复曲线。复曲线两圆曲线的曲率差大于表 9-5 规定的数值时，应设置中间缓和曲线。中间缓和曲线的长度应根据计算确定，不得短于 20m。复曲线每个圆曲线的长度不得短于 50m，其超高应在正矢递减范围内，从较大超高向较小超高均匀顺坡。

表 9-5 复曲线可不设中间缓和曲线的两圆曲线的最大曲率差

线路允许速度 km·h⁻¹	140	120	100	80
可不设中间缓和曲线的两圆曲线的最大曲率差	1/6 000	1/4 000	1/2 000	1/1 000

(5) 线路设备大修时，缓和曲线及两曲线间的夹直线长度不应低于原线路标准。

3. 轨距

(1) 直线标准轨距为 1 435mm，曲线轨距按规定的标准在内股加宽。

(2) 曲线轨距加宽按照以下办法递减。

① 曲线轨距加宽应在整个缓和曲线内递减。如无缓和曲线，则在直线上递减，递减率

不得大于 1‰。

② 复曲线应在正矢递减范围内,从较大轨距加宽向较小轨距加宽均匀递减。

③ 两曲线轨距加宽按 1‰递减,其终点间的直线长度不应短于 10m。不足 10m 时,如直线部分的两轨距加宽相等,则直线部分保留相等的加宽,如不相等,则直线部分从较大轨距加宽向较小轨距加宽均匀递减。

④ 在困难条件下,站线上的轨距加宽可按 2‰递减。

⑤ 特殊条件下轨距加宽递减,铁路局可根据具体情况规定,但不得大于 2‰。

4. 曲线轨向应保持圆顺

(1) 曲线正矢作业验收容许偏差管理值如表 9-6 的规定,正矢容许偏差经常保养管理值如表 9-7 的规定。

表 9-6 曲线正矢作业验收容许偏差

曲线半径 R/m		缓和曲线的正矢与计算正矢差/mm	圆曲线正矢连续差/mm	圆曲线正矢最大最小值差/mm
R≤250		6	12	18
250<R≤350		5	10	15
350<R≤450		4	8	12
450<R≤800		3	6	9
R>800	v_{max}≤120km/h	3	6	9
	v_{max}>120km/h	2	4	6

注:曲线正矢用 20m 弦在钢轨踏面下 16mm 处测量。

表 9-7 曲线正矢经常保养容许偏差

曲线半径 R/m	缓和曲线的正矢与计算正矢差/mm		圆曲线正矢连续差/mm		圆曲线正矢最大最小值差/mm	
	正线及到发线	其他站线	正线及到发线	其他站线	正线及到发线	其他站线
R≤250	7	8	14	16	21	24
250<R≤350	6	7	12	14	18	21
350<R≤450	5	6	10	12	15	18
450<R≤800	4	5	8	10	12	15
R>800	3	4	6	8	9	12

注:专用线按其他站线办理。

(2) 在复曲线的大小半径连接处,正矢与计算正矢的容许差,按大半径曲线的缓和曲线规定办理,缓和曲线与直线连接处不得有反弯或"鹅头"。

(3) 现场曲线始终点、缓和曲线长度、曲线全长、曲线半径、实设超高均应与设备图表保持一致。

5. 线路坡度及坡段长

(1) 坡段长。允许速度大于 160km/h 的线路最小坡段长度不应小于 600m,特别困难条件下最小坡段长度不应小于 400m;其他线路坡段长度不应小于该区段到发线有效长度的一半,个别困难地段也不应小于 200m。

(2) 相邻坡段的连接，应按原线路标准设计为抛物线型或圆曲线型竖曲线。

(3) 允许速度不大于 160km/h 的线路，采用抛物线型竖曲线时，若相邻坡段的坡度代数差大于 2‰，应设置竖曲线。20m 范围内竖曲线的变坡率，凸形不应大于 1‰，凹形不应大于 0.5‰。采用圆曲线型竖曲线时，若相邻坡段的坡度代数差大于 3‰，应设置竖曲线。竖曲线半径应为 20 000～10 000m，困难地段不应小于 5 000m。

(4) 允许速度大于 160km/h 的线路，坡度代数差大于等于 1‰时，应设置圆曲线型竖曲线，竖曲线半径不应小于 15 000m，且长度不应小于 25m。

9.2.2 曲线的综合维修及要求

1．曲线的综合维修

曲线的综合维修可按准备作业、基本作业和整理作业 3 阶段进行。

1) 准备作业

(1) 布好桩点，实测现场正矢，计算拨量。

(2) 调查小方向，整治钢轨硬弯。

(3) 垫板、轨底坡、轨缝等调整。

(4) 实测列车行车速度，检算外轨超高。

2) 基本作业

基本作业以起道、捣固和拨道为主，同时进行改正轨距、清筛不洁道床等项作业。

(1) 起道和捣固。

曲线起道先起下股，然后用水平道尺按超高起好上股。为防止起道时改变线路方向，起下股时，起道机应置于钢轨内侧，起上股时，起道机应置于钢轨外侧。

在曲线上，应特别加强接头和薄弱处所的捣固，加强捣固是提高曲线轨道质量的主要方法之一。起道量大，宜先拨道后捣固再找细；拨道量不大时，宜先捣固再拨道。

(2) 拨道。

把计算拨道量写在各测点处的轨枕头上，根据拨量的大小和方向，扒开枕端道砟，拆除防爬支撑，松动防爬器，必要时松动接头螺栓。

(3) 改道。

改道、直轨应与拨道结合进行。对于小方向不良可改道，对于硬弯钢轨可直轨。

3) 整理作业

除了准备作业和基本作业已经完成的项目外，其余项目都应在整理作业中完成，如整修路肩、补充和修理标志、收集旧料等。

2．曲线维护的要求

(1) 根据每年实测的加权平均车速和钢轨磨耗情况，合理地设置曲线超高。

(2) 提高起道质量，加强捣固工作。

(3) 轨距经常发生变化的曲线，可加设轨距杆或轨撑；在曲线及相邻直线上，要特别注意补充和整修防爬设备。

(4) 采取加宽(适当堆高)外股砟肩的办法，增加道床横向阻力，稳定曲线线形。

(5) 建立定期拨道制度，加强对曲线正矢的检查和拨正。

9.2.3 曲线主要病害的整治

铁路曲线线路的主要病害体现了其受力与构造特点，主要有曲线钢轨磨耗、曲线接头"支嘴"、曲线"鹅头"等主要病害。

1．曲线钢轨磨耗

在曲线上，尤其在小半径曲线上，更换钢轨的主要原因是钢轨头部磨耗超限，钢轨磨耗分垂直磨耗和侧面磨耗两种形式。钢轨垂直磨耗的主要原因是轮对在钢轨上滑动；钢轨侧面磨耗的主要原因是导向轮轮缘紧压外轨头侧面产生很大的摩擦力和滑动。

1) 原因分析

(1) 曲线轨道的方向不圆顺、高低不平顺、轨距超限，列车通过时摇晃、摇摆、起伏加剧。

(2) 轨底坡不正确，轮轨接触关系改变，改变了轨头横向力和接触应力。

(3) 超高设置不当、缓和曲线超高的递减距离不够，会引起钢轨偏载和轮轨的不正常接触，超高过大，下股钢轨偏载，垂直磨耗加大；超高过小，外轮轮缘对外轨头的挤压力增大，加剧了侧磨。

(4) 防爬设备等附属设备失效或减效。

2) 整治措施

(1) 加强曲线轨道的几何形位尺寸的综合维护，及时消灭各种线路超限。经常保持曲线良好的平面线型，按实测速度正确设置、调整超高及顺坡，调整轨底坡使钢轨中心受压，保持方向顺、轨面平、轨距水平不超限，提高捣固质量使轨道基性均匀，减少列车的摇晃，减少车轮的冲击力。

(2) 提高钢轨的冶炼轧制水平，从源头上提高抵抗磨耗的能力；改善轮对工艺，采用具有磨耗型踏面的车轮，能改善轮轨间的接触应力。

(3) 加强轨道构造，在小半径曲线上，铺设耐磨、合金钢轨或全长淬火钢轨，提高抗磨效果。

(4) 定期采用人工涂油、涂油小车涂油或在机车上安装涂油器的方法进行上股钢轨侧面涂油是减轻钢轨磨耗的有效措施，涂油的周期应根据气候、油料、列车对数及速度来确定。

(5) 及时整修钢轨的硬弯、低接头等病害，使用磨轨车对轨头进行打磨整形，能显著延缓磨耗。

(6) 直线和曲线的钢轨交换使用。新轨在直线上使用一、二年后，钢轨表面经车轮碾压，形成一层坚韧耐磨的表层，使钢轨表面光滑，强度提高，耐磨性增强。

(7) 建立观测点，定期观测、分析钢轨磨耗情况，制定预防措施，指导曲线的维护工作。

2．钢轨接头"支嘴"

有缝轨道线路中，钢轨接头是其三大薄弱环节之一，在曲线上的接头更是首当其冲。

1) 原因分析

曲线上钢轨接头"支嘴"是由于钢轨弹性和硬弯所引起的，小半径曲线上更容易产生。曲线轨道道床捣固不良及厚度不足、轨枕失效、夹板弯曲及螺栓松动等，都会导致接头"支嘴"。

2) 整治措施

(1) 采取无缝线路的轨道结构，从根本上取消曲线接头，是最有效的整治接头"支嘴"的方法。

(2) 采取加强曲线钢轨接头处轨道结构的措施，如正确设置轨缝、采用高强夹板与高强螺栓、保证螺栓的扭矩、补充和夯实道床等。

(3) 矫直硬弯钢轨。

(4) 对"支嘴"接头只准压，不准挑，如需上挑，要用拨动小腰带动接头的办法拨道。

3. 曲线"鹅头"

曲线方向不良多发生在曲线头、尾处，曲线头尾向上股凸出，称之为"鹅头"。

1) 原因分析

在曲线头尾，由于列车由直线进入曲线或由曲线驶向直线时的惯性力的冲击，极易形成曲线头部的"鹅头"，在小半径曲线头尾更为突出；在量正矢时只量曲线部分的正矢，没有量曲线头尾外直线段的正矢，或只图减少拨动量，长期向上拨道，从而破坏了曲线头尾的正确位置。

2) 整治措施

(1) 全面综合考虑，使用绳正法计算拨道量。

(2) 在实测现场正矢前，应拨直切线方向，压除"鹅头"。

(3) 在实量正矢时向直线方向多量几点，量到正矢为零为止。

(4) 设置合适的缓和曲线长度和超高、轨距加宽、正矢的递减"三合一"。

(5) 小半径曲线头尾道床应适当加宽、堆高，并加强夯实。

9.2.4 运营铁路曲线轨道方向整正(绳正法)

下面以实例说明运营铁路曲线轨道方向绳正法整正的计算过程。

某既有铁路曲线，已实测其曲线现场正矢见表 9-8，据此确定曲线主要桩点位置、计算各测点计划正矢，并进行拨量计算。

表 9-8 实测曲线现场正矢记录表

测点	1	2	3	4	5	6	7	8	9	10	11	12	13
现场正矢	1	11	23	36	53	63	80	86	77	89	80	80	86

测点	26	25	24	23	22	21	20	19	18	17	16	15	14
现场正矢	2	7	23	37	48	66	75	84	83	83	84	81	84

1. 确定曲线主要桩点的位置

运营铁路宜根据现场实测正矢数据重新计算、确定曲线主要桩点的位置。

1) 计算曲线中央点的位置

(1) 计算现场正矢合计。

(2) 计算现场正矢倒累计。

(3) 计算曲线中央点(即曲中点)位置：

$$X_{QZ} = \frac{\sum\limits_{n}^{1}\sum\limits_{n}^{1}f}{\sum\limits_{1}f}$$

$$X_{QZ} = \frac{\text{现场正矢倒累计合计}}{\text{现场正矢合计}} = \frac{20\,476}{1\,522} = 13.453(\text{段})$$

表示曲中点位于第 13 测点再加 4.533m 处。

2) 圆曲线计划正矢的确定

对现场正矢进行分析，可取曲线中部的现场正矢平均值。

如初步估定圆曲线大致在第 8 测点至第 16 测点之间，则可计算圆曲线平均正矢：

$$f_y = \frac{\sum_{23}^{8} - \sum_{23}^{17}}{17-8} = \frac{747}{17-8} = 83$$

3) 计算加设缓和曲线前的圆曲线长度

$$L_y = \frac{\sum_{1}^{n} f}{f_y}$$

$$L_y = \frac{\text{现场正矢合计}}{\text{圆曲线计划正矢}} = \frac{1\,522}{83} = 18.337(\text{段})$$

4) 确定缓和曲线长

对现场正矢进行分析，根据正矢变化规律来估定缓和曲线长度。
估定缓和曲线为 6 段，即 $l_0 = 6$(段)。

5) 计算曲线主要桩点的位置

$$ZH = X_{QZ} - \frac{L_y}{2} - \frac{l_0}{2} = 13.453 - \frac{18.337}{2} - \frac{6}{2} = 1.285(\text{段})$$

$$HY = X_{QZ} - \frac{L_y}{2} + \frac{l_0}{2} = 13.453 - \frac{18.337}{2} + \frac{6}{2} = 7.285(\text{段})$$

$$YH = X_{QZ} + \frac{L_y}{2} - \frac{l_0}{2} = 13.453 + \frac{18.337}{2} - \frac{6}{2} = 19.622(\text{段})$$

$$HZ = X_{QZ} + \frac{L_y}{2} + \frac{l_0}{2} = 13.453 + \frac{18.337}{2} + \frac{6}{2} = 25.622(\text{段})$$

2. 确定各测点的计划正矢

1) 圆曲线的计划正矢

采用圆曲线的平均正矢 $f_y = 83$(mm)。

2) 缓和曲线的计划正矢

(1) 计算缓和曲线正矢递变率 f_d。

$$m_0 = l_0 = 6(\text{段})$$

$$f_d = \frac{f_y}{m_0} = \frac{83}{6} = 13.83(\text{mm})$$

(2) 计算第一缓和曲线上 ZH、HY 左右两相邻测点的计划正矢。

$a_1 = ZH$ 点至直线侧相邻测点的距离 $=(1.285-1)=0.285(\text{段})$

$b_1 = ZH$ 点至缓和曲线侧相邻测点的距离 $=(2-1.285)=0.715(\text{段})$

直线一侧测点 $f_1 = \frac{b_1^3}{6} \cdot f_d = \frac{0.715^3}{6} \times 13.83 = 0.84(\text{mm})$，取1mm。

缓和曲线一侧测点$f_2=(b_1+\frac{a_1^3}{6})\cdot f_d=(0.715+\frac{0.285^3}{6})\times 13.83=9.94(mm)$，取10mm。

$a_2=HY$点至圆曲线侧相邻测点的距离$=(8-7.285)=0.715$(段)

$b_2=HY$点至缓和曲线侧相邻测点的距离$=(7.285-7)=0.285$(段)

缓和曲线一侧测点

$$f_7=f_y-(b_2+\frac{a_2^3}{6})\cdot f_d=83-(0.285+\frac{0.715^3}{6})\times 13.83=78.22(mm)，取78mm。$$

圆曲线一侧测点

$$f_8=f_y-\frac{b_2^3}{6}\cdot f_d=83-\frac{0.285^3}{6}\times 13.83=82.95(mm)，取83mm。$$

(3) 计算第一缓和曲线中间各测点的正矢。

根据式：$f_i=N_i\cdot f_d$。

式中：N_i——测点距缓和曲线始点的段数。

$f_3=N_3\cdot f_d=(3-1.285)\times 13.83=23.72(mm)$，取24mm。

$f_4=N_4\cdot f_d=(4-1.285)\times 13.83=37.55(mm)$，取38mm。

$f_5=N_5\cdot f_d=(5-1.285)\times 13.83=51.38(mm)$，取51mm。

$f_6=N_6\cdot f_d=(6-1.285)\times 13.83=65.21(mm)$，取65mm。

(4) 计算第二缓和曲线上 YH、HZ 左右两相邻测点的计划正矢。

$a_3=YH$点至圆曲线侧相邻测点的距离$=(19.622-19)=0.622$(段)

$b_3=HY$点至缓和曲线侧相邻测点的距离$=(20-19.622)=0.378$(段)

缓和曲线一侧测点

$$f_{20}=f_y-(b_3+\frac{a_3^3}{6})\cdot f_d=83-(0.378+\frac{0.622^3}{6})\times 13.83=77.22(mm)，取77mm。$$

圆曲线一侧测点

$$f_{19}=f_y-\frac{b_3^3}{6}\cdot f_d=83-\frac{0.378^3}{6}\times 13.83=82.88(mm)，取83mm。$$

$a_4=HZ$点至直线侧相邻测点的距离$=(26-25.622)=0.378$(段)

$b_4=HZ$点至缓和曲线侧相邻测点的距离$=(25.622-25)=0.622$(段)

直线一侧测点$f_{25}=\frac{b_4^3}{6}\cdot f_d=\frac{0.622^3}{6}\times 13.83=0.55(mm)$，取1mm。

缓和曲线一侧测点$f_{26}=(b_4+\frac{a_4^3}{6})\cdot f_d=(0.622+\frac{0.378^3}{6})\times 13.83=8.73(mm)$，取9mm。

(5) 计算第二缓和曲线中间各测点的正矢。

$f_i=N_i\cdot f_d$

$f_{21}=N_{21}\cdot f_d=(25.622-21)\times 13.83=63.92(mm)$，取64mm。

$f_{22}=N_{22}\cdot f_d=(25.622-22)\times 13.83=50.09(mm)$，取50mm。

$f_{23}=N_{23}\cdot f_d=(25.622-23)\times 13.83=36.26(mm)$，取36mm。

$f_{24}=N_{24}\cdot f_d=(25.622-24)\times 13.83=22.43(mm)$，取22mm。

(6) 检查计划正矢是否满足曲线整正前后曲线两端直线方向不变的要求。

曲线整正前后，其两端直线方向不变的控制条件是 $\sum_{0}^{n}df=0$，亦即 $\sum f-\sum f'=0$。如现场正矢总和比计划正矢总和多或少，可根据计划正矢在计算中近似值的取舍情况，在适当测点上进行计划正矢调整，以满足 $\sum_{0}^{n}df=0$ 的要求。调整计划正矢时，每个测点计划正矢的调整值不宜大于 2mm。

本例中，计划正矢取整前各测点计划正矢合计为 1 521.89mm，取整后各测点计划正矢合计为 1 522mm，误差可忽略不计。

3. 点号差法计算拨量

1) 计算方法

曲线上任一测点的拨量，等于到该测点前一测点为止的全部正矢差累计合计的 2 倍，即 $e_n=2\sum_{0}^{n-1}\sum_{0}^{n-1}df$。

故计算拨量应首先计算正矢差，再计算正矢差累计，最后计算拨量。

(1) 计算各测点的正矢差：测点的正矢差＝现场正矢－计划正矢，$df=f-f'$。

(2) 计算正矢差累计：测点的正矢差累计＝该点正矢差＋前点正矢差累计；即某测点的正矢差累计等于到该测点为止的以前各测点正矢差的合计。

最后一测点的正矢差累计必为零，否则说明计算有误。

若正矢差累计合计不等于零，则可按点号差法、差累计修正法、半拨量修正法和拨量调整法进行拨量计算，本例采用点号差法计算。

(3) 计算半拨量：测点的半拨量＝前点正矢差累计＋前点半拨量；即某点的半拨量等于该点前所有测点正矢差累计的合计(不包括该测点)。

半拨量的符号为正时，表示该测点应向外拨(上挑)，半拨量的符号为负时，表示该测点应向内拨(下压)。

为了不使曲线两端直线发生平移，应使 $e_n=2\sum_{0}^{n-1}\sum_{0}^{n-1}df=0$，亦即必须使最后一测点的半拨量为零。

如最后测点的半拨量为 12，这表示曲线终端直线要向外拨移(上挑)2×12mm，显然，此方案违背整正曲线的基本原则，必须重新修正计划正矢，以使最后一测点的半拨量为零，来满足曲线两端直线位置不变的要求。

2) 按点号差法进行拨量计算

(1) 确定适当的计划正矢修正值：各点号与正矢修正值的乘积之和等于正矢差累计合计的相反数。

正矢差累计合计为正，则"先加后减"；正矢差累计合计为负，则"先减后加"。

(2) 计算各测点修正后计划正矢：某测点修正后计划正矢＝该点计划正矢＋该点计划正矢修正值。

(3) 计算各测点修正后正矢差：某测点修正后正矢差＝该点现场正矢－该点修正后计划正矢。

(4) 计算各测点修正后正矢差累计：某测点修正后正矢差累计＝该点正矢差＋前点正矢差累计。

(5) 计算各测点修正后半拨量：某测点修正后半拨量＝前点修正后正矢差累计＋前点修正后半拨量。

(6) 计算各测点拨量：某测点拨量＝该测点修正后半拨量×2。

(7) 计算各测点拨后正矢：

某测点的拨后正矢＝该点的现场正矢＋该点拨量－$\dfrac{\text{前点拨量}＋\text{后点拨量}}{2}$。

以上拨量计算过程可列成表 9-9。

表 9-9　曲线整正计算表(点号差法)

测点	现场正矢倒累计	现场正矢	计划正矢	正矢差	正矢差累计	半拨量	计划正矢修正	修正后计划正矢	修正后正矢差	修正后正矢差累计	修正后半拨量	拨量	拨后正矢	注
一	二	三	四	五	六	七	八	九	十	十一	十二	十三	十四	十五
1	1 522	1	1	0	0	0		1	0	0	0	0	1	ZH＝1.28
2	1 521	11	10	1	1	0		10	1	1	0	0	10	
3	1 510	23	24	－1	0	1		24	－1	0	1	2	24	
4	1 487	36	38	－2	－2	1		38	－2	－2	1	2	38	
5	1 451	53	51	2	0	－1		51	2	0	－1	－2	52	
6	1 398	63	65	－2	－2	－1		65	－2	－2	－1	－2	67	
7	1 335	80	78	2	0	－3		78	2	0	－3	－6	79	HY＝7.28
8	1 255	86	83	3	3	－3	－1	82	4	4	－3	－6	83	
9	1 169	77	83	－6	－3	0		83	－6	－2	1	－2	78	
10	1 092	89	83	6	3	－3		83	6	4	－1	－2	83	
11	1 003	80	83	－3	0	0	1	84	－4	0	3	－6	83	
12	923	80	83	－3	－3	0		83	－3	－3	3	－6	83	
13	843	86	83	3	0	－3		83	3	0	0	0	83	
14	757	84	83	1	1	－3		83	1	1	0	0	83	
15	673	81	83	－2	－1	－2		83	－2	－1	1	2	83	
16	592	84	83	1	0	－3		83	1	0	0	0	83	
17	508	83	83	0	0	－3		83	0	0	0	0	83	
18	425	83	83	0	0	－3		83	0	0	0	0	82	
19	342	84	83	1	1	－3		83	1	1	0	0	83	
20	258	75	77	－2	－1	－2		77	－2	－1	1	2	78	YH＝19.62
21	183	66	64	2	1	－3		64	2	1	0	0	64	
22	117	48	50	－2	－1	－2		50	－2	－1	1	2	51	
23	69	37	36	1	0	－3		36	1	0	0	0	36	
24	32	23	22	1	1	－3		22	1	1	0	0	22	
25	9	7	9	－2	－1	－2		9	－2	－1	1	2	9	
26	2	2	1	1	0	－3		1	1	0	0	0	1	HZ＝25.62
	20 476	1 522	1 522	0	－3			1 522	0	0				

4. 评价曲线轨道整正方案

在曲线轨道整正计算中，最好使正拨量的测点与负拨量的测点相互间隔且整个曲线的正拨量与负拨量相差不多，各测点的拨量皆不大。

要获得更优的整正方案，需要通过对拨量的分析，从宏观上来判断初选的圆曲线计划正矢及缓和曲线的长度是否适应当前曲线的现状，进而确定是否重选圆曲线正矢和缓和曲线长度，再次进行曲线整正拨量计算。

1) 圆曲线计划正矢大小对拨量的影响

如果整个曲线的拨量大部分为正，由曲线始、终点开始向曲线中部拨量逐渐增大，至中央点附近增至最大值，说明圆曲线的计划正矢选大了，应改小重新进行计算；如果整个曲线的拨量大部分为负，且中央点附近的负拨量最大，说明圆曲线计划正矢选小了，应改大后重新进行计算；如果整个曲线的拨量正、负相间，且数值都不大，说明圆曲线的计划正矢选得比较合适。

2) 缓和曲线长短与拨量的关系

如果圆曲线上各测点的拨量为正，数值较大且比较接近，说明缓和曲线长度采用得短了，应改长后重新计算；如果圆曲线上各点的拨量为负，数值较大且比较接近，说明缓和曲线长度采用得长了，应改短后重新计算。

3) 缓和曲线长短和圆曲线计划正矢大小对拨量的共同影响

当曲线两端拨量的正值较大，而中央点附近的拨量较小或出现负值时，说明缓和曲线短了，圆曲线正矢小了；当曲线两端正拨量较大，而中央点附近有正拨量时，应考虑增长缓和曲线，改小圆曲线正矢。

当曲线两端拨量的负值较大，而中央点附近的拨量接近于零或出现正拨量时，说明两端缓和曲线设计过长，圆曲线正矢设计大了；当曲线两端拨量的负值较大，而中央点附近负值更大，说明两端缓和曲线设计长了，圆曲线正矢设计小了。

任务 9.3 无缝线路的维护

无缝线路与有缝线路在受力方面的最大区别是其内部承受的巨大温度力，这个温度力与轨温变化幅度密切相关。因此，无缝线路的维护工作除遵守有缝线路的有关规定外，还要密切关注其轨温作业条件等，合理安排维护作业内容，防止胀轨跑道，确保其强度与稳定。

9.3.1 无缝线路的技术要求

无缝线路应在保持有缝线路技术标准的基础上，满足如下要求。

1. 轨道线路的基础

路基稳定，无翻浆冒泥、冻害及下沉挤出等路基病害。

2. 轨道结构的条件

1) 管理单元

无缝线路(含跨区间及全区间无缝线路)以一次锁定的轨条为管理单元，无缝道岔应以单组或相邻多组一次锁定的道岔及其间线路为管理单元。

学习情境2 线路维护

2) 轨枕及扣件

无缝线路应使用混凝土枕、混凝土宽枕或有砟桥面混凝土枕,特殊情况可使用木枕。混凝土枕、混凝土宽枕应使用弹条扣件,木枕应使用分开式扣件。

3) 钢轨及接头

(1) 普通无缝线路轨条长度应考虑线路平纵断面条件及道岔、道口、桥梁、隧道所处的位置。总长度不足1km的桥梁、隧道,轨条应连续布置,但在小半径曲线、列车制动、停车、起动、钢轨顶面擦伤严重等地段,应单独布置轨条。

(2) 轨条长度不应短于200 m,特殊地段不应短于150m。

(3) 钢轨焊缝要保持平顺,用1m直尺测量,V_{max}≤120km/h的线路,矢度不得超过0.5mm。V_{max}>120km/h的线路,矢度不得超过0.3mm。允许速度大于160km/h的线路,铝热焊缝距轨枕边不得小于100mm,其他线路不得小于40mm。

(4) 缓冲区的钢轨接头必须使用6孔夹板和10.9级高强度螺栓,扭矩应保持在700～1 100N·m,轨缝应符合设计要求,绝缘接头轨缝不得小于6mm,并应采用胶接绝缘接头。

(5) 跨区间无缝线路内铺设的道岔必须设在固定区。

(6) 联合接头不得设置在道口、桥台、桥墩或不作单独设计的桥上,距桥台边墙不应小于2m。位于中跨度桥上的联合接头应布置在1/4～1/2桥跨处,并避开边跨;在大跨度桥上,联合接头应远离纵梁断开处。

(7) 缓冲区和伸缩区不应设置在道口或不作单独设计的桥上。有砟桥跨度不大于16m时,伸缩区可设置在桥上,但轨条接头必须在护轨范围以外。

3. 位移观测桩

位移观测桩必须预先埋设牢固,内侧应距线路中心不小于3.1m。在轨条就位或轨条拉伸到位后,应立即进行标记。标记应明显、耐久、可靠。

1) 普通无缝线路

每段应设位移观测桩5～7对,固定区较长时,可适当增加对数(其中固定区中间点1对,伸缩区始、终点各1对,其余设置在固定区)。

2) 跨区间和全区间无缝线路

单元轨条长度大于1 200m时,设置7对位移观测桩(单元轨条起、讫点,距单元轨条起、讫点100m及400m和单元轨条中点各设置1对);单元轨条长度不大于1 200m时,设置6对位移观测桩(单元轨条起、讫点,距单元轨条起、讫点100m及400m各设置1对)。

3) 无缝道岔

设3对观测桩,在间隔铁或限位器处设1对,在岔头、岔尾处各设1对。

4) 固定区累计位移量

固定区累计位移量大于10mm时,应及时上报工务段查明原因,采取相应措施。

(注:以上条款摘自《铁路线路维修规则》,局部条款与《铁路轨道设计规范》表述不一致)

4. 锁定轨温

要经常保持无缝线路的锁定轨温准确、可靠、均匀,有下列情况之一者,须做好应力放散或调整工作。

(1) 实际锁定轨温不在设计锁定轨温范围内,或左右股轨条的实际锁定轨温相差超过5℃。

(2) 锁定轨温不清楚或不准确。

(3) 跨区间和全区间无缝线路的两相邻单元轨条的锁定轨温差超过5℃,同一区间内单元轨条的最低、最高锁定轨温相差超过10℃。

(4) 铺设或维修作业方法不当,使轨条产生不正常的伸缩。

(5) 固定区或无缝道岔出现严重的不均匀位移。

(6) 夏季线路轨向严重不良,碎弯多。

(7) 通过测试,发现温度力分布严重不匀。

(8) 因处理线路故障或施工改变了原锁定轨温。

(9) 低温铺设轨条时,拉伸不到位或拉伸不均匀。

9.3.2 无缝线路维护的基本原则

由于无缝线路内部承受着巨大温度力,其维护除保持轨道几何尺寸良好外,还要最大限度地提高和保持线路的各种阻力,防止胀轨跑道和钢轨折断,为此,必须坚持以下原则。

1. 设计锁定轨温范围原则

(1) 无缝线路应在设计锁定轨温范围内锁定,线路维护作业中不应当改变其锁定轨温。

(2) 实际锁定轨温如与设计锁定轨温范围不符,或实际锁定轨温变动后,若超过设计锁定轨温范围,应调整或放散应力,使实际锁定轨温在设计锁定轨温范围内。

(3) 必须按实际锁定轨温掌握维修作业。如果不掌握实际锁定轨温,仍按铺设时的锁定轨温进行作业,虽然表面上不超过规定的轨温条件,而实际上已经超过,易造成胀轨跑道或钢轨折断的隐患。

2. 作业条件原则

(1) 按实际锁定轨温确定各项维护作业的轨温条件。

(2) 要特别注意伸缩区和缓冲区的维护工作。

(3) 无缝线路的伸缩区与固定区交界处、道口两端、钢桥桥台两端、机车制动地段、小半径曲线地段、变坡点附近等为易出现温度力峰值的薄弱地段,应加强线路结构,对有关作业规定应从严要求。

(4) 在进行综合维修、成段更换混凝土轨枕、破底清筛、应力放散与调整、更换缓冲轨、螺栓涂油、全面拨正曲线、拆开接头或其他冬季作业时,要注意钢轨长度的变化。

9.3.3 无缝线路维护的作业规定

无缝线路作业必须严格执行《修规》的有关规定。

1. 无缝线路维修计划

(1) 无缝线路地段应根据季节特点、锁定轨温和线路状态,合理安排全年维修计划。在气温较低的季节,应安排锁定轨温较低或薄弱地段进行综合维修;在气温较高的季节,应安排锁定轨温较高地段进行综合维修。

(2) 高温季节不应安排综合维修和影响线路稳定的作业。如必须进行综合维修或成段保养,应有计划地先放散后作业,并适时重新做好放散和锁定线路工作。其他保养和临时补修可采取调整作业时间的办法进行。

(3) 高温季节可安排矫直钢轨硬弯、钢轨打磨、焊补等作业。在较低温度下，如需更换钢轨或夹板，可采用钢轨拉伸器进行。

(4) 每年春、秋季应在允许作业轨温范围内逐段整修扣件及接头螺栓，整修不良绝缘接头，对接头螺栓及扣件进行除垢涂油，并复紧至达到规定标准。

(5) 无缝线路综合维修计划宜以单元轨条为单位安排作业。遇有跨工区的单元轨条时应由两工区协调安排。

(6) 大桥上、隧道内、曲线、大坡道等薄弱地段的无缝线路综合维修，应尽量安排在一个工作日或短期内连续完成。

(7) 对于锁定轨温不明、不准、不匀、过低、过高等地段应有计划地进行应力放散或调整。

2．无缝线路作业轨温条件

1) 不同轨道条件的作业轨温条件

(1) 混凝土枕(含混凝土宽枕)无缝线路维修作业轨温条件见表9-10、表9-11。

表9-10 混凝土枕无缝线路维修作业轨温条件表

作业轨温范围 线路条件	连续扒开道床不超过25m，起道高度不超过30mm，拨道量不超过10mm	连续扒开道床不超过50m，起道高度不超过40mm，拨道量不超过20mm	扒道床、起道、拨道与普通线路相同
直线及 $R \geqslant 2\,000$m	+20℃	+15℃、-20℃	±10℃
800m $\leqslant R <$ 2 000m	+15℃、-20℃	+10℃、-15℃	±5℃
400m $\leqslant R <$ 800m	+10℃、-15℃	+5℃、-10℃	/

注：作业轨温范围按实际锁定轨温计算。

表9-11 混凝土枕无缝线路维修作业轨温条件

顺号	作业项目	按实际锁定轨温计算				
		-20℃以下	-20～-10℃	-10～+10℃以内	+10～+20℃	+20℃以上
1	改道	与普通线路同	与普通线路同	与普通线路同	与普通线路同	禁止
2	松动防爬设备	同时松动不超过25m	同左	与普通线路同	同时松动不超过12.5m	禁止
3	更换扣件或涂油	隔二松一，流水作业	同左	同左	同左	禁止
4	方正轨枕	当日连续方正不超过2根	隔二方一，方正后捣固，恢复道床，逐根进行(配合起道除外)	与普通线路同	隔二方一，方正后捣固，恢复道床，逐根进行(配合起道除外)	禁止
5	更换轨枕	当日不连续更换	当日连续更换不超过2根(配合起道除外)	与普通线路同	当日连续更换不超过2根(配合起道除外)	禁止

续表

顺序号	作业项目	按实际锁定轨温计算				
		−20℃以下	−20～−10℃	−10～+10℃以内	+10～+20℃	+20℃以上
6	更换接头螺栓或涂油	禁止	逐根进行	同左	同左	禁止
7	更换钢轨或夹板	禁止	同左	与普通线路同	禁止	禁止
8	不破底清筛道床	逐孔倒筛夯实	同左	同左	同左	禁止
9	处理翻浆冒泥（不超过5孔）	与普通线路同	同左	同左	禁止	禁止
10	矫直硬弯钢轨	禁止	同左	同左	与普通线路同	同左

(2) 混凝土枕(含混凝土宽枕)无缝线路，当轨温在实际锁定轨温减30℃以下时，伸缩区和缓冲区禁止进行维修作业。

(3) 木枕地段无缝线路作业轨温按表9-10和表9-11规定减5℃，当轨温在实际锁定轨温减20℃以下时，禁止在伸缩区和缓冲区进行维修作业。

(3) 在跨区间无缝线路上的无缝道岔尖轨及其前方25m范围内综合维修，作业轨温范围为实际锁定轨温±10℃。

2) 无缝线路作业"一准、二清、三测、四不超、五不走"

一准：要准确掌握实际锁定轨温。

二清：维修作业半日一清，临时补修作业一撬一清。

三测：作业前、作业中、作业后测量轨温。

四不超：作业不超温，扒砟不超长，起道不超高，拨道不超量。

五不走：扒开道床未回填不走，作业后道床未夯拍不走，未组织回检不走，线路质量未达到作业标准不走，发生异常情况未处理好不走。

3) 无缝线路维修作业要求

必须掌握轨温，观测钢轨位移，分析锁定轨温变化，按实际锁定轨温，根据作业轨温条件做好以下各项工作。

(1) 在维修地段按需要备足道砟。

(2) 起道前应先拨正线路方向。

(3) 起、拨道机不得安放在铝热焊缝处。

(4) 列车通过前，起道、拨道应做好顺坡、顺撬。

(5) 扒开的道床应及时回填、夯实。

3．无缝线路的维护

1) 缓冲区的维护

缓冲区是无缝线路的薄弱环节之一，具有普通线路的特点，但受无缝线路钢轨伸缩的影响。当温度变化时，伸缩区两端发生位移，缓冲区的钢轨也随之移动。夏天易出现瞎缝，挤压绝缘接头；冬季易出现大轨缝，接头螺栓可能被拉弯，并有被剪断的危险。

(1) 轨缝的检查。春秋两季全面检查缓冲区轨缝，必要时须调整轨缝。

(2) 定期拧紧接头和扣件螺栓。除每年春秋季两次全面拧紧外,凡进行松动接头和轨枕扣件的作业,作业时要拧紧螺栓,并须在作业后做好复拧工作。

(3) 加强胶接绝缘接头的维护。胶接绝缘接头拉开时,应立即拧紧两端各 50m 线路的扣件,并加强观测。当绝缘失效时,应立即更换,进行永久处理。如暂时不能永久处理,可更换为普通绝缘,进行临时处理。进行永久处理时,应保证修复后无缝线路锁定轨温不变。

(4) 综合整治钢轨接头病害。调整轨缝,整平钢轨上下错牙;打磨或焊补钢轨马鞍形磨耗和淬火层金属剥落、擦伤等;及时更换接头失效轨枕,接头的轨枕应成对更换;做好捣固工作。

2) 桥上无缝线路的维护

(1) 按照设计文件规定,保持扣件布置方式和拧紧程度。

(2) 单根抽换桥枕应在实际锁定轨温＋10～－20℃范围内进行,起道量不应超过 60mm。

(3) 上盖板油漆、更换铆钉或成段更换、方正桥枕等需要起道作业时,应在实际锁定轨温＋5～－15℃范围内进行。

(4) 对桥上钢轨焊缝应加强检查,发现伤损应及时处理。

(5) 对桥上伸缩调节器的伸缩量应定期检查,发现异常应及时分析原因并整治。若伸缩调节器的尖轨与基本轨出现肥边,应及时打磨。

(6) 桥上无缝线路应定期测量轨条的位移量,并作好记录。

3) 胀轨跑道的防治

(1) 胀轨跑道的原因分析如下。

① 轨道原始弯曲变形增大。长钢轨在运输和铺设中,因作业不当而引起原始弯曲变形,如钢轨硬弯。实践证明,胀轨跑道多发生在轨道原始弯曲处。

② 锁定轨温偏低。由于不均匀爬行,某段钢轨产生相对压缩变形而增加附加应力;铺设时低温锁定,或采用撞轨办法合龙口,使钢轨在锁定前就承受了压应力;冬季固定区钢轨折断,此时焊接修复,高温时会在断缝附近出现较大的温度压应力。在高温时上述部位的钢轨承受的温度压应力就会增大,线路易丧失稳定,造成胀轨跑道。

③ 道床横向阻力降低。线路设备状态不良,如道床断面尺寸不足、轨枕头外露等;违章作业,如扒开道床过长、起道过高、连续松开扣件过多等,都会降低道床横向阻力,加大胀轨跑道的危险性。

(2) 胀轨跑道的防治方法如下。

① 当线路连续出现碎弯并有胀轨迹象时,必须加强巡查或派专人监视,观测轨温和线路方向的变化。若碎弯继续扩大,应设置慢行信号防护,进行紧急处理。线路稳定后,恢复正常行车。

② 作业中如出现轨向、高低不良,起道、拨道省力,枕端道砟离缝等胀轨迹象时,必须停止作业,并及时采取防胀措施。

无论作业中或作业后,发现线路轨向不良,应用 10m 弦测量两股钢轨的轨向偏差。当平均值达到 10mm 时,必须设置慢行信号,并采取夯拍道床、填满枕盒道砟和堆高砟肩等措施;当两股钢轨的轨向偏差平均值达到 12mm,在轨温不变的情况下,过车后线路弯曲变形突然扩大时,必须立即设置停车信号防护,及时通知车站,并采取钢轨降温等紧急措施,消除故障后放行列车。

③ 发现胀轨跑道时必须立即拦停列车。有条件时可采取浇水或喷洒液态二氧化碳等办法降低钢轨温度,整正线路,夯拍道床,按 5km/h 放行列车。现场派人监视线路,并不间断地采取降温措施,待轨温降至接近原锁定轨温时,再恢复线路和正常行车速度。

无降温条件或降温无效时,应立即截断钢轨(普通线路应拆开钢轨接头)放散应力,整正线路,夯拍道床,首列放行列车速度不得超过 5km/h,并派专人看守、整修线路,逐步提高行车速度。

无缝线路发生胀轨跑道时,应对胀轨跑道情况按规定内容做好登记。

4) 断轨的防治

长钢轨的断裂大部分发生在焊缝处或焊缝附近,断缝处钢轨向两端收缩,严重时可形成 100~200mm 的断缝。

(1) 钢轨断裂的预防措施如下。

① 加强焊接工艺的管理,未经考试合格的人员不得司焊。

② 在作好钢轨探伤的同时,还要按规定对焊缝进行全断面探伤。

③ 对焊缝及附近的线路要加强观察,并严格执行有关焊缝处的作业规定。

④ 严寒季节加强钢轨特别是伤轨的检查巡视,对有缺陷的焊缝要综合整治。

(2) 重伤钢轨及焊缝处理。探伤检查发现钢轨重伤时,应及时切除重伤部分,实施焊复;探伤检查发现钢轨焊缝重伤时,应及时组织加固处理或实施焊复。

(3) 钢轨折断的处理方法如下。

① 紧急处理:当钢轨断缝不大于 50mm 时,应立即进行紧急处理。在断缝处上好夹板或鼓包夹板,用急救器固定,在断缝前后各 50m 拧紧扣件,并派人看守,限速 5km/h 放行列车。

如断缝小于 30mm,放行列车速度为 15~25km/h。有条件时应在原位焊复,否则应在轨端钻孔,上好夹板或鼓包夹板,拧紧接头螺栓,然后可适当提高行车速度。

② 临时处理:钢轨折损严重或断缝大于 50mm,紧急处理后不能立即焊接修复时,应封锁线路,切除伤损部分,两锯口间插入长度不短于 6m 的同型钢轨,轨端钻孔,上接头夹板,用 10.9 级螺栓拧紧。在短轨前后各 50m 范围内,拧紧扣件后,按正常速度放行列车,但不得大于 160km/h。

临时处理或紧急处理时,应先在断缝两侧轨头非工作边做出标记,标记间距离约为 8m,并准确丈量两标记间的距离和轨头非工作边一侧的断缝值,作好记录。

③ 永久处理:对紧急处理或临时处理的处所,应及时插入短轨进行焊复,恢复无缝线路轨道结构。

采用小型气压焊或移动式接触焊时,插入短轨长度应等于切除钢轨长度加上 2 倍顶锻量。先焊好一端,焊接另一端时,先张拉钢轨,使断缝两侧标记的距离等于原丈量距离减去断缝值加顶锻量后再焊接。

采用铝热焊时,插入短轨长度等于切除钢轨长度减去 2 倍预留焊缝值。先焊好一端,焊接另一端时,先张拉钢轨,使断缝两侧标记的距离等于原丈量距离减去断缝值后再焊接。

在线路上焊接时,气温不应低于 0℃。放行列车时,焊缝温度应低于 300℃。

进行焊复处理时，应保持无缝线路锁定轨温不变，并如实记录两标记间钢轨长度在焊复前后的变化量。

任务 9.4　电气化铁路线路的维护

电气化铁路线路因有接触网和轨道电路等设备，进行线路维修作业时，工务部门与供电部门必须密切配合，工务部门的养路工人不但要要熟悉本职业务，还必须了解电气性能，根据电气化铁路特点和要求进行维修作业，以保证行车和作业安全。

1．起道作业

电气化铁路，为了保证电力机车受电弓不脱开或撞击接触网导线，要求线路水平、方向、高低经常保持良好状态。

电气化铁路的接触网导线距轨面应保持一定距离，以保证电力机车受电弓与接触网导线良好地接触。接触网导线最大弛度时，距轨面的最大高度不得超过 6 500mm；接触网导线到轨面的距离，一般中间站和区间不小于 5 700mm，编组站、区段站及配有调车组的中间站一般不小于 6 200mm。所以，起道高度受到限制，应保证接触网设备限界要求。

电力机车受电弓的有效工作面宽度为 1 250mm，允许工作范围的宽度是 950mm。线路单股起道时，引起受电弓接触点偏移，为确保在最不利的情况下，电力机车运行时受电弓不脱弓，规定电气化铁路起道作业时，单股起道高度不得超过 30mm。

根据上述规定，工务部门会同供电部门一起，在隧道边墙及接触网或塔内缘划一红色横线，红线位置为轨面设计标高加 30mm 起道预留量，横线上面标明轨面至接触网的规定高度，横线下面标明隧道边墙及接触网杆或塔内缘至线路中心的规定距离。线路维修起道时，轨面高度不得起出红色横线。如线路维修工作需要超出上述标准，须通知供电部门，双方配合施工。如因线路大、中修，以及接触网杆或塔下沉，双方应重新测记。正常情况下，每年双方共同对接触网限界进行一次检查。

2．拨道作业

在电气化铁路行驶的电力机车，作用于钢轨的横向水平力大，使线路方向容易发生变化，因而线路拨道作业较多。为保证电力机车受电弓与接触导线正常相互接触作用，不发生脱弓事故。规定拨道作业时，线路中线位移不得超过前述红横线下面标注规定的数字加、减 30mm。如超过此标准，须通知供电部门的接触网工区，双方配合进行施工。线路拨道，规定一侧拨道量年累计不得大于 120mm。

3．改道作业

在电气化铁路线路上，应按下列要求进行改道作业。
(1) 按标准化改正轨距，保证轨道与两侧建筑物的限界距离。
(2) 道尺与改道器均有绝缘装置，橇棍应加装绝缘胶套，防止改道时将钢轨搭接造成短路，影响信号显示。
(3) 在新安装绝缘轨距杆时，须经信号工区检查其绝缘程度符合规定方可安装。在线路上装有防爬器、信号过道连接线及接地线的轨枕盒内不宜安装轨距杆，应错开一孔安装。

轨距杆的绝缘部分和道砟之间应保持 30mm 的间隙，或将轨距杆绝缘部位下的道砟掏空，以防积水浸泡绝缘件，致使绝缘电阻下降，影响轨道电路的正常工作。

4．捣固及道床作业

在电气化铁路的绝缘接头处，绝缘接头夹板比普通接头夹板断面小，会造成钢轨低接头病害，因此，必须加强绝缘接头处的捣固作业。在捣固作业中，注意不要损坏塞钉及连接线。

电气化铁路的轨道电路上，道床的绝缘电阻越大越好，要求每公里的道床绝缘电阻不低于 1Ω，因而，在道床作业中应使石砟顶面与钢轨底面间保持 20~30mm 的空隙，以防止漏电。

5．更换钢轨及夹板

电气化铁路利用钢轨作牵引电流回路，更换钢轨或接头夹板时应满足下列要求。

(1) 禁止在同一地点将两股钢轨同时拆下，如需同时拆下，应先通知供电部门采取措施，并对该供电区段实行线路封锁，不准电力机车行驶，由接触网工区配合施工。

(2) 在非自动闭塞的电气化区段上更换钢轨时，换轨前应在被换钢轨两端轨节间安设一条截面不小于 70mm² 的铜导线，其每端用夹子牢固夹持在相邻的轨底上，如图 9.4 所示，该连接线在换轨作业完毕后方可拆除。

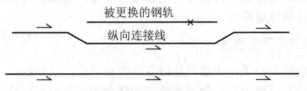

图 9.4　纵连线示意图

(3) 在自动闭塞的电气化区段上更换钢轨时，换轨前应在被换钢轨两端的左右轨节间横向各设一条截面积不小于 70mm² 的铜导线，其每端用夹子牢固夹持在相邻的轨底上(构成轨道电路短路，使信号显示红灯，起到防护作用)，如图 9.5 所示。

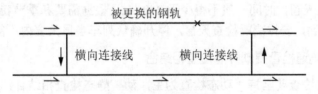

图 9.5　横连线示意图

(4) 在更换轨端绝缘的钢轨时，换轨前除应在被换钢轨两端左右轨节用一条横线与相对的轨条连接以外，还要用连接线将轨道抗流变压器中间点与被换钢轨相对钢轨连妥，并断开抗流变压器上的连接线后，才准换轨施工，如图 9.6 所示。

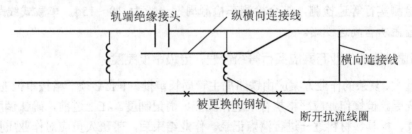

图 9.6　纵横连线示意图

(5) 更换钢轨需拆开装置在钢轨上的接地线时，应尽量用临时接地线代替原接地线，临时接地线的截面应不小于 25mm² 的铜当量截面，拆装接地线的工作，由供电部门负责完成。

> **职业贴士**
>
> 电气化铁路维护或改建中，更换钢轨或接头夹板断开轨道钢轨联结时，一定要根据具体情况采取措施处理轨道电路，否则可能造成重大安全事故。

任务9.5 高速铁路无砟轨道的维护

尽管无砟轨道具有结构稳定性高、轨道平顺性高、刚度均匀性好、耐久性强、轨道几何尺寸能持久保持、维修工作量显著减少等优点，但依然需要通过有效维护，使高速铁路工务设备满足高可靠性、高稳定性和高平顺性的要求。

9.5.1 高速铁路线路维护概述

无砟轨道结构重在检查和日常保养，及时修补离缝、裂纹、掉块，做好预防性修理，增强耐久性，延长结构使用寿命。

1. 高速铁路线路要严检慎修

严检慎修是指线路维护工作中要严格设备检查和分析，慎重修理，突出设备检查和分析的环节。通过以动态检查为主、动静态检查相结合方式，做好线路检查，由专业技术人员对检查资料进行分析，制定详尽的作业方案，并经审批后方可实施，切忌盲目动道、随意作业。

2. 高速铁路实行天窗修制度

天窗应为垂直天窗，时间一般不得少于 240min。根据需要和季节特点，可适时停开确认列车(空载动车组)，安排凌晨检查天窗，停开确认列车当日天窗内不能安排维修作业。

3. 高速铁路轨道检查要动静态检查相结合

高速铁路轨道检查要坚持"动态检查为主，动、静态检查相结合，结构检查与几何尺寸检查并重"的原则。利用检查车(包括"综合检测列车"、"轨道检查车")、车载式线路检查仪和人工添乘等方式进行动态检查检测，及时掌握动态质量。根据动态检查结果，有针对性地进行静态检查。静态检查时，除对轨道何尺寸检查外，还要对轨道结构和零部件状态一并进行检查。

动态检测实行等速检测，综合检测车检测周期一般为 10～15d，车载式线路检查仪检查每天要覆盖所有高速铁路。

4. 高速铁路对作业方案应实行等级管理、分级审批制度

作业量大、复杂的作业方案应由铁路局主管局长审批。作业必须严格按审批的方案执行，严禁擅自变更。检修作业应严格执行上道作业登、消记制度。在上道前，确认调度命令，对人员、工具、机具、材料逐一进行清点记录。作业结束后，带班人员应对作业质量、作业环境进行检查确认，对人员、工具、机具、材料数量进行清点认并撤除后方可放行列车。

9.5.2 高速铁路线路养护的重点

高速铁路线路养护的重点是曲线、道岔、焊缝和过渡段。

1. 提高曲线养护质量

一是要保证线形、线位正确；二是要重视曲线头尾的养护；三是要严格控制曲线正矢差、几何尺寸的变化和长波不平顺；四是高度重视竖曲线养护，保持竖曲线圆顺。

2. 提高道岔质量

一是要从制造、运输和铺设等方面严格管理，保证道岔的铺设质量；二是要充分利用精测网，确保岔位和线形正确；三是要将道岔及其两端各150~200m线路作为一个管理单元来进行养护，重视长波不平顺；四是加强扣件和几何尺寸养护，控制各部件的状态，保证道岔的刚度均匀性；五是养护中要关注钢轨光带，保持光带在变截面处的均匀过渡，并保证尖轨和心轨降低值的正确。

3. 提高钢轨焊接接头质量

一是要加强焊轨特别是现场焊的生产管理，严格焊接操作工艺，保证焊缝机械性能和外观平直度；二是要加强钢轨焊缝外观检查，保证其平直度满足要求；三是要加强焊缝探伤检查，及时处理伤损焊缝。

4. 提高过渡段线路质量

一是要控制好过渡段的差异沉降；二是要按设计要求保证过渡段的轨道刚度均匀过渡；三是要加强过渡段轨道几何尺寸的养护。

9.5.3 高速铁路无砟轨道道床的养护

我国高速铁路无砟轨道结构总体上分为两大类，即预制板式无砟轨道和现浇混凝土式无砟轨道，其中预制板式无砟轨道分为CRTS Ⅰ、CRTS Ⅱ、CRTS Ⅲ型和道岔区板式4种；现浇混凝土式无砟轨道分为CRTS Ⅰ、CRTS Ⅱ型双块式和道岔区轨枕埋入式3种。

1. CRTS Ⅰ型板式无砟轨道养护要点

对以下项目应加强巡查，必要时应及时进行修补。

1) 轨道板锚穴封端

轨道板纵横向锚穴在预应力施加完后采用封锚砂浆封填，新老混凝土结合面易形成封锚砂浆和板体剥离，从而影响轨道板的预应力体系。

2) 砂浆充填层

因灌注不饱满、灌注温度等原因易引起砂浆与轨道板离缝，砂浆充填层厚度过薄易造成砂浆充填层的开裂破碎。

3) 凸台树脂

无缝线路纵向力、列车制动力以及桥梁地段温度荷载作用引起的梁轨相互作用等易导致凸台树脂与轨道板之间出现缝；较大的压力亦可造成凸台树脂开裂。

2. CRTS Ⅱ型板式无砟轨道养护要点

对以下项目应加强巡查，必要时应及时进行修补。

1) 底座板或支承层开裂

由于底座板及支承层均为连续浇筑结构，对温度变化较为敏感，在冬季或降温较明显的时间内应重点观察其发展状态。

2) 轨道板预裂缝（"V"形槽）开裂及轨道板间连接部位裂缝

轨道板纵向连接后处于受拉状态，随着季节推移，可能导致预裂缝处开裂。轨道板张拉锁定后，对轨道板板缝进行填充，由于温度变化及填充材料本身收缩性能可能导致裂缝产生。在冬季或季节变化阶段应对本部位加强巡查。

3) 轨道板挡肩伤损

轨道板挡肩伤损面积达到失效指标时，应对其进行及时修补。

4) 水泥砂浆填充层离缝或开裂

施工灌注不饱满、下部基础沉降、砂浆自身收缩等因素均可引起砂浆层离缝或开裂，当达到修理作业要求时应及时行修补。

5) 侧向挡块伤损

由于侧向挡块与轨道板或底座板隔离不彻底，运营阶段温度变化较大时，轨道结构纵向变形受侧向挡块阻止产生相互作用，导致侧向挡块拉裂，对伤损面积较大的侧向挡块，应适时进行修补。

3. CRTS Ⅲ型板式无砟轨道养护要点

1) 轨道板锚穴封端

参照 CRTS Ⅰ型板式无砟轨道轨道板锚穴封端养护要求执行。

2) 自密实混凝土层

轨道板下空间较小，自密实混凝土层内部设置钢筋网或冷轧焊网，要求自密实混凝土具有较好的流动性能，其收缩率相对较大，易导致自密实混凝土开裂。

4. 双块式无砟轨道养护要点

1) 道床板或支承层开裂

道床床板及支承层为连续浇筑结构，受温度变化影响明显，在冬季或降温较明显的时间段内应重点观察其状态。

2) 轨枕松动

由于轨枕与现浇混凝土道床板新老混凝土结合面易出现裂纹，在列车荷载、温度荷载、冻融循环等因素的综合作下，可能导致轨枕松动，对发现松动的轨枕应及时进行修理。

3) 轨枕挡肩伤损

当挡肩出现失效伤损时，应及时对其进行修补。

5. 道岔无砟轨道养护要点

1) 砂浆填充层或自密实混凝土层

加强对板下及板缝处砂浆填充层或自密实混凝土层的观察，如有缝隙或掉块等现象应进行跟踪观察记录，必要时进行处理。

2) 道岔板表面裂纹

对道岔板表面特别是承轨台面进行定期查看，如发现表面出现裂纹，应对裂纹的方向和裂纹的宽度进行测量记录，并采取相应维修措施。

9.5.4 高速铁路无砟轨道的测量控制网维护

1. 高速铁路的测量控制网"三网合一"

高速铁路工程测量的平面、高程控制网，按施测阶段、施测目的及功能不同可分为勘测控制网、施工控制网、运营维护控制网。高速铁路工程测量体系把这3个阶段的测量控制网简称为"三网"。

勘测控制网包括：CP 0 控制网、CP I 控制网、CP II 控制网、线路水准基点控制网。

施工控制网包括：CP I 控制网、CP II 控制网、线路水准基点控制网、CP III 控制网、轨道施工加密基标。

运营维护控制网包括：CP 0 控制网、CP I 控制网、CP II 控制网、线路水准基点控制网、CP III 控制网、轨道施工加密基标、轨道护基标。

为保证控制网的测量成果满足高速铁路测量勘测、施工、运营维护3个阶段测量的要求，适应高速铁路工程建设和运营维护的需要，3个阶段的平面、高程控制测量必须采用统一的基准，即勘测控制网、施工控制网、运营维护控制网平面均采用CP I 为基准，高程以线路水准基点为基准，简称为"三网合一"。

2. 高速铁路的测量控制网布设

《高速铁路工程测量规范》规定的高速铁路工程测量平面控网是在框架控制网(CP 0)基础上分3级布设的，第一级为基础平面控制网(CP I)；第二级为线路平面控制网(CP II)；第三级为轨道控制网(CP III)。

高速铁路工程测量高程控制网分两级布设，第一级为线路水准基点控制网，为高速铁路工程勘测设计、施工提供高程基准；第二级轨道控制网(CP III)，为高速铁路轨道施工、维护提供高程基准。

3. 高速铁路的测量控制网维护

控制网维护可分为定期和不定期复测，建设期定期复测应由建设单位组织实施，不定期复测维护应由施工单位实施。运营期复测维护需要根据控制网形变的频率和变形量大小决定采用全线复测还是局部复测，通常全线复测可以是定期的，局部复测可以是不定期的。控制网复测应由有资质的测量专业队伍负责。

9.5.5 高速铁路无砟轨道的维修方法

无砟轨道维修的主要方法是控制线形、精确调整、修理轨廓、整治离缝、修补裂纹。

1. 控制线形

中线平面和高程绝对位置偏差应不大于 10mm，方向、高低采用绝对测量法时，30m基线长 5m 范围内方向、高低偏差不应大于 2mm，300m 基线长 150m 范围内方向、高低偏差不应大于 10mm。采用弦测法时，线路方向、高低偏差不应大于 2mm/10m。

2. 精确调整

开通前，对线路要进行平推精测，制定全面的精调方案，现场作业前要采用传统方法校核调整量，精调作业一步到位，作业后必须进行回检确认。

开通后，要根据人工添乘和动检图纸分析结果，确定调整范围和调整量。对于点或短波偏差的调整可以采用传统方法测量整治。对于长波不平顺的调整则必须采用轨道检测小车、电子水准仪、经纬仪或其他长波不平顺测量仪器进行测量并制定调整方案，并经现场复核确认和审批，方可进行调整作业。作业后必须进行回检确认。

3．修理轨廓

为消除钢轨表面的脱碳层、轧制过程中的短波不平顺和施工过程中产生的钢轨表面缺陷，应在线路精调完成之后对钢轨进行预打磨。

为消除钢轨表面疲劳伤损和其他损伤、维持优化钢轨断面廓形和提高钢轨表面平顺性，以预防钢轨表面出现疲劳裂纹，延长钢轨使用寿命，应在线路开通运营后按周期对钢轨进行预防性打磨。

打磨前，应对焊接接头平直度进行检查，当超过标准时应采用打磨设备对焊接接头进行局部打磨；应调查待打磨地段钢轨的状况，每100m采用廓形测试仪测试钢轨廓形，根据钢轨表面状态、钢轨伤损和轮轨接触情况，由线路维修和打磨技术人员共同研究确定打磨方案。

4．整治离缝

CRTS Ⅰ型、CRTS Ⅱ型板式无砟轨道离缝主要发生在轨道板与砂浆、支承层(底座)与砂浆间，双块式无砟轨道离缝主要发生在现浇混凝土与支承层(底座)间。

CRTS Ⅰ型板式无砟轨道水泥乳化沥青砂浆离缝修补宜采用丙烯酸酯类树脂材料，CRTS Ⅱ型板式和双块式无砟轨道离缝修补宜采用低黏度树脂材料，施工适宜温度为5～30℃，雨雪天不得施工。

5．修补裂纹

无砟轨道裂纹主要发生在轨道板、支承层(底座)和现浇混凝土等部位。按照裂缝程度不同有3种修补方法。施工适宜温度为5～30℃，雨雪天不得施工。

(1) 表面封闭法：表面封闭的涂层材料应满足防水等要求，底涂材料可选用经适当稀释的表面封闭涂层材料。

(2) 无压注浆法：无压注浆修补混凝土土裂缝宜采用低黏度树脂材料和弹性聚氨酯材料，手动双组份注浆器注浆。

(3) 低压注浆法：低压注浆修补混凝土裂缝宜采用低黏度树脂材料，使用低压注浆器注浆。

学岗互通

1. 绘图或列表说明单开道岔的几何尺寸检查位置。
2. 应用绳正法整正曲线线路。
3. 绘制各种无缝线路位移观测桩的设置平面示意图。
4. 绘制电气化铁路更换钢轨或接头夹板时的轨道电路处理示意图。

知识拓展

拨量调整计算

在曲线拨道的绳正法计算中,为了不使曲线两端直线发生平移,应使 $e_n = 2\sum_{0}^{n-1}\sum_{0}^{n-1}df = 0$,亦即必须使最后一测点的半拨量为零。

如最后测点的半拨量不为 0,这表示曲线终端直线要拨移(上挑或下压),显然,此方案违背整正曲线的基本原则,必须重新修正计划正矢,以使最后一测点的半拨量为零,来满足曲线两端直线位置不变的要求。现简单介绍按差累计修正法、半拨量修正法和拨量调整法进行拨量计算的方法。

1. 差累计修正法

1) 填入各测点号、现场正矢和计划正矢

2) 计算各测点正矢差

某测点正矢差=该点现场正矢-该点计划正矢。

3) 计算各测点正矢差累计

某测点的正矢差累计=该点正矢差+前点正矢差累计。

4) 确定适当的差累计修正

差累计修正合计等于正矢差累计合计。

5) 计算各测点半拨量

某测点的半拨量=前点正矢差累计+前点差累计修正+前点半拨量。

6) 计算各测点拨量

某测点拨量=该测点半拨量×2。

7) 计算各测点拨后正矢

某测点的拨后正矢=该点的现场正矢+该点拨量$-\dfrac{\text{前点拨量}+\text{后点拨量}}{2}$。

8) 计算计划正矢修正值

某测点计划正矢修正值=前点差累计修正-该点差累计修正。

以上计算可列成表 9-12。

表 9-12 差累计修正法计算表

测点	现场正矢倒累计	现场正矢	计划正矢	正矢差	正矢差累计	差累计修正	半拨量	拨量	拨后正矢	计划正矢修正	注
1	1 522	1	1	0		0	0	1	0		$ZH=1.28$
2	1 521	11	10	1	1		0	0	10	0	
3	1 510	23	24	-1	0		1	2	24	0	
4	1 487	36	38	-2	-2		1	2	38	0	
5	1 451	53	51	2	0		-1	-2	51	0	
6	1 398	63	65	-2	-2		-1	-2	65	0	
7	1 335	80	78	2	0		-3	-6	78	0	$HY=7.28$
8	1 255	86	83	3	3	1	-3	-6	82	-1	
9	1 169	77	83	-6	-3	1	1	2	83	0	

续表

测点	现场正矢倒累计	现场正矢	计划正矢	正矢差	正矢差累计	差累计修正	半拨量	拨量	拨后正矢	计划正矢修正	注
10	1 092	89	83	6	3	1	−1	−2	83	0	
11	1 003	80	83	−3	0		3	6	84	1	
12	923	80	83	−3	−3		3	6	83	0	
13	843	86	83	3	0		0	0	83	0	
14	757	84	83	1	1		0	0	83	0	
15	673	81	83	−2	−1		1	2	83	0	
16	592	84	83	1	0		0	0	83	0	
17	508	83	83	0	0		0	0	83	0	
18	425	83	83	0	0		0	0	83	0	
19	342	84	83	1	1		0	0	83	0	
20	258	75	77	−2	−1		1	2	77	0	$YH=19.62$
21	183	66	64	2	1		0	0	64	0	
22	117	48	50	−2	−1		1	2	50	0	
23	69	37	36	1	0		0	0	36	0	
24	32	23	22	1	1		0	0	22	0	
25	9	7	9	−2	−1		1	2	9	0	
26	2	2	1	1	0		0	0	1	0	$HZ=25.62$
	20 476	1 522	1 522	0	−3	3			1 522		

2. 半拨量修正法

若由于限界的限制，要求测点10的拨量为零，则可以采用半拨量修正法进行拨量计算。

1) 填入各测点号、现场正矢和计划正矢

2) 计算各测点正矢差

某测点正矢差＝该点现场正矢－该点计划正矢。

3) 计算各测点正矢差累计

某测点的正矢差累计＝该点正矢差＋前点正矢差累计。

4) 计算各测点半拨量

某测点的半拨量＝前点正矢差累计＋前点半拨量。

5) 确定适当的差累计修正

差累计修正合计等于正矢差累计合计。

6) 计算半拨量修正值

某测点半拨量修正值＝前点差累计修正值＋前点半拨量修正值。

7) 计算修正后半拨量

某测点修正后半拨量＝该点半拨量＋该点半拨量修正值。

8) 计算各测点拨量

某测点拨量＝该测点修正后半拨量×2。

9) 计算各测点拨后正矢

某测点的拨后正矢＝该点的现场正矢＋该点拨量－$\dfrac{前点拨量＋后点拨量}{2}$。

10) 计算计划正矢修正值

某测点计划正矢修正值＝前点差累计修正－该点差累计修正。

以上计算可列成表9-13。

表9-13 半拨量修正法计算表

测点	现场正矢倒累计	现场正矢	计划正矢	正矢差	正矢差累计	半拨量	差累计修正	半拨量修正	修正后半拨量	修正后拨量	拨后正矢	注
1	1 522	1	1	0	0	0		0	0	0	1	ZH=1.28
2	1 521	11	10	1	1	0		0	0	0	10	
3	1 510	23	24	−1	0	1		0	1	2	24	
4	1 487	36	38	−2	−2	1		0	1	2	38	
5	1 451	53	51	2	0	−1		0	−1	−2	51	
6	1 398	63	65	−2	−2	−1		0	−1	−2	65	
7	1 335	80	78	2	0	−3	1	0	−3	−6	77	HY=7.28
8	1 255	86	83	3	3	−3	1	1	−2	−4	83	
9	1 169	77	83	−6	−3	0	1	2	2	4	83	
10	1 092	89	83	6	3	−3		3	0	0	84	
11	1 003	80	83	−3	0	0		3	3	6	83	
12	923	80	83	−3	−3	0		3	3	6	83	
13	843	86	83	3	0	−3		3	0	0	83	
14	757	84	83	1	1	−3		3	0	0	83	
15	673	81	83	−2	−1	−2		3	1	2	83	
16	592	84	83	1	0	−3		3	0	0	83	
17	508	83	83	0	0	−3		3	0	0	83	
18	425	83	83	0	0	−3		3	0	0	83	
19	342	84	83	1	1	−3		3	0	0	83	
20	258	75	77	−2	−1	−2		3	1	2	77	YH=19.62
21	183	66	64	2	1	−3		3	0	0	64	
22	117	48	50	−2	−1	−2		3	1	2	50	
23	69	37	36	1	0	−3		3	0	0	36	
24	32	23	22	1	1	−3		3	0	0	22	
25	9	7	9	−2	−1	−2		3	1	2	9	
26	2	2	1	1	0	−3		3	0	0	1	HZ=25.62
	20 476	1 522	1 522	0	−3						1 522	

3．拨量调整法

对于无缝线路必须做到正负拨量相等。

1) 填入现场正矢和计划正矢，计算正矢差、正矢差累计
2) 进行差累计修正并确定计划正矢修正值
3) 计算半拨量
4) 计算拨量
5) 确定拨量调整数列并确定计划正矢修正值

学习情境2 线路维护

6) 计算调整后拨量

调整后拨量＝拨量＋拨量调整数列值。

7) 计算拨后正矢

以上计算可列成表 9-14。

表 9-14 拨量调整法计算表

测点	现场正矢倒累计	现场正矢	计划正矢	正矢差	正矢差累计	差累计修正	计划正矢修正	半拨量	拨量	拨量调整 数列1	拨量调整 数列2	拨量调整 数列合计	计划正矢修正	调整后拨量	拨后正矢	注
1	1 522	1	1	0	0		0	0	0				0	1		ZH=1.28
2	1 521	11	10	1	1		0	0	0					0	10	
3	1 510	23	24	−1	0		0	1	2					2	24	
4	1 487	36	38	−2	−2		0	1	2					2	38	
5	1 451	53	51	2	0		0	−1	−2					−2	51	
6	1 398	63	65	−2	−2		0	−1	−2					−2	65	
7	1 335	80	78	2	0	1	−1	−3	−6					−6	77	HY=7.28
8	1 255	86	83	3	3	1	0	−2	−4					−4	83	
9	1 169	77	83	−6	−3	1	0	2	4					4	83	
10	1 092	89	83	6	3	1	0	0						0	84	
11	1 003	80	83	−3	0		0	3	6				1	6	84	
12	923	80	83	−3	−3		0	3	6	−2		−2	0	4	83	
13	843	86	83	3	0		0	0	0	−4		−4	−1	−4	82	
14	757	84	83	1	1		0	0	0	−4		−4	−1	−4	82	
15	673	81	83	−2	−1		0	1	2	−2		−2	0	0	83	
16	592	84	83	1	0		0	0	0				1	0	84	
17	508	83	83	0	0		0	0	0				0	0	83	
18	425	83	83	0	0		0	0	0				0.5	0	83.5	
19	342	84	83	1	1		0	0	0	−1	−1	−0.5	−1	82.5		
20	258	75	77	−2	−1		0	1	2	−1	−1	−0.5	1	76.5		YH=19.62
21	183	66	64	2	1		0	0	0				0.5	0.5	64.5	
22	117	48	50	−2	−1		0	1	2					2	50	
23	69	37	36	1	0		0	0	0					0	36	
24	32	23	22	1	1		0	0	0					0	22	
25	9	7	9	−2	−1		0	1	2					2	9	
26	2	2	1	1	0		0	0	0					0	1	HZ=25.62
	20 476	1 522	1 522	0	−3		0	7	14	−12	−2	−14		1 522		

思考题

1. 简述道岔水平、方向不良及尖轨、导曲线、辙叉等病害的原因。
2. 单开道岔轨距尖轨尖端、跟端轨距及辙叉部分轨距和查照间隔、护背距离各是多少？
3. 简述单开道岔各部分轨距加宽的递减方法。
4. 道岔基本轨、尖轨、可动心轨、辙叉有哪些伤损或病害应及时修理或更换？

5. 简述普通道岔的维护方法。
6. 简述提速道岔车务、工务、电务部门的管理分工、联合检查制度。
7. 简述提速道岔综合维修的基本内容。
8. 简述提速道岔常见故障的处理。
9. 简述曲线轨距内股加宽的具体规定。
10. 列表说明曲线正矢作业验收、经常保养管理值的规定。
11. 简述铁路曲线的钢轨磨耗、接头"支嘴"、"鹅头"等病害的原因及整治措施。
12. 简述无缝线路位移观测桩的设置规定。
13. 简述无缝线路禁止进行维修作业的作业轨温条件规定。
14. 简述无缝线路作业应做到的"一准、二清、三测、四不超、五不走"。
15. 简述维护桥上无缝线路的规定。
16. 简述胀轨跑道的原因和防治办法。
17. 简述钢轨断裂的预防措施和钢轨折断的处理办法。
18. 简述电气化铁路线路钢轨及夹板更换的规定。
19. 简述高速铁路线路养护的重点。
20. 简述高速铁路无砟轨道道床的养护要点。
21. 高速铁路无砟轨道的测量控制网"三网"指什么？简述其布设及维护要点。
22. 简述高速铁路无砟轨道的维修方法。

项目 10　养路机械

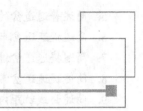

引子

铁路养路机械是铁路专用机械,是铁道工程机械的重要组成部分,养路机械与一般通用机械有许多共同特点,其特殊性在于它必须在既有铁路线或新建铁路线上进行作业。

养路机械按用途可分为以下种类。

(1) 运输设备:包括轻、重型轨道车,长轨运输列车,轨排运输列车,卸砟车等。

(2) 装卸设备:包括轨行式吊机,门式吊机等。

(3) 检测设备:包括轨道检测车,钢轨探伤车,钢轨探伤仪,列车速度监测仪等。

(4) 铺轨机械:包括大修列车,龙门式铺轨机,无缝线路换轨小车等。

(5) 钢轨作业机械:包括磨轨列车,磨轨机,锯轨机,直轨器,钢轨钻孔机等。

(6) 轨枕机械:包括铺枕机,换枕机,木枕削平机,木枕钻孔机。

(7) 道床机械:包括大型全断面道砟清筛机,小型道砟清筛机,大型道床边坡清筛机,小型道床边坡清筛机,配砟整形车,动力稳定车等。

(8) 整道机械:包括自动抄平、起道拨道捣固车,液压捣固车,中小型液压捣固机(器),拨道机(器),电动捣固机、捣固棒、液压轨缝调整器、螺钉、螺栓拆装机等。

(9) 焊接设备:包括固定式或移动式气压焊机,铝热焊设备等。

(10) 除雪除沙设备:包括除雪机,融雪车,道岔融雪设备,除沙机等。

任务

任务 10.1　大型养路机械
任务 10.2　小型养路机械

任务 10.1　大型养路机械

　　高速、重载铁路不仅需要进一步采用新型轨道结构以提高其整体强度,而且对运营线路的几何尺寸、各项技术标准以及安全运输都提出了更高要求。因此,大型养路机械的装备规模、精度、性能、品种和合理配置对铁路发展有非常重要的意义。

　　我国自 1984 年从国外引入大型养路机械进行线路维修、大修以来,铁路工务系统的作业方式和维修体制已经发生了根本性的变革,特别是在铁路大提速工程中,大型养路机械更是发挥了不可替代的作用,已成为确保线路质量,保证高速、重载铁路运输必不可少的现代化装备。

大型养路机械主要包括配砟、捣固、清筛、稳定、物料、焊轨等系列专用机械,可按照需要组成机组,机组按作业时机械排列顺序为道床配砟整形车、捣固车、动力稳定车。机组对道床进行配砟整形、起道拨道捣固、轨道道床稳定等作业,能起到消除线路沉陷、矫正线路的纵断面、校正线路的平面位置等作用。

10.1.1 道床配砟整形车

配砟整形车能进行双向配砟整形作业和单向清扫作业,实现配砟整形作业机械化。

1. 用途及优点

1) 用途

(1) 道床配砟整形车用于新建铁路及线路大、中、维修施工中的道床配砟、整形作业。

(2) 它与铺轨机、清筛机、起拨道机、捣固车、动力稳定车等配套,可分别组成各种机械化机组。道床配砟整形车一般放在捣固车前,主要进行配砟及初步整形;也可放在捣固车后,主要进行整形作业。

2) 优点

(1) 采用全液压传动,走行液压回路为闭式系统,采用电控调速,效率高,操作方便。

(2) 设有高低速档连锁、制动保护、换向保护、作业机构锁定、紧急复位等多种保护装置,确保行车和作业施工安全。

2. 组成及工作原理

1) 组成

配砟整形车由车架、动力、传动系统、走行机构、工作装置(包括中心犁、砟肩犁、清扫装置等)、操纵机构、电控系统、风控系统组成。

2) 工作原理

(1) 配砟整形车在作业时,通过液压油缸调整中心犁中内、外导向板来控制道砟的流向,按照捣固作业的要求将道砟分配到钢轨两侧及轨枕盒内。

(2) 配砟整形车通过中犁、侧犁、翼犁等工作装置完成道床的配砟整形作业,使道床布砟均匀。

(3) 道床断面按技术要求成形,清扫装置将作业时残留于轨枕和扣件上的道砟清扫并收集,再通过输送带移向道床边坡,以达到线路外观整齐美观的效果。

3. 配砟整形车主要参数

SPZ-200 双向配砟整形车、DPZ-440 单向配砟整形车技术参数见表 10-1。

表 10-1 配砟整形车及清筛机主要技术参数

序	主要技术参数	SPZ-200 双向配砟整形车	DPZ-440 单向配砟整形车	QS-650 全断面道砟清筛机
1	外形尺寸(长×宽×高)	13 500mm×3 050mm×3 860mm	18 320mm×3 160mm×4 200mm	31 346mm×3 150mm×4 740mm
2	整机质量	28t	55t	88t
3	最高自行速度	80km/h	100km/h	80km/h
4	最高连挂速度	100km/h	120km/h	100km/h 或 120km/h

SPZ-200 双向配砟整形车、DPZ-440 单向配砟整形车如图 10.1、图 10.2 所示。

图 10.1　SPZ-200 双向配砟整形车

图 10.2　DPZ-440 单向配砟整形车

10.1.2　动力稳定车

动力稳定车是线路修理、提速改造和新线建设作业机组中重要的配套设备，可与其他养路机械配套作业，组成机械化维修车组。

1984 年铁道部从普拉塞·陶依尔公司进口了 DGS-62N 型动力稳定车，而后组织了动力稳定车的国产化工作，1993 年 5 月研究和试制成功国产化的第一台 WD320 型动力稳定车。

1．用途和优点

1) 用途

动力稳定车可以在铁路线路的大、中修的道床作业以后，或新建铁路的铺砟、起道、捣固作业以后进行稳定作业。

2) 优点

(1) 动力稳定车一次作业后，线路的道床阻力值恢复比起、拨、捣作业后上升 12.20%，可达到原始状态的 45.55%，从而有效地提高了捣固作业后的线路质量。

(2) 动力稳定车作业不会改变线路的几何尺寸和状态，也不会引起轨道及其扣件的扭曲和变形，只对加速线路稳定有利。

2．组成及工作原理

1) 组成

动力稳定车是集机、电、液、气和微机控制于一体的自行式大型线路机械。它的主要结构由动力与走行传动系统、稳定装置、主动与从动转向架、车架与顶棚、前后司机室、空调与采暖设备、单弦与双弦测量系统、液压系统、电气系统、制动系统、气动系统和车钩缓冲装置等 12 部分组成。

2) 工作原理

动力稳定车模拟列车运行时对轨道产生的压力和振动等综合作用而工作。

(1) 作业前，先将各测量小车和稳定装置降落到钢轨上就位，转换到作业状态。

(2) 作业时，由一台液压马达同时驱动两套稳定装置的两个激振器，使激振器和轨道产生强烈的同步水平振动，与此同时，稳定装置的垂直油缸分别给两侧钢轨施加向下的压力，强迫轨排及道床产生横向水平振动并向道床传递垂直静压力，达到道砟颗粒重新排列和密实、轨道有控制地均匀下沉至预定下沉量的目的而不改变线路原有的几何形状和精度，以提高作业线路的横向阻力和道床的整体稳定性，可有效降低线路维修作业后列车限速运行的限定条件。

(3) 在作业过程中，动力稳定车是连续移动进行作业的。计算机处理测量系统测得的即时轨面高度，其与预定下沉量的差值，被转换为相对应的电信号，控制液压系统中的比例减压阀，使稳定装置的垂直油缸对每股钢轨施加所需的下压力，最终使轨道达到预定的下沉量。

3．WD-320型动力稳定车主要参数

WD-320型动力稳定车主要技术参数见表10-2，WD-320型动力稳定车如图10.3所示。

表10-2 稳定车主要技术参数

序号	主要技术参数	WD-320型动力稳定车	DWL-48连续走行捣固稳定车
1	外形尺寸(长×宽×高)	18 942mm×2 700mm×3 970mm	33 990mm×3 150mm×4 130mm
2	整机质量	60t	122t
3	最高双向自行速度	80km/h	100km/h
4	最高连挂速度	100km/h 或 120km/h	120km/h
5	作业效率	0.2～2.5km/h	1 400m/h～2 300m/h

图10.3 WD-320轨道动力稳定车

10.1.3 捣固车

捣固车主要用于铁路建设、大修和维修的起道、拨道、抄平、捣固、清扫和砟肩夯拍等综合作业。该车可以与其他养路机械(如清筛机、配砟整形车、动力稳定车等)配套作业，组成机械化维修列车。

我国自1984年开始引进多台奥地利普拉塞•陶依尔公司生产的08-32捣固车，经过引进、吸收、消化和国产化的研制，该机已国产化，并已上道作业多年。

1．DC-32捣固车

1) 用途及优点

(1) DC-32捣固车为双枕捣固车，是集机、电、液、气和计算机为一体的大型线路机械，能进行起道、拨道、抄平、钢轨两侧枕下道砟捣固和枕端道砟夯实作业，作业走行为步进式。

(2) DC-32捣固车利用车上测量系统，可对作业前、后线路的轨道几何参数进行测量及记录，并通过控制系统，实现按设定的轨道几何参数进行作业。

2) 组成及工作原理

(1) DC-32 捣固车由车架、动力装置、走行传动装置、捣固装置、起道拨道、抄平装置、操纵装置等组成。

(2) 捣固车在作业前，先将测量小车降落到钢轨上就位，转换到作业状态。作业时，由液压泵使捣固装置对捣固镐夹持和闭合，并使捣固装置产生振动。捣固装置在垂直油缸作用下向下放，捣固镐插入道砟内，振动的捣固镐使道砟颗粒重新排列和密实。

3) DC-32 捣固车的主要技术参数

DC-32 捣固车的主要技术参数见表 10-3，DC-32 捣固车如图 10.4 所示。

表 10-3 捣固车主要技术参数

序	主要技术参数	DC-32 捣固车	DCL-32 连续走行捣固车	CDC-16 道岔捣固车
1	外形尺寸(长×宽×高)	23 200mm×3 120mm×3 750mm	27 700mm×3 050mm×3 750mm	32 200mm×3 080mm×3 790mm
2	整机质量	58t	73t	99.5t
3	最高双向自行速度	80km/h	90km/h	90km/h
4	最高连挂速度	100km/h 或 120km/h	120km/h	120km/h

图 10.4 DC-32 捣固车

2．DCL-32 连续走行捣固车

1) 用途及优点

该机能进行起道、拨道、抄平、线路捣固和枕端夯实作业。利用车上测量系统可以对作业前、后线路的轨道几何参数进行测量及记录，并可通过控制系统按设定的轨道几何参数进行作业，作业控制可选择手动或自动模式。

2) 结构特点和工作原理

连续式捣固车的主要结构特点是：采用主机与工作小车分离的结构，捣固头、夯实器、起拨道等主要机构安装在车体下部的一台作业小车上，工作时，作业小车与主机差速运动，主机始终连续、匀速地向前行进，工作小车在主机下部以钢轨导向步进式作业。

DCL-32 连续走行捣固车从一根枕木到下一根枕木循环移动，连续式捣固车一次捣固循环周期为：工作小车运行→工作小车制动→捣镐振动下插→捣镐枕下夹实→捣镐提升。

3) 主要技术参数

DCL-32 连续走行捣固车的主要技术参数见表 10-3，DCL-32 连续走行捣固车如图 10.5 所示。

项目 10 养路机械

3．CDC-16 道岔捣固车

1) 用途及优点

CDC-16 道岔捣固车是我国现阶段应用于道岔范围内进行道床捣固的专用机械，在封锁线路条件下，能够对单线、复线、多线及复线转辙、道岔和交叉区间进行轨道拨道、起道抄平、钢轨两侧枕下道砟夯实作业。

该机利用车上测量系统，可对作业前、后线路的轨道几何参数进行测量和记录，并通过控制系统实现按设定的轨道几何参数进行作业。

2) 工作原理

在道岔维修中采用科学的三线同步起道、四线同步捣固作业原理，有 4 套相互独立、均可独立工作的捣固装置，由滑移回转装置和伸缩回转装置实现对道岔的起道、拨道、抄平、钢轨两侧枕下道砟捣固和枕端道砟夯实作业。

3) 主要技术参数

CDC-16 道岔捣固车的主要技术参数见表 10-3，CDC-16 道岔捣固车如图 10.6 所示。

图 10.5 DCL-32 连续走行捣固车

图 10.6 CDC-16 道岔捣固车

4．DWL-48 连续走行捣固稳定车

1) 用途及优点

DWL-48 连续走行捣固稳定车能够实现连续式三枕捣固作业，并同时对线路进行动力稳定。其作业效率比连续式双枕捣固车提高将近 30%～40%，是当今世界上作业精度和作业效率最高，性能最先进的铁路线路捣固机械；由于增加了复合控制的动力稳定小车，它作业后的线路既可获得很高的精度，又能获得足够的稳定性能，线路开通后，就能够高速满负荷运行。

2) 构造特点

(1) DWL-48 连续走行捣固稳定车采用三轨枕捣固装置，在作业过程中能同时捣固 3 根轨枕。此外，该捣固装置采用可分式结构，以便轨枕距离不均匀时或在某些复杂区域也能进行捣固作业，并且可根据要求选择是否加宽。必要时它还可以成为一台高性能的单枕捣固车。捣固装置的灵活选择配置，提高了整机作业的机动性和灵活性。

(2) DWL-48 连续走行捣固稳定车使用两台道依茨的水冷发动机作为动力源，高速走行时采用机械传动与静液压传动相匹配的方式，还采用了二维激光测量系统、工作小车双液力驱动轴转向架技术、新型电驱动系统等先进技术。

2) 主要技术参数

DWL-48 连续走行捣固稳定车的主要技术参数见表 10-2，该机如图 10.7 所示。

10.1.4 大型道床清筛机械

清筛机适用于线路大、中修时的道砟清筛作业。

1. 用途及优点

QS-650全断面道砟清筛机可在不拆除轨排的情况下，通过挖掘链运动将轨排下的道砟挖出，利用振动筛对挖出的道砟进行筛分，污土由污土输送带抛到该机前方线路的两侧或物料运输车内，清洁道砟可直接回填到道心内，也可由回填输送带回填到挖掘链后方钢轨两侧的道床内。道砟在线路的整个断面内均匀回填，可减小捣固作业线路的作业量。在翻浆冒泥路段，该机可对道床石砟进行全抛作业。

2. 组成及工作原理

清筛机由车架、动力装置、传动装置、走行装置、工作装置(含挖掘链、振动筛、道砟分配装置、污土输送装置、起拨道装置、道碴犁等)、操纵系统等组成。

清筛机的发动机产生的动力驱动液压泵，液压泵输出的高压油通过油管驱动走行液压马达和各个作业液压马达，使该机挖掘链、输送带、振动筛等工作装置作业和走行。

不拆卸轨枕，即可通过安装于本机上的提砟机构、混砟输送装置、筛分装置、污土输送装置等作业机构及低速走行系统实现对道床的连续清筛作业，可以和物料运输车等其他养路机械组成作业车组。

3. 主要技术参数

QS-650全断面道砟清筛机的主要技术参数见表10-1，该机如图10.8所示。

图 10.7　DWL-48 连续走行捣固稳定车

图 10.8　QS-650 全断面道砟清筛机

任务 10.2　小型养路机械

我国在繁忙干线上普遍推广大型养路机械，实行"天窗"线路维修作业；但在一般线路上还有大量的日常维修保养工作，这离不开各种高性能、高效率的小型养路机械。为此，我国明确提出要向国际先进水平看齐，提高我国小型养路机械整体水平，使小型养路机械有一个新发展；走"通过引进国外先进技术，进而实现国产化，缩小与国外先进水平的差距，提高我国在这一领域内的设计和制造水平"的路子。

以下介绍部分国产小型养路机械。

10.2.1 起、拨道和捣固机具

1．YQB-Ⅰ型液压起拨道器

YQB-Ⅰ型液压起拨道器是一种便携式小型液压起拨道器。它可用于线路的起道作业，也可以用于线路的拨道作业。由于它小巧轻便、操作省力，并且在作业时机身不侵限界，因此，在线路的起、拨道作业中得到了普遍的应用。

1) 主要结构

YQB-Ⅰ型液压起拨道器主要由底架、工作油缸、回油阀及溢油阀等组成。

(1) 底架：为提高拨道效果，在底架横梁上设有 3 条防退挡。为使起拨道器作业时不侵入限界，安装时防止撞油箱，设有兼作提把、耳环多种用途的凸形防撞挡。

(2) 工作油缸：为提高使用寿命，选用缸径较大、系统压力较低的工作油缸，活塞进行镀铬处理。

(3) 回流阀：为确保安全，提高回油速度，操作简单方便，选用偏心扳把式快速回油阀。

(4) 溢流阀：为适应检修能力和工务工作特点，采用外接表来调正溢流阀的压力。

YQB-Ⅰ型液压起拨道器的结构如图 10.9 所示，YQB 液压起拨道器如图 10.10 所示。

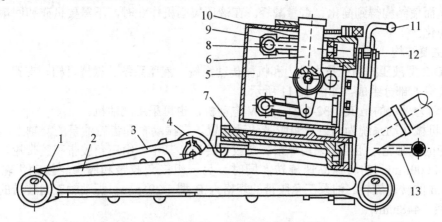

图 10.9　YQB-Ⅰ型液压起拨道器

1—销轴；2—底盘；3—拨杆；4—起道轮；5—油箱；
6—摇把套；7—液压；8—手动油泵连杆；9—柱塞；
10—泵体；11—卸荷阀手柄；12—进油阀；13—手提梁

图 10.10　YQB 液压起拨道器

2) 使用注意事项

(1) 使用前，应检查油箱内液压油是否适量，有无漏泄，回油阀工作是否正常，各紧固件有无松动，无任何异状时方可作业。

(2) 作业时，将起拨道器撞入到安装位置，手柄插入柄库，往复摇动手柄，达到作业要求。作业完毕后，扳动快速回油阀杆回油卸荷，在钢轨自重作用下，液压油通过回油阀被压回油箱，用手柄抬后端的助手套筒，即可达到活塞全部复位。

(3) 起、拨道器作业时，安装在轨内、外侧均不侵入限界，但作业中遇到列车通过，起拨道器同操作工人应同时撤离线路。在紧急情况下来不及撤离线路时，也要拧松回油阀。作业中要求人不离机，手不离把(手柄)，以确保行车安全。

(4) 作业中，遇有绝缘接头时，不得在轨面上推行，避免连电。

(5) 手柄端头装有套管，以避免轨道电路区段作业造成两股钢轨连电。无套管者禁止使用。

(6) 起道时，起道轮中心线必须进入轨底边缘。不允许用拨杆起道。

2．XYD-2 型液压捣固机

液压捣固机采用振动和夹实联合进行捣固作业，捣固的质量较高。传动部分采用液压传动，从而使结构得到简化、重量减轻。在液压捣固机作业时，不需要扒砟和回填石砟，使工序简化。

1) 主要结构

XYD-2 型液压捣固机是由动力和机械传动系统、液压系统、振捣机构、支架、走行和下道装置等 5 部分组成，如图 10.11 所示。

(1) 动力采用的是 JO2-32-2 型、4kW 电动机，也可采用汽油机。

(2) 机械传动系统为两组三角胶带传动装置。在振动轴和齿轮油泵的套轴上，各装有一个相应的皮带轮，相互间采用单根三角胶带传动。其中一组三角胶带和胶带轮，带动振动轴以 4 000r/min 的转速高速旋转；同时，另一组三角胶带和胶带轮带动齿轮油泵以 1 800r/min 的转速旋转。油泵三角胶带的规格为 B 型 1 295mm，振动轴三角胶带的规格为特制 B 型 1 448mm。

为防止捣固机下插时因橡胶减振器受到压缩而引起两个胶带轮间的距离缩小，导致振动轴胶带松弛打滑而造成的振动轴转速下降和振动频率降低，特在捣固机油箱的一侧设有一个张紧轮。

(3) 液压系统包括齿轮油泵、油缸、多路换向阀、手压泵、油箱以及油管、滤油器和压力表等辅助元件。

齿轮油泵是液压动力装置，它将电动机(或内燃机)输出的机械能转换成油液的压力能，并经多路换向阀输送给各工作油缸。

油缸包括一个升降液压缸和两个夹实油缸，是捣固机液压系统的执行机构。它将油液的压力能又转换成机械能，并传递给捣镐。升降液压缸的行程，2A 型为 512mm，2B 型为 431mm。夹实抽缸的行程分别为 118mm(用于混凝土轨枕)和 132mm(用于木枕)。油缸为单活塞杆双向作用油缸。

多路换向阀是捣固机的操纵控制装置。

手压泵是捣固机的应急安全装置，它是单行程活塞泵，有独立的油路与多路换向阀相接。一旦捣固机的动力机械或液压系统发生故障，致使插入道床的捣镐不能提升时，则用手压泵可迅速将捣镐提起，使捣固机安全下道。此外，每当过道口或检修捣固机时，亦可用手压泵操纵捣镐的升降或张合。

(4) 振捣机构包括振动架、振动轴组、捣镐和同步杆、夹实液压缸、减振器等。

振动架是采用钢板焊接的鱼腹形箱体结构,两轴承座为通孔,因而刚性好,容易保持轴承孔的同心度。4 个轴头悬臂较短,改善了轴头的受力条件。

振动轴组由振动轴、轴承(36308 向心推力球轴承)、轴承盖、轴套、偏心皮带轮、平键、挡油板、偏心块等组成。

捣镐由镐板和镐头组成。

(5) 支架由底架、导柱及横梁、机架 3 部分所组成。

底架的前后两端各装有一组剪刀式夹轨钳,又称夹轨器,如图 10.12 所示。

它的工作原理就像一把钳子。在图中,夹轨器的尾端通过连杆 2 分别与底架连接。在夹轨器中部的轴上设有一吊杆 4,通过弹簧与油箱的滑套连接。当捣固机的主体部分上升时,夹轨器在弹簧和吊杆的拉动下,随之上升而脱离钢轨。当捣镐下插时,捣固机的主体部分下降,吊杆对夹轨器不产生拉力,夹轨器靠自重下落在钢轨上,夹轨器的头部位于钢轨头部的两侧。如果道床下插困难,反作用力使捣固机顶起时,由于底架的上移,通过连杆而拉动夹轨器的尾部,使夹轨器钳口向内靠拢,夹轨器就会将轨头夹住,使捣固机把持在轨排上。捣固完毕后,随着主体部分的上升,夹轨器在吊杆拉动下,使之再脱离钢轨。

图 10.11　XYD-2 型液压捣固机

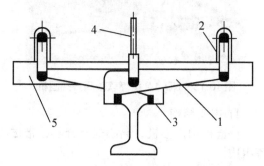

图 10.12　夹轨器

1—夹轨钳;2—连杆;3—钳口;4—吊杆;5—底架

(6) 走行和下道装置包括走行架和下道架,是液压捣固机的附属装置。

2) 液压捣固机使用注意事项

(1) 上道使用前注意以下事项。

① 检查各部件是否完整无缺。

② 检查各部紧固件有无松动或失效。

③ 检查油箱中的油量,不足时加油至略高于油面线。

④ 向滑动部件加注润滑油。

⑤ 检查并试验手压泵作用是否良好。

⑥ 检查插头、插座和电源线是否完好,有无漏电情况。

⑦ 经检查和修理后,确认各部状态良好,方准上道试机。

(2) 使用中注意以下事项。

① 在使用中观察各部运转是否正常,有无杂音和异响,部件有无松动、脱落、漏油现象。

② 注意有关部位的温升情况,若发现电动机温升超过 60℃,内燃机油温超过 80℃,振动轴承超过 50℃,各部销、轴超过 70℃时应立即停机下道,检查原因,待温度降低后再

继续上道作业。

③ 注意夹轨钳是否有效，走行轮是否正常，防止走行轮脱轨。

④ 在夹实道砟时，有无严重抬道现象。

⑤ 勿使镐头碰撞轨枕或扣件螺栓。

⑥ 如有异常，需要修理时，必须停机下道修理，以保证行车安全。

(3) 下道时注意以下事项。

① 关闭捣固机电源，下道时两人应密切配合，动作协调迅速，推机平稳，用力适度，防止捣固机翻倒或脱轨。

② 下道后应定位插好安全插销。

3．内燃软轴高频捣固机

ND-4.2 型、ND-4.2×2 型内燃软轴高频捣固机如图 10.13、图 10.14 所示，适用于无电源情况下单边的铁道线路维修施工，也可用于道岔的维护作业。

图 10.13　ND-4.2 型燃软轴高频捣固机　　图 10.14　ND-4.2×2 型内燃软轴高频捣固机

1) 主要结构

捣固机由汽油机、离心式离合器、带传动机构、软轴软管、振捣棒、减震手把及机架等组成。

该机选用日本本田(HONDA)汽油机为动力源，汽油机固定在机架中间。机架上有皮带罩和防护罩，还有两个抬把，可以便捷地上、下道。

软轴组件由钢丝软轴、软轴插头(工作时插入输出轴孔内)、软轴接头(与振捣棒内的滚锥连接)组成；软管组件由软管、连接头(工作时插入机头孔内)、软管接头(与振捣棒棒壳联接)组成。

振捣棒组件包括镐头、镐体、棒壳、滚锥、滚道、油封、轴承等。

减振手把由手把、弹簧橡胶护套等组成，连接在软管前端，消除振动，便于操作。出厂时软轴、软管、减振手把、振捣棒已连为一体。

2) 工作原理

汽油机的动力经离心式离合器及带传动分配到两根输出轴上从而驱动软轴，带动振动棒中的滚锥，滚锥的一端支承在大游隙轴承上，另一端沿滚道作纯的自转和公转运动。偏心旋转的滚锥产生离心力通过滚道作用于棒壳上并使之增频。该振动力传递给镐体和镐头，形成对道砟的扰动力，道砟之间的摩擦阻力被克服或减小，使道砟近乎呈现"流动状态"，开始相对运动和重新排列。经过一段时间的震动后，道砟将枕下空隙填满从而达到密实的目的。

3) 使用方法

(1) 将机头上的连接手柄旋转至正上方，将软轴插头插入轴孔内，将连接头插入机头孔中，使连接手柄落入连接头圆弧槽内，板下联接手柄，再将振捣棒插在机架上。

(2) 检查所有绝缘部位，拧紧各紧固件，张紧传动带。

(3) 抬整机上道，将单走行轮抽出支撑管置于另一侧钢轨上，锁紧紧固螺钉。

(4) 在发动机预热时，逐渐把阻风门柄移动到 OPEN(开)位置；把节气门控制柄置于发动机所要转速的位置。

(5) 捣固时应两台机器成套使用，分别置于所捣固的同一根轨枕的两侧，同捣一根轨枕的 4 人应力争动作一致，用力大致相同。捣固时握住减振手把斜向插入，将石砟捣入枕底下。切勿用振捣棒撬轨枕、钢轨，应避免镐头碰击钢轨、轨枕和连接机件。

(6) 双线地段施工时，临线来车时须停车作业。

4) 安全注意事项

(1) 加油时须关闭发动机，加油时严禁吸烟，勿使燃油溢出。

(2) 利用列车间隔时间作业时，必须由班长以上人员担任施工负责人。

(3) 操作手必须由段培训合格方可上岗作业；严禁非操作手操作，操作手应严格执行"三检制"和定人定机制度。振捣棒启振后必须由操作手掌管。

(4) 本机利用列车间隔时间上道作业，必须按规定设置防护。未设好防护，严禁上道。施工负责人接到下道预告信号后，须在规定距离以外下道完毕。

(5) 严禁机器带病上道作业，机器发生故障时应立即撤至限界外检修，严禁在线路上检修。

(6) 区间和站内作业均须按有关规定办理手续。

(7) 每天作业完毕后，应按规定进行维修保养。

4．手提内燃捣固镐

NDG-4 型小型手提内燃捣固镐是一种适用于铁路道床养护的小型养路机械，主要用于石砟道床的捣固作业，特别适用于道岔、隧道、桥涵等大中型养路机械不能作业的道床作业。

1) 主要结构

手提内燃捣固机主要由汽油机、减振装置、传动轴、振动体和手把组成，构成独立完整的手持式捣固机，既没有冗长的电缆线，也没有笨重的软轴，结构合理紧凑，使用方便，是一种上下道迅速、操作轻便的捣固设备。

2) 工作原理

内燃捣固镐以汽油机做动力源，通过离心式离合器、橡胶减震器、拖动振动器产生高频扰动力，使枕下石砟重新排列密实，从而实现对道床石砟捣固的目的。

NDG-4 型小型手提内燃捣固镐及其操作如图 10.15 所示。

图 10.15 NDG-4 型小型手提内燃捣固镐及其操作

10.2.2 其他养路机械

1．液压轨缝调整器

轨缝调整器由机体、夹轨装置、油箱合件、工作袖缸、摇杆机构和走行部分等主要部件所组成，如图10.16所示。

图10.16 液压轨缝调整器

1) 机体

油箱合件用4个螺钉固定在油泵底座上，油泵底座和工具底座用托架立轴将两个工作油缸连接成为一个整体，构成了轨缝调整器的机体。

2) 夹轨装置

在机体两端，装有操纵夹紧斜铁的拨叉，操纵摇把杆可使左右斜铁在油泵底座的凹槽内沿着钢轨的方向前后移动，当摇把杆往下压时，由于拨叉的作用，使斜铁片在油泵底座里移动，咬住钢轨的轨头(即工作状态)。

3) 操作步骤

(1) 将轨缝调整器推到被调整钢轨接头处。

(2) 搬动拔架，使两夹具(斜铁)落在钢轨上，使斜铁与钢轨夹牢。

(3) 按顺时针旋紧回油阀，摇动操纵杆，使高压油输入工作油缸。

(4) 当每次调整完毕后应按次序先旋开回油阀，然后松开斜铁使工作油缸在拉簧作用下回位。

(5) 摇动拔架使走向轮支撑于钢轨上，移至第二个工作点。

2．切轨机

切轨机是铁道工务线路大修、维修及抢修作业的必备工具，如图10.17所示。

图10.17 切轨机

内燃切轨机用汽油机为动力,主机与夹轨装置为分体式结构,二者可以分解,采用高速砂轮片,切割速度快,切割断面精度高,切断 60 kg/m 钢轨时间不大于 2min,切断面误差不大于 0.3mm。该机体积小,整机质量小,便于携带。

电动双向摆动切轨机是一种高效节能切轨机,切割时不但速度快,砂轮片消耗少,而且切轨质量高,卡具简单,操作方便,重量轻,便于移动,安全节能。

3.钢轨钻孔机

钢轨钻孔机是铁道工务线路维修及抢修作业的必备工具,如图 10.18 所示。

快速夹轨装置和专用定位板可保证机具对各型钢轨准确定位钻孔,采用多齿空心高速合金砖头钻孔,钻孔速度快(一般钻通一次不超过 40s)、精度高;气压罐冷却液可在钻孔过程中连续冷却钻头,延长钻头使用寿命,修磨一次可钻 40~50 个孔。

图 10.18 钢轨钻孔机

4.内燃螺栓扳手

内燃螺栓扳手如图 10.19 所示,主要用于松紧六角螺母与螺栓,是铺设、检修、更换有轨运输车辆枕轨间六角螺母螺栓紧固件的理想机具,适用于铁道线路日常保养和维修,特别适用于道岔、隧道、桥涵等大中型养路机械不能作业的道床区域性养路作业。

图 10.19 内燃螺栓扳手

目前,我国正在实施养路机械装备现代化的战略。

(1) 对主型大型养路机械在数量上进行补充,按照线路的分类、运量和修理周期,配齐大型养路机械的大修机组、维修机组(包括道岔捣固设备),实现对繁忙干线和客运专线大、维修作业面的覆盖。

(2) 调整大型养路机械机组配置,强化作业质量,提高线路修竣后的稳定性和开通速度,延长线路大修、维修周期。

(3) 加速装备工务专用设备及高速铁路、客运专线的配套设备,以适应铁路运输发展的需要。

学岗互通

1. 到附近大型养路机械作业地段现场考察其作业流程。
2. 在实训场使用起拨道器进行线路起拨道和道床捣固练习。
3. 在实训场使用钢轨切割、钻孔机进行钢轨切割、钻孔练习。
4. 在实训场使用内燃螺栓扳手进行线路轨枕螺栓拧固练习。
5. 在实训场使用轨缝调整器进行线路轨缝调整练习。

知识拓展

其他养路机械

1. 大型养路机械

1) 道岔铺换机组

道岔铺换机组是用于新线铁路和既有铁路(特别是高速铁路)道岔铺换的设备,如图10.20所示。机组由若干级上位机、下位机、临时轨道和辅助系统组成,每台上、下位机均由一台柴油发动机为各自的液压系统提供动力,还配备了先进的无线电遥控系统和完备的安全监控系统。

该机组作业时,通过对道岔组件的升降、横移、纵移及控制,完成对道岔的更换和铺设。以一台上位机和一台下位机为一组计算,2组即可进行联合作业,可实现多达12个组联合作业,可一次完成长达80m左右道岔的铺换任务。通过两个频段的设置还可以将整个机组分成两个小机组,在同一地点同时施工而不互相干扰。

2) 移动式焊轨车

移动式焊轨车如图10.21所示,具备双向自走行、钢轨焊接、钢轨拉伸、保压推瘤等功能,能够快速到达作业地点,进行国铁和城市轨道交通无缝线路的线上焊接、线下焊接和基地钢轨焊接。该机解决了配套设备的运输问题,提供现场施工的动力源,为现场作业提供良好的环境,大大减轻了现场作业的劳动强度,使钢轨焊接质量达到或接近厂焊钢轨的水平。

图 10.20 道岔铺换机组

图 10.21 移动式焊轨车

3) 钢轨打磨车

轨道不平顺分为长波不平顺及短波不平顺。

长波不平顺又分为轨道结构在外力作用下的残余变形,如轨距、水平、高低、扭曲等几何状态的变化和钢轨在轧制、校直过程中产生的周期性变化。

短波不平顺分为周期性不平顺和非周期性不平顺,周期性不平顺即为波浪磨耗和波纹磨耗;非周期性不平顺是指擦伤、表面龟裂、剥离掉块、压溃、焊缝不平顺等。这两类不平顺的消除方法完全不同:前者通过整道消除;后者随着钢轨生产工艺的改进在钢厂即可消除。

钢轨打磨一般是指消除钢轨周期性和非周期性短波不平顺而进行的作业。高速铁路平顺性是能否实现高速行车的关键,钢轨打磨也就显得格外重要。

钢轨打磨列车主要用于消除钢轨表面磨损、变形和其他缺陷。整列车由 3 辆车组成,前、后为动力车,中间一辆为生活车,如图 10.22 所示。每节车装有 2 个打磨小车,每个打磨小车装有 8 个打磨头,全车共有 48 个打磨头。该机打磨精度高,全部由计算机控制自动检测和调整打磨量。

4) 钢轨探伤车

钢轨探伤车主要用于探测铁路钢轨内部的各种伤损情况。整车由一辆牵引车和一辆检测车组成,能利用先进的探伤仪器设备和计算机处理系统对钢轨损伤的类型、位置、程度及累计变化进行检测、分析、显示、记录和打印,如图 10.23 所示。

图 10.22　钢轨打磨列车

图 10.23　钢轨探伤车

5) 桥梁检查车

桥梁检查车如图 10.24 所示,主要用于对桥梁的主体结构进行检查。

2. 小型养路机具

1) 推凸机

(1) 主要结构。推凸机由手动液压系统、锁轨导向机构和推除刀具 3 个主要部分组成,如图 10.25 所示。

图 10.24　桥梁检查车

图 10.25　推凸机

① 液压系统由密封在油箱内的4个柱塞泵、安全阀、回油阀及两个工作油缸组成。活塞杆固定在机架上，柱塞泵产生的压力油经机座的油路通过活塞杆到达油缸而推动推凸刀具进行作业，整个液压系统没有外露油管，全部集成油路于油缸底座上，故不存在管路或接头漏油的缺陷。

② 锁轨导向装置由前后螺旋钳轨器和后楔铁锁轨夹具及导轨滑道组成。

前锁紧器位于导轨滑道的前部，后锁紧器位于导轨滑道的中部。连接板上装有与钢轨中心线对称的螺旋钳轨器，依靠旋转钳轨器上方的系缸及螺母调整锁轨器的开合，使其钩住钢轨下颚，并压紧钢轨，保持推凸过程不抬刀，并使推凸后的表面平顺。

后锁轨是采用与钢轨中心线对称两个17°20′斜角的楔铁(反U型状)使之与钢轨两个侧面啮合。

③ 推除刀具由刀架和可调推刀组成。刀具采用组合式，并留有7°的前后刃角，便于推凸，并可延长刃具使用寿命。对于不同轨顶宽度的钢轨可以进行调整。该刃具适用于轨顶宽度小于80mm的各种类型钢轨。

(2) 工作原理。

当铝热焊工艺完成，高温铁水浇入砂型后，应立即将推凸机骑跨在砂型上方，利用前后锁紧卡子，将钢轨与推凸机的相对位置固定。趁铝热焊缝在高温(850~900℃)状态下，立即用手动泵推动工作油缸前端的刀架和推刀，这时，由于导轨框架的导向作用，保证平直地推除轨头凸出的焊瘤。

2) 磨轨机

(1) 内燃仿形磨轨机。该机能打磨钢轨顶面、侧面及圆弧部分，适用于钢轨焊缝、不平整接头、轨侧肥边、轨面焊修等部分的打磨，是铁路工务大修、维修及抢修的必备工具，如图10.26所示。

图10.26 内燃仿形磨轨机

(2) 内燃道岔打磨机。该机用来打磨转辙器的尖轨、辙岔岔心和护轨顶面及侧面肥边，也可打磨交叉渡线和标准轨道的钢轨肥边。它在所有方位都能打磨，操作容易灵活。它的磨削装置可从垂直方向侧面倾斜30°，同时可沿垂直方向和水平方向实现对磨削砂轮位置的调整，如图10.27所示。

图10.27 内燃道岔打磨机

思考题

1. 简述道床配砟整形车的主要组成。
2. 简述道床捣固车的主要组成。
3. 简述道床动力稳定车的主要组成。
4. 简述线路起道、拨道和捣固机械的主要组成。
5. 简述钢轨切割、钻孔机的主要组成。
6. 简述内燃螺栓扳手的主要组成。
7. 简述轨缝调整器的主要组成。

情境小结

1. 主要内容

(1) 围绕线路维修与大修，详细介绍了线路维修与大修的内容、周期、计划、验收、管理体系以及大修的设计及施工管理，阐述了轨道静动态检查、钢轨及轨枕检查、春秋季检查和线路质量状态评定以及线路基本作业等。

(2) 围绕各种铁路线路的维护，介绍了道岔、曲线、无缝线路等不同轨道构造的线路维护要点和铁路养路机械的简单常识；因电气化铁路的特殊性，本学习情境还重点介绍了电气化铁路线路的养护维修特点。

2. 重点难点及要求

1) 重难点

本项目的重点是线路维修与大修的内容、轨道静动态检查、线路基本作业，难点是道岔、曲线、无缝线路等不同轨道构造的线路维护要点以及电气化铁路线路的养护维修特点。

2) 要求

以《铁路线路维修规则》为主线，以道岔和曲线的维护为突破口，紧扣线路维修与大修的内容、轨道静动态检查、线路基本作业，建立铁路线路维护的流程概念。

轨道施工与维护综合测试题

一、选择题

1. 当 350m＞曲线半径≥300m 时，其轨距加宽值为(   )。
   (A)0mm　　　　(B)5mm　　　　(C)10mm　　　　(D)15mm

2. 直线线路上轨向以 10m 弦在轨头内侧顶面下(   )处量取最大矢度。
   (A)10mm　　　(B)15mm　　　(C)16mm　　　(D)20mm

3. 在某一铁路线上，曲线半径为 600m，列车通过该曲线时的平均速度为 66km/h，则该曲线应设超高是(   )。
   (A)95mm　　　(B)90mm　　　(C)85mm　　　(D)80mm

4. 某曲线半径为 400m，超高为 125mm，允许最大未被平衡超高采用 75mm，则该曲线最高允许速度为(   )。
   (A)82.3km/h　　(B)85km/h　　(C)90km/h　　(D)45km/h

5. 曲线半径为 800m，列车平均速度为 70km/h，则外轨应设置(   )的超高。
   (A)50mm　　　(B)60mm　　　(C)70mm　　　(D)80mm

6. 某曲线现场实测正矢之和为 2000mm，如用绳正法整正此曲线，则计划正矢之和必须为(   )。
   (A)0　　　　　(B)1000mm　　(C)2000mm　　(D)1500mm

7. 某曲线其直缓点的正矢为 5mm，缓圆点的正矢为 95mm，则圆曲线中点的正矢为(   )。
   (A)45mm　　　(B)50mm　　　(C)90mm　　　(D)100mm

8. 圆曲线上各点正矢的最大最小值差不大于(   )。
   (A)1~2mm　　(B)2~4mm　　(C)3~6mm　　(D)4~8mm

9. 圆曲线上各点正矢的连续差不大于(   )。
   (A)1~2mm　　(B)2~4mm　　(C)3~6mm　　(D)4~8mm

10. 曲线某点的拨量为 6mm，其前后两点正矢的影响量为(   )。
    (A)前后两点和为 6mm　　　　(B)前后两点各为－6mm
    (C)前后两点和为 3mm　　　　(D)前后两点各为－3mm

11. 曲线上相邻两点，第一点正矢为 64mm，第二点正矢为 58mm，第一点拨量为－4mm，第一点拨量为零，第二点拨后正矢为(   )。
    (A)58mm　　　(B)60mm　　　(C)54mm　　　(D)62mm

12. 单开道岔中，尖轨前第一拉杆的中心位置距尖轨实际尖端(   )。
    (A)330mm　　(B)380mm　　(C)490mm　　(D)510mm

13. 道岔基本轨垂直磨耗，60kg/m 及以上钢轨，在允许速度大于 120km/h 的正线上超过(   )时，应及时修理或更换。
    (A)6mm　　　(B)8mm　　　(C)10mm　　　(D)11mm

14. 道岔基本轨垂直磨耗，60kg/m 及以上钢轨，在到发线上超过(   )时，应及时修理或更换。
    (A)6mm　　　(B)8mm　　　(C)10mm　　　(D)11mm

15. 道岔查照间隔应不得(   )。
    (A)小于1391mm   (B)大于1391mm   (C)小于1348mm   (D)大于1348mm
16. 道岔护背距离应不得(   )。
    (A)小于1391mm   (B)大于1391mm   (C)小于1348mm   (D)大于1348mm
17. 辙叉心、辙叉翼轨面剥落掉块,在允许速度不大于120km/h的线路上长度超过15mm,深度超过(   )时应注意检查观测。
    (A)0.5mm   (B)1mm   (C)1.5mm   (D)3mm
18. 可动心轨辙叉心宽40mm断面及可动心轨辙叉心宽20mm断面对应的翼轨垂直磨耗(不含翼轨加高部分)超过(   )时应及时更换。
    (A)2mm   (B)4mm   (C)6mm   (D)8mm
19. 12号普通单开道岔的尖轨尖端轨距为(   )。
    (A)1437mm   (B)1445mm   (C)1450mm   (D)1453mm
20. 普通线路道岔导曲线中部轨距加宽,直尖轨时向两端递减至尖轨跟端为(   ),至辙叉前端为4m。
    (A)1m   (B)2m   (C)3m   (D)4m
21. 尖轨尖端与基本轨或可动心轨尖端与翼轨不靠贴大于(   )时,应及时修理或更换。
    (A)1mm   (B)2mm   (C)0.5mm   (D)1.5mm
22. 线路上的伤损钢轨应用白铅油做好标记,(   )的标记是↑△△△。
    (A)连续重伤   (B)局部重伤   (C)连续轻伤   (D)局部轻伤
23. 钢轨总磨耗等于垂直磨耗与(   )之和。
    (A)侧面磨耗   (B)1/2侧面磨耗   (C)1/3侧面磨耗   (D)1/4侧面磨耗
24. 钢轨侧面磨耗在距踏面(标准断面)下(   )测量。
    (A)14mm范围内   (B)14mm处   (C)16mm范围内   (D)16mm处
25. 检查三角坑时的基长为(   )。
    (A)4m   (B)4.5m   (C)6m   (D)6.25m
26. 三角坑允许偏差管理值即为在延长(   )的距离内不允许超过的三角坑偏差值。
    (A)13m   (B)16m   (C)18m   (D)20m
27. 轨向偏差是用(   )测量的最大矢度值。
    (A)1m尺   (B)5m弦   (C)10m弦   (D)20m弦
28. 普通线路25m钢轨正线地段,工区常备钢轨数是(   )。
    (A)4根/km   (B)3根/km   (C)2根/km   (D)1根/km
29. 无缝线路地段,工区常备夹板不少于(   ),钢轨不良时可适当增加。
    (A)2块   (B)3块   (C)4块   (D)5块
30. 无缝线路地段,备用轨枕数规定是(   )。
    (A)2根/km   (B)4根/km   (C)6根/km   (D)8根/km
31. 无缝线路铝热焊缝距轨枕边不得小于(   )。
    (A)40mm   (B)45mm   (C)50mm   (D)35mm
32. (   )不属于无缝线路应力放散的方法。
    (A)滚筒   (B)滚筒配合拉伸
    (C)列车碾压   (D)滚筒结合拉伸配合撞轨

33．无缝道岔设( )位移观测桩。
(A)1 对 (B)2 对 (C)3 对 (D)4 对

34．每段无缝线路应设位移观测桩不少于( )。
(A)4 对 (B)5 对 (C)6 对 (D)7 对

35．跨区间和全区间无缝线路，单元轨条长度大于 1200m 时，设置( )位移观测桩。
(A)4 对 (B)5 对 (C)6 对 (D)7 对

36．某段无缝线路全长为 1000m，原锁定轨温为 19℃，设计要求为 29℃，则其放散量为( )。
(A)110mm (B)112mm (C)115mm (D)118mm

37．铺设一标准 25m 长 60kg/m 钢轨，采用钢筋混凝土枕，每千米铺轨枕 1600 根，接头轨枕间距为 520mm，中部轨枕间距为( )。
(A)630mm (B)630.7mm (C)635mm (D)635.5mm

38．某段无缝线路长 1500m，20℃锁定，顺向爬行量为 30mm(在长轨端处测量)，钢轨温变化度数为( )。
(A)1.7℃ (B)2.5℃ (C)18.3℃ (D)无法算出

39．普通单开道岔内的两组绝缘接头相错不得大于( )。
(A)2m (B)2.5m (C)3m (D)3.5m

40．跨区间无缝线路内铺设的道岔铺设位置是( )。
(A)必须设在固定区 (B)可以铺设在伸缩区
(C)可以铺设在缓冲区 (D)视情况可以铺设在无缝线路任何位置

41．道口距道岔、桥隧应有不小于( )的安全距离。
(A)50m (B)40m (C)30m (D)20m

42．在电气化铁路上，道口通路两面应设限界架，其通过高度不得超过( )。
(A)4.0m (B)4.5m (C)5.0m (D)5.5m

43．线路轨距超限或变化率不符合要求，以及拨道后有个别碎弯，应进行( )作业。
(A)起道 (B)改道 (C)拨道 (D)矫直钢轨

44．拨道大甩弯时，看道人最好距离拨道人( )左右。
(A)50m (B)60m (C)80m (D)100m

45．从两翼轨最窄处到辙叉心实际尖端之间，存在的一段轨线中断的空隙叫( )。
(A)有害空间 (B)查照间隔 (C)辙叉间隙 (D)护背距离

46．电气化铁路线路起道高度单股不得超过( )。
(A)30mm (B)40mm (C)50mm (D)60mm

47．在车站、货场或专用线内，专为内部作业使用，不直接贯通道路的平面交叉设备是( )。
(A)平过道 (B)人行过道 (C)专用通道 (D)道口

48．从钢轨外侧算起，通行普通汽车道口两侧道路的平台长度为( )。
(A)20m (B)16m (C)10m (D)8m

49．道口护轨两端做成喇叭口，距护轨端( )处弯向线路中心，其终端距钢轨作用边应不小于 150mm。
(A)200mm (B)300mm (C)400mm (D)450mm

50. 埋设道口护桩间距为( )。
　　(A)1~1.5m　　(B)2~2.5m　　(C)3~3.5m　　(D)0~1m
51. 在电气化铁路上道口通路两侧各距栏杆不少于( )处应设置限界架。
　　(A)2m　　(B)3m　　(C)4m　　(D)5m
52. 线路轨距超限或变化率不合要求，以及拨道后有个别碎弯，应进行( )作业。
　　(A)起道　　(B)改道　　(C)拨道　　(D)矫直钢轨
53. 电气化铁路线路日常拨道，线路中心位移不得超过( )。
　　(A)±10mm　　(B)±20mm　　(C)±30mm　　(D)±40mm
54. 在尖轨、可动心轨顶面宽50mm及以上断面处，尖轨顶面低于基本轨顶面、可动心轨顶面低于翼轨顶面( )及以上时，应及时修理或更换。
　　(A)1mm　　(B)2mm　　(C)0.5mm　　(D)1.5mm
55. 进行线路起道作业时，看道者应俯身在标准股上，一般情况下距起道机的距离为( )。
　　(A)10~20m　　(B)20~30m　　(C)30~40m　　(D)40~50m
56. 进行线路拨道作业，当指挥者两手握拳高举头上相碰时，表示( )。
　　(A)拨接头　　(B)拨大腰　　(C)拨小腰　　(D)交叉拨动
57. 进行线路拨道作业，当指挥者两手高举，食拇指张开作大圆弧状时，表示( )。
　　(A)拨接头　　(B)拨大腰　　(C)拨小腰　　(D)交叉拨动
58. 紧固曲线上钢轨接头6孔螺栓，正确的操作是( )。
　　(A)先上紧最外侧两条螺栓，再上紧中间两条螺栓，剩下两条最后上紧
　　(B)先上紧中间两条螺栓，再上紧最外侧两条螺栓，剩下两条最后上紧
　　(C)先上紧中间两条螺栓，其余4条依次上紧
　　(D)先上紧最外侧两条螺栓，再上紧次外两条螺栓，最后上紧中间两条螺栓
59. 对线路进行拨道时，为防止拨后过车钢轨回复，对拨道处要适当预留回弹量，一般情况下应预留( )。
　　(A)2~4mm　　(B)5~6mm　　(C)6~8mm　　(D)8~10mm
60. 无缝线路在锁定轨温以上时，钢轨内部产生( )。
　　(A)拉应力　　(B)压应力　　(C)剪应力　　(D)拉应力与压应力

二、判断题

1. 明桥面小桥的全桥范围内可以有钢轨接头。　　　　　　　　　　　　　( )
2. 采用对接式钢轨接头，两钢轨接头相错量不应超过40mm。　　　　　　( )
3. 绝缘接头最大轨缝不得大于构造轨缝。　　　　　　　　　　　　　　　( )
4. 普通线路正线设置爬行观测桩时有防爬设备地段每0.5km设置1对，无防爬设备地段每1km设置1对。　　　　　　　　　　　　　　　　　　　　　　( )
5. 曲线轨道实设最大轨距为1456mm。　　　　　　　　　　　　　　　　( )
6. 曲线整正时现场正矢的合计等于计划正矢的合计。　　　　　　　　　　( )
7. 曲线整正时曲线上任意点的拨动，对相邻点正矢的影响量等于拨动点拨动量，其方向相反。　　　　　　　　　　　　　　　　　　　　　　　　　　　( )
8. 曲线整正时曲线上各点正矢之和为一常数。　　　　　　　　　　　　　( )

9．曲线整正时曲线终点的拨量等于零。　　　　　　　　　　　　　　（　）
10．竖曲线可以与缓和曲线、相邻竖曲线重叠设置。　　　　　　　　　（　）
11．无缝线路曲线拨道，应尽量在锁定轨温下进行。　　　　　　　　　（　）
12．无缝线路长轨条的缓冲区和伸缩区不得设置在曲线上。　　　　　　（　）
13．竖曲线不应侵入缓和曲线、道岔和无砟桥梁上。　　　　　　　　　（　）
14．拨动曲线时，如某一点的正矢减少2mm，则前后两点的正失各减少1mm。（　）
15．设置曲线外轨超高是为了抵消离心力的作用。　　　　　　　　　　（　）
16．曲线上外轨超高的最大值不得超过150mm。　　　　　　　　　　（　）
18．护背距离指辙叉心轨顶宽0～50mm 起围内心轨工作边至护轨工作边的距离。
　　　　　　　　　　　　　　　　　　　　　　　　　　　　　　　（　）
19．查照间隔指辙叉心轨顶宽0～50mm 范围内翼轨工作边至护轨工作边距离。（　）
20．道岔辙叉的号数是以辙叉角的大小来衡量的。　　　　　　　　　　（　）
21．提速道岔各部分轨距均为1435mm。　　　　　　　　　　　　　　（　）
22．提速道岔导曲线实际起点在尖轨尖端后298mm 处。　　　　　　　（　）
23．在提速道岔转辙部分及可动心轨辙叉部分拨道时，应有电务部门配合。（　）
24．无缝线路分为温度应力式和放散温度应力式两种类型。　　　　　　（　）
25．放散温度应力式无缝线路包括固定区、伸缩区和缓冲区三部分。　　（　）
26．无缝线路应力放散不改变长钢轨原来的长度，只改变其锁定轨温。　（　）
27．无缝线路地段，绝缘接头轨缝不得小于6mm。　　　　　　　　　（　）
28．接头阻力、扣件阻力和道床纵向阻力都属于无缝线路纵向阻力。　　（　）
29．无缝线路上，铝热焊缝距轨枕边的距离不得小于50mm。　　　　 （　）
30．无缝线路地段，每个缓冲区需备用标准钢轨1 根。　　　　　　　　（　）
31．无缝线路地段长度超过200m 的无砟桥，两端桥头50m 范围内线路作业轨温可与桥上不同。　　　　　　　　　　　　　　　　　　　　　　　　　　（　）
32．无缝线路长轨条的两端随轨温变化而伸缩的那一段长度为缓冲区。　（　）
33．桥上护轮轨顶面不得高出基本轨顶面5mm，也不应低于正轨顶面25mm。（　）
34．桥面护轮轨两端应伸出桥台挡砟墙外不少于10m 后，将其弯曲交会于轨道中心。
　　　　　　　　　　　　　　　　　　　　　　　　　　　　　　　（　）
35．在自动闭塞的电气化区段上更换钢轨时，禁止在同一地点将两股钢轨同时拆下。
　　　　　　　　　　　　　　　　　　　　　　　　　　　　　　　（　）
36．在电气化铁路，更换带有回流线的钢轨时，须事先通知供电部门采取安全措施后，方能作业。　　　　　　　　　　　　　　　　　　　　　　　　　（　）
37．铺设混凝土枕的线路、道岔，使用弹条扣件时，可不安装防爬设备。（　）
38．不跨越车站只跨越闭塞分区的无缝线路为全区间无缝线路。　　　　（　）
39．在车站、桥梁、隧道两端及进站信号机外方100m 范围以内，可以设置道口。
　　　　　　　　　　　　　　　　　　　　　　　　　　　　　　　（　）
40．预留轨缝的基本技术要求是：夏天轨缝不顶严，无瞎缝，冬季轨缝不超过构造轨缝，螺栓不拉弯。　　　　　　　　　　　　　　　　　　　　　　　（　）

参 考 文 献

[1] 中华人民共和国建设部，国家质量技术监督检验检疫总局. GB 50090—2006 铁路线路设计规范[S]. 北京：中国计划出版社，2006.
[2] 中华人民共和国建设部，国家质量技术监督检验检疫总局. GB 50091—2006 铁路车站及枢纽设计规范[S]. 北京：中国计划出版社，2006.
[3] 中华人民共和国铁道部. TB 10082—2005 铁路轨道设计规范[S]. 北京：中国铁道出版社，2005.
[4] 中华人民共和国铁道部. 新建时速 200 公里客货共线铁路设计暂行规定[S]. 北京：中国铁道出版社，2005.
[5] 中华人民共和国铁道部. 新建时速 300～350 公里客运专线铁路设计暂行规定[S]. 北京：中国铁道出版社，2007.
[6] 中华人民共和国铁道部. 新建客货共线铁路工程施工补充规定(暂行) [S]. 北京：中国铁道出版社，2004.
[7] 中华人民共和国铁道部. TB 10413—2003 铁路轨道工程施工质量验收标准[S]. 北京：中国铁道出版社，2004.
[8] 中华人民共和国铁道部. TB 10754—2010 高速铁路轨道工程施工质量验收标准[S]. 北京：中国铁道出版社，2010.
[9] 中华人民共和国铁道部. 高速铁路轨道工程施工技术指南[M]. 北京：中国铁道出版社，2010.
[10] 中华人民共和国铁道部. TB 10101—2009 铁路工程测量规范[S]. 北京：中国铁道出版社，2009.
[11] 中华人民共和国铁道部. TB 10601—2009 高速铁路工程测量规范[S]. 北京：中国铁道出版社，2009.
[12] 中华人民共和国铁道部. TB 10305—2009 铁路轨道工程施工安全技术规程[S]. 北京：中国铁道出版社，2009.
[13] 中华人民共和国铁道部. 铁路技术管理规程[M]. 北京：中国铁道出版社，2014.
[14] 中华人民共和国铁道部. 铁路线路修理规则[M]. 北京：中国铁道出版社，2006.
[15] 中华人民共和国铁道部. 高速铁路无砟轨道线路维修规则(试行)[M]. 北京：中国铁道出版社，2012.
[16] 中华人民共和国铁道部. 高速铁路有砟轨道线路维修规则(试行)[M]. 北京：中国铁道出版社，2013.
[17] 中华人民共和国中国铁路总公司. 普速铁路工务安全规则[M]. 北京：中国铁道出版社，2014.
[18] 中华人民共和国中国铁路总公司. 高速铁路工务安全规则[M]. 北京：中国铁道出版社，2014.
[19] 朱颖. 客运专线无砟轨道铁路工程测量技术[M]. 北京：中国铁道出版社，2008.
[20] 李向国. 高速铁路技术[M]. 北京：中国铁道出版社，2008.
[21] 申国祥. 铁路轨道[M]. 北京：中国铁道出版社，2004.
[22] 谷爱军. 铁路轨道[M]. 北京：中国铁道出版社，2005.
[23] 荣佑范. 铁路线路维修与大修[M]. 北京：中国铁道出版社，2011.
[24] 何奎元. 铁路轨道与修理[M]. 北京：中国铁道出版社，2009.
[25] 铁道部劳卫司，铁道部运输局. 线路工[M]. 北京：中国铁道出版社，2004.
[26] 吴耀庭. 铁路曲线及其养护[M]. 北京：中国铁道出版社，2001.
[27] 沈相宙. 铁路道岔养护[M]. 北京：中国铁道出版社，2001.
[28] 范钦爱，苏自新. 提速道岔的铺设与养护[M]. 北京：中国铁道出版社，2002.
[29] 王午生，许玉德，郑其昌. 铁道与城市轨道交通[M]. 上海：同济大学出版社，2003.
[30] 安宁. 城市轨道交通工程[M]. 北京：人民交通出版社，2008.
[31] 毛红梅. 地下铁道[M]. 北京：人民交通出版社，2008.
[32] 铁道部运输局. 高速铁路工务知识读本[M]. 北京：中国铁道出版社，2011.
[33] 文妮. 高速铁路轨道施工与维护[M]. 北京：中国铁道出版社，2010.
[34] 赵景民. 无砟轨道施工测量与检测技术[M]. 北京：人民交通出版社，2011.
[35] 铁路职工岗位培训教材编审委员会. 铁路线路工[M]. 北京：中国铁道出版社，2013.
[36] 铁道部. 高速铁路线路维修岗位[M]. 北京：中国铁道出版社，2013.